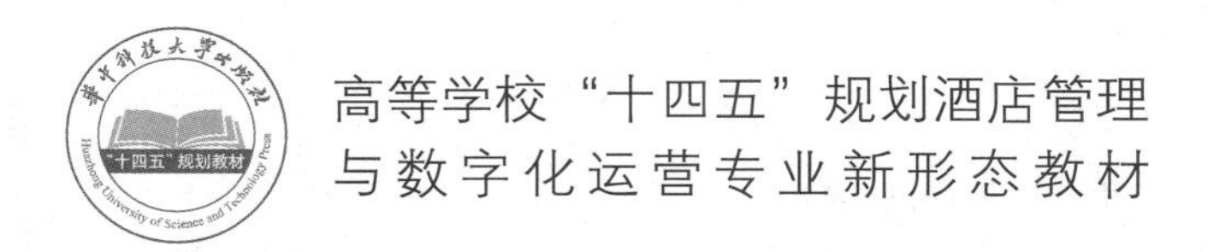
高等学校“十四五”规划酒店管理
与数字化运营专业新形态教材

国际接待业概论

GUOJI JIEDAIYE GAILUN

主　编：曾雄鸣　许　辉
副主编：孙建芳　马晓辉
参　编：姜雪莉　王　婷

華中科技大學出版社
http://press.hust.edu.cn
中国·武汉

内容提要

本书共分为八个项目，以国际接待业的基本知识作为切入点，在对接待业、接待服务业进行了概述之后，对酒店业态、酒店管理系统、传统旅游接待业、新型旅游接待业、会展业、旅游系统方面的接待业流程分别进行了阐述，并结合典型案例，设置任务实施模块，形成对各种类型的接待业流程的实操练习，旨在让读者对国际接待业的基础理论知识以及实际从业中涉及的接待流程形成全面认知。

本书既可作为中高职院校、应用型本科院校旅游管理专业、酒店管理与数字化运营专业、高星级饭店运营与管理专业等专业的教学用书，也可以作为旅游业与酒店业从业者的培训教材，还可以作为会展经济与管理、游轮服务等领域从业者的学习读物。

图书在版编目(CIP)数据

国际接待业概论 / 曾雄鸣，许辉主编 . -- 武汉 ：华中科技大学出版社，2024. 7(2025. 7重印).
ISBN 978-7-5772-0919-7

Ⅰ. F719.0

中国国家版本馆CIP数据核字第2024V28G59号

国际接待业概论
Guoji Jiedaiye Gailun

曾雄鸣　许辉　主编

策划编辑：李家乐
责任编辑：聂筱琴　李家乐
封面设计：原色设计
责任校对：刘　竣
责任监印：周治超
出版发行：华中科技大学出版社(中国·武汉)　　电话：(027)81321913
　　　　　武汉市东湖新技术开发区华工科技园　　邮编：430223
录　　排：孙雅丽
印　　刷：武汉市籍缘印刷厂
开　　本：787mm×1092mm　1/16
印　　张：14
字　　数：312千字
版　　次：2025年7月第1版第2次印刷
定　　价：49.90元

2021年，习近平总书记对全国职业教育工作作出重要指示，强调要加快构建现代职业教育体系，培养更多高素质技术技能人才、能工巧匠、大国工匠。同年，教育部对职业教育专业目录进行全面修订，并启动《职业教育专业目录(2021年)》专业简介和专业教学标准的研制工作。

新版专业目录中，高职“酒店管理”专业更名为“酒店管理与数字化运营”专业，更名意味着重大转型。我们必须围绕“数字化运营”的新要求，贯彻党中央、国务院关于加强和改进新形势下大中小学教材建设的意见，落实教育部《职业院校教材管理办法》，联合校社、校企、校校多方力量，依据行业需求和科技发展趋势，根据专业简介和教学标准，梳理酒店管理与数字化运营专业课程，更新课程内容和学习任务，加快立体化、新形态教材开发，服务于数字化、技能型社会建设。

教材体现国家意志和社会主义核心价值观，是解决培养什么人、怎样培养人以及为谁培养人这一根本问题的重要载体，是教学的基本依据，是培养高质量优秀人才的基本保证。伴随我国旅游高等职业教育的蓬勃发展，教材建设取得了明显成果，教材种类大幅增加，教材质量不断提高，对促进旅游高等职业教育发展起到了积极作用。在2021年首届全国教材建设奖评审中，有400种职业教育与继续教育类教材获奖。其中，旅游大类获评一等奖优秀教材3种、二等奖优秀教材11种，高职酒店类获奖教材有3种。当前，酒店职业教育教材同质化、散沙化和内容老化、低水平重复建设现象依然存在，难以适应现代技术、行业发展和教学改革的要求。

在信息化、数字化、智能化叠加的新时代，新形态高职酒店类教材的编写既是一项研究课题，也是一项迫切的现实任务。应根据酒店管理与数字化运营专业人才培养目标准确进行教材定位，按照应用导向、能力导向要求，优化设计教材内容结构，将工学结合、产教融合、科教融合和课程思政等理念融入教材，带入课堂。应面向多元化生源，研究酒店数字化运营的职业特点及人才培养的业务规格，突破传统教材框架，探索高职学生易于接受的学习模式和内容体系，编写体现新时代高职特色的专业教材。

我们清楚，行业中多数酒店数字化运营的应用范围仅限于前台和营销渠道，部分酒店应用了订单管理系统，但大量散落在各个部门的有关顾客和内部营运的信息数据没有得到有效分析，数字化应用呈现碎片化。高校中懂专业的数字化教师队伍和酒店里懂营运的高级技术人才是行业在数字化管理进程中的最大缺位，是推动酒店职业教育数字化转型面临的最大困难，这方面人才的培养是我们努力的方向。

高职酒店管理与数字化运营专业教材的编写是一项系统工程，涉及"三教"改革的多个层面，需要多领域高效协同研发。华中科技大学出版社与南京旅游职业学院、广州市问途信息技术有限公司合作，在全国范围内精心组织编审、编写团队，线下召开酒店管理与数字化运营专业新形态系列教材编写研讨会，线上反复商讨每部教材的框架体例和项目内容，充分听取主编、参编教师和业界专家的意见，在此特向参与研讨、提供资料、推荐主编和承担编写任务的各位同仁表示衷心的感谢。

该套教材力求体现现代酒店职业教育特点和"三教"改革的成果，突出酒店职业特色与数字化运营特点，遵循技术技能人才成长规律，坚持知识传授与技术技能培养并重，强化学生职业素养养成和专业技术积累，将专业精神、职业精神和工匠精神融入教材内容。

期待这套凝聚全国旅游类高职院校多位优秀教师和行业精英智慧的教材，能够在培养我国酒店高素质、复合型技术技能人才方面发挥应有的作用，能够为高职酒店管理与数字化运营专业新形态系列教材协同建设和推广应用探出新路子。

全国旅游职业教育教学指导委员会副主任委员

周春林

前言

QIANYAN

自20世纪初开始，随着酒店业的发展，在酒店规模不断扩大及酒店部门管理职能化的过程中，欧洲一些国家以及美国等国家的酒店管理教育集中发展服务岗位工作人员的岗位培训，之后，产生了以岗位管理培训为基础的职业教育。近20年来，酒店业发生了深刻的变化，酒店管理的教学内容，从以酒店部门管理为主，转向侧重于对住宿业、餐饮业、休闲娱乐业等更广泛的综合性个人消费服务业的教学与研究。国际上几乎所有大学陆续将专业或学院名称中的“Hotel”替换为“Hospitality”，这也反映出这一行业及相关学位教育发生了深刻变化的现实。

旅游业的强劲发展对我国旅游接待服务业提出了更高的要求。作为旅游业重要支撑的旅游服务设施和旅游服务业态，正面临着结构优化和管理创新的重要抉择，而旅游接待服务业从业者也必须要从整体层面去构建自身与旅游接待服务业相关的知识结构。2019年7月，教育部修订并发布高等职业学校专业教学标准，并在《高等职业学校酒店管理专业教学标准》中规定，酒店管理专业的基础课程一般设置6—8门，其中明确提出设置“国际接待业概论”。

本书基于旅游业的结构优化，紧密联系旅游新业态的发展，以前沿性、系统性、创新性和实用性为原则，充分结合接待业服务运营管理中的实际情况，借鉴国内外旅游接待业的先进服务与管理经验，从宏观的角度阐述了国际接待业，包括酒店业态、传统旅游接待业、新型旅游接待业、会展业，以及国际接待业中智能化发展涵盖的酒店管理系统和旅游管理系统等内容。本书相关教学内容的设置，可以使学生深入了解接待服务业快速发展的全貌，帮助学生以全新的视野看待接待服务业，并通晓这一产业未来发展所涉及的知识结构，以及在从事该产业相关岗位工作时的职业发展路径。

《国际接待业概论》包含八个项目，系统介绍了国际接待业的基本概念和实践应用，将理论结合实际，具有较强的指导性、实用性和针对性。本书主要适用于酒店管理与数字化运营专业及其他相关专业的学生，可供旅游接待业相关企业的从业人员学习和使用。

本书具有以下特点：

第一，任务驱动，创设接待业真实情景。本书体例新颖、内容务实，综合考虑了初学者在学习国际接待服务业相关知识时的认知发展规律，以及学生学习的适用性。本书采用项目制，设置项目导入、项目小结、项目训练等，并以任务为驱动，每个具体任务会对相关典型案例进行解析，或设置拓展阅读模块，在有限的学习环境中为学生尽可能全面真实地创设接待业情景。

第二，着眼于行业发展前沿。编者在编写前期，进行了大量的行业调研和资料收集，力求在本书中纳入最新的研究成果，体现教材的时代性，提升教材的行业适用性，还邀请了行业资深管理人员参与本书的编写工作。编者将理论结合实践，紧密联系行业的发展现状，有针对性地收集和总结接待业现阶段的发展成果，使本书更具有时代性和实用性。

第三，课程思政，知行合一。编者在编写本书时，积极贯彻党的二十大精神，结合立德树人根本任务，利用相关案例，在每个项目中有机融入工匠精神、“四个自信”、社会主义核心价值观等思政元素，致力于提升学生的政治素养。

第四，融合多媒体技术，结合更具趣味性的形式，加深学生的认知。为了提高资源的丰富性，编者在编写本书时融入“互联网＋”思维。本书案例丰富，有利于学生理解相关概念知识。相关模块，如拓展阅读等，以二维码的形式体现，可供学生扫码阅读，提升了课堂的趣味性，增强了学生的学习兴趣。

本书的主编为曾雄鸣、许辉，内容主要由孙建芳、姜雪莉、马晓辉、王婷等编写完成。编者在编写本书的过程中参阅了大量的著作、文献资料以及网络资料等，在此向相关专家和学者致以诚挚的感谢！由于编者水平有限，尽管经过多次审阅，本书难免存在不足之处，敬请各位专家、同行批评指正。

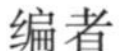

编者

目录
MULU

项目一
认识接待业

项目描述

接待业发展历史悠久，涉及范围广泛，认识接待业需要了解接待服务业的发展历程和基本概念、接待服务业的范围与产品特征，从而把握接待服务业管理能力和领导力的变化趋势。

项目目标

知识目标

(1)了解接待服务的发展历程。

(2)理解旅游接待服务业的基本概念。

(3)掌握接待服务业的范围与产品特征。

能力目标

(1)能够分析接待服务的发展历程，从历史的角度理解其演变和意义。

(2)能够解读不同机构和学者对旅游接待服务业的定义，理解不同观点。

(3)能够归纳整理接待服务业的范围和产品特征。

素质目标

(1)培养对接待服务业的兴趣和热爱，增强对该行业的认同感。

(2)提高对管理能力和领导力在接待服务业中的重要性的认识，培养相关的管理能力和领导力。

(3)培养职业道德观念，认识到诚信、敬业和服务意识的重要性，提升自身的职业素养。

知识框架

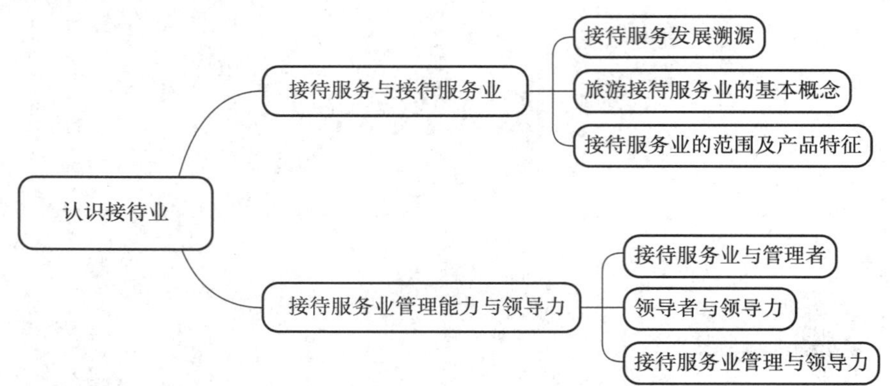

教学重点

(1)接待服务的发展历程和旅游接待服务业的基本概念。

(2)接待服务业的范围。

(3)管理者在接待服务业中的角色和关键职能。

(4)领导者的特征。

教学难点

(1)旅游接待服务业的定义。

(2)接待服务业的产品特征。

(3)管理能力和领导力的发展趋势。

项目导入

古巴比伦王朝接待服务

古巴比伦王朝是古代美索不达米亚地区的一个伟大王朝,大致在当今的伊拉克共和国版图内。关于古巴比伦王朝时期接待服务的文献不多,但一些历史记录和考古发现可以帮助我们了解当时的接待服务风貌。古巴比伦王朝时期的接待服务场所主要集中于城市和宫殿,服务对象是来自不同地方的外来宾客和封建贵族。

古巴比伦王朝时期的商业交流非常活跃,许多商人和旅行者会来到巴比伦城进行贸易。在城市中,存在着用于商业接待服务的客栈和旅馆。这些客栈和旅馆为商人和旅行者提供住宿、食物和其他基本服务。

根据古代文献可知,封建贵族接待服务在古巴比伦王朝中发挥着重要作

Note

用。当时的贵族通常居住在豪华的宫殿中，他们会定期举办盛大宴会接待来访的贵宾和官员。在宴会上，封建贵族们展示他们的财富和地位，用丰富的食品和饮料招待客人，还会提供音乐、舞蹈表演，以及其他娱乐活动。

这些宴会通常规模庞大，持续数天。封建贵族们会亲自检查每一道菜肴及其餐具的质量，以确保品质，提供最好的服务。这些宴会是进行社交活动的重要场合，人们可以在其中建立与他人的联系、展示自己的社会地位。

古巴比伦王朝时期的接待服务在当时的社会发展中发挥着重要的作用，为封建贵族提供了必要的服务，促进了商业交流。随着世界经济的发展，接待业得到不断升级，以适应客人的需求和全球旅游业的发展需求。

任务一 接待服务与接待服务业

饮食文化的历史演变

人类最早的食物来自采集、捕猎活动，基本上是对野生资源的利用。后来开始种植谷物和蔬菜，饲养家畜，从而产生了面包、米饭、蔬菜等食品。水是最早的饮品，随着时间的推移，人们开始发酵果汁和谷物，酿制葡萄酒、啤酒等饮品。茶叶起源于中国古代，历史悠久。古代烹饪技术的发展多依赖于家族传统技艺和民间口口相传的经验。人们从最开始使用火灶单一地煮食，逐渐发展出烤、炒、炖、蒸等不同的烹饪方法。在古代文明中，接待业的餐饮活动范围主要集中在封建贵族和王室的宴会。

随着贸易和文化交流的增加，烹饪技术开始受到不同地区及其文化的影响。香料和调味品的运输变得更加便捷，烹饪方法和口味开始多样化。从中世纪开始，咖啡、热可可、茶等饮品开始在世界范围内传播。咖啡馆和酒吧成为人们聚会和交流的场所。这个时期，宴会是封建贵族和上层社会人士之间展示财富、统治力和宣布主权的重要场所。

随着工业革命的到来，城市的迅速发展和社会阶层的流动促进了餐饮业的快速发展。咖啡馆、酒吧、饭店等餐饮场所开始涌现，成为人们聚集、交流、娱乐、谈判和享受食物的场所。

20世纪，随着旅游业的兴起和交通工具的进步，国际接待业迅速发展。大型饭店和度假胜地开始兴起，为游客提供各种餐饮服务，餐饮成为旅游业不可或缺的一部分。

如今餐饮行业的多样化和创新成为主要趋势，各种不同类型的餐厅、咖

任务剖析

1-1

啡店和快餐连锁店不断涌现，以满足不同人群的需求。烹饪技术得到了极大的发展，新的烹饪方法和设备出现，如压力锅、慢炖锅、蒸汽炉等。同时，人们也更加注重烹饪的健康、自然和可持续性。现代冷藏技术的出现，使饮品的制作和供应变得更加便捷，果汁、碳酸饮料、红酒、白酒等饮品不断更新。

随着全球化趋势的加剧，人们对不同地区的食品及其烹饪方式更感兴趣。同时，青睐健康食品、有机食品、素食的人群，以及具有其他特殊饮食要求的人群也逐渐增多。

一、接待服务发展溯源

接待服务也称礼待服务或款待服务，英译为"Hospitality"，该词源于中世纪拉丁语"Hospitale"。公元1世纪基督教传入罗马帝国，并在其境内发展壮大，至公元476年西罗马帝国灭亡时，基督教已在西方建立起一个庞大的精神帝国，并以其独特的文化功能成为维持西方社会秩序的重要工具。基督教鼓励信徒做"七大善行"，即照顾病人、施食于饥者、施饮于渴者、施衣于裸者、为陌生人提供住宿、帮助囚徒、埋葬死者。在这种信念的驱使下，教会、有财力的富人、一些组织团体开始设立专门收容穷苦流浪人并为朝圣的路人提供食宿的慈善居所。这些场所在中世纪拉丁语中表述为"Hospitale"，其中极为著名的是1443年由法国勃艮第公爵的宰相大臣尼古拉·洛兰(Nicolas Rolin)创立的专为穷人服务的博纳济贫院(Hospices de Beaune)。这些为照顾信徒或无家可归的人，利用自己的场所提供的具有初步慈善形式的服务，被认为是接待服务的雏形。不过，这些具有慈善和救济性质的场所虽然可以提供一些临时的食宿设施，但难以长期维持其运作。

公元前4500年的文物记载，古代两河流域(幼发拉底河和底格里斯河中下游)的早期居民苏美尔人记载了接待服务的要素。他们获得食物的方式从狩猎、采集发展到种植，生产物品出现剩余，进而产生了贸易活动，这使他们有了更多的时间花费在生产以外的活动上，如写作、陶艺制作、制作工具、组织饮食方面的款待等。公元前4000年至公元前2000年，中国、古埃及、古印度以及欧洲的早期文明活动都开始具备一些接待服务供给的要素，如酒馆、客栈等。公元前4000年，美索不达米亚地区已有用大麦、小麦、蜂蜜制作的16种啤酒。公元前3000年起，美索不达米亚地区开始使用苦味剂。

最早的饭店在古巴比伦王朝时期已经出现，被称为"伊那"，主要提供住宿和饮食服务。建筑风格为简单的砖石结构。约公元前1772年，古巴比伦第六代国王汉谟拉比颁布了被认为是世界上最早的一部法典——《汉谟拉比法典》。古希腊和古罗马时期的相关著作中所提到的酒馆形式的接待服务大多参照此法典的要求。《汉谟拉比法典》中要求酒馆主人报告那些试图在他们酒馆中犯罪的客人。此外，酒馆如若不收大麦作为啤酒的酒款，而用石秤砣多收银子，或者使啤酒的价值低于正常酿酒的大麦价值等，都会受到相应刑罚。

古希腊和古罗马时期，饭店更多被称为"客栈""旅舍"或"寓所"。这些饭店的建筑

风格开始注重美学和艺术感，采用了大理石、柱子、壁画等装饰元素；提供了具有相对较高水平的服务，尤其是一些豪华客栈；提供了更舒适的床铺、私人浴室、餐厅、酒吧等设施。公元前400年到公元200年，为了适应日益增加的官方和非官方的出行需要，饭店业开始分化为专门为政府邮政和政府官员服务的“邮站”与主要服务于普通大众的“客栈”两大类。

在中世纪时期的欧洲大陆，查理曼大帝在8世纪为旅行者建造了客栈，提供旅途中的接待服务。在英国，驿站马车是当时最受欢迎的交通工具，从伦敦到巴斯(Bath)的旅程需要3天时间，途中设有数个驿站，建有相应的客栈，被称为驿舍(Post House)。在这一时期，旅游者增长，欧洲大量的路边客栈开始有了类似于今天的标准住宿服务，客栈服务质量的提升促使更多人开始旅行。很多旅游者家境富裕，对生活质量要求高，这又进一步促进了客栈服务质量的提升。

16世纪至18世纪，随着经济和文化的复苏，接待服务业开始恢复活跃。

在16世纪后期，英国开始出现一种被称为“客饭”(Ordinary)的平民就餐场所。这些场所通常是以固定价格和固定菜单提供服务的酒馆，在大多数情况下，提供的餐食是一份经过长期烹调、味道浓烈的炖汤。当时的烹饪知识和技术受到烹饪材料的可用性和成本的限制。例如，在缺乏肉类保鲜技术的时代，香料不仅起到保存肉类的作用，还被用来掩盖肉食“浓烈”的气味。

16世纪至17世纪，咖啡和茶，这两样进口商品开始影响西欧国家的烹饪习惯。随着宗教的传播，第一家咖啡馆于16世纪在麦加建立。君士坦丁堡(今土耳其伊斯坦布尔)与欧洲大陆通商频繁，一些旅游者前往君士坦丁堡品尝那里的咖啡并将其带回欧洲。1615年，咖啡刚被威尼斯商人贩运到意大利时，属于昂贵的饮料，但在1620年之后，咖啡的价格在欧洲逐渐亲民化。欧洲的第一家咖啡馆于1652年(一说1650年)在英国牛津大学建立，很快咖啡馆变成了“公开的思想交流地”，直至今天咖啡馆仍是平日里人们的社交中心。

1780年在法国开设的巴黎宾馆，被认为是第一家现代饭店。它采用了一系列管理技术和创新的服务理念，如固定收费、标准化的住宿设施和服务、餐厅对外开放等。固定收费模式给客人提供了可预测的价格，方便客人进行预算和安排。标准化的住宿设施和服务能够确保每间客房的质量水平一致，为客人提供相同的体验，这种管理模式激发了后来酒店业的标准化趋势。不再限于服务住店客人，会为外来人士提供餐饮、会议场地等服务，这为酒店带来了额外的收入来源，扩大了客户群体。巴黎宾馆是将住宿、餐饮等服务整合在一个综合性场所的先驱之一。这种结合的模式使得旅客不仅可以在同一地方入住，还可以轻松地享用餐饮服务，极大地满足了旅客的需求。

19世纪到20世纪初，工业化的兴起和交通的发展推动了饭店业接待服务的蓬勃发展。铁路的发展使旅行更为便捷，饭店纷纷建立在重要的铁路节点上。最早在铁路边建立酒店的国家可以追溯到19世纪初的美国。最有名的早期铁路酒店是位于美国芝加哥的帕尔默之家旅馆(Palmer House Hotel)。帕尔默之家旅馆成为先锋酒店，启发了之后其他地方的铁路酒店的建设。同时，随着技术的进步和设施的升级，饭店可以提供更舒适的住宿和更方便的饮食服务。

20世纪以后，随着全球旅游业的蓬勃发展，饭店业接待服务的发展进入了现代时期。在这个时期，饭店逐渐多样化，涉及豪华酒店、经济型酒店、主题酒店等不同的市场。如今科技的发展带动各行各业进入了数字化时代，接待服务业也在加快速度进行转型，酒店智能化的灯控、光控以及空调的控制都已经相对成熟，并在此基础上又推出了无人酒店、智能客房管家、机器人酒店等。

什么是接待服务？从接待服务的发端可以看出，接待服务源自古代款待陌生客人的风俗习惯，在发展过程中，商务贸易和旅行娱乐需求扩大了接待服务概念的外延，但其核心仍是满足客人的食宿需求。发展至今，随着供求关系的变化及服务需求的细化，接待服务有了更广泛的含义，可以理解为“热情好客、款待”的意思，是指基于服务设施，以热情、友好、周到的态度向客人提供相应的服务，其核心是对人的尊重和热情的服务。

二、旅游接待服务业的基本概念

由于在行业及相关统计分类等方面存在差异，不同国家和地区对旅游接待服务业的定义会有细微的变化和扩展。

（一）国外主要国家或地区机构对旅游接待服务业的定义

1947年国际官方旅游组织联盟（International Union of Official Travel Organizations，IUOTO）成立，该组织是联合国世界旅游组织（World Tourism Organization，UNWTO）的前身。当时，IUOTO将“旅游接待”定义为提供给旅游者的一切服务，包括接待、交通、食宿、游览、购物、娱乐等，以及必要的后勤服务。该定义强调了旅游接待服务的多个方面，旨在为旅游者提供全方位的服务，满足其在旅途中的各种需求。

在社会发展需求的推动下，IUOTO与联合国世界旅游组织（2024年1月更名为联合国旅游署，UN Tourism）进行了合并，国际旅游业也在不断地发展，因此，旅游接待服务业的定义也在不断演变和完善。不同国家和地区的旅游机构、协会以及各个国际组织都对旅游接待服务业进行了进一步的细分和定义，以适应日益多样化和复杂化的旅游市场需求。

美国旅游经营者协会（United States Tour Operators Association，USTOA）将旅游接待服务业定义为提供从旅行规划到旅行执行的各种服务的企业和组织，包括旅行社、旅馆、酒店、航空公司、租车公司等。

欧洲专业技能证书体系（European Professional Skills Certificate System）将旅游接待服务业定义为提供接待和服务旅游客人的企业和机构，包括旅游信息中心、旅行社、导游、酒店、餐馆等。

英国国家统计局（Office for National Statistics，ONS）将旅游接待服务业定义为提供住宿、餐饮、旅行社、导游等服务的企业和组织。

美国康奈尔大学旅游管理学院创立的学报《康奈尔接待业季刊》（*Cornell Hospitality Quarterly*）将旅游接待服务业定义为为离开家的志愿性的旅行者提供服务的企业或其他组织，包括为旅行者提供交通、住宿、餐饮、娱乐等其他服务的企业或其他组织。

旅游接待服务业包括为旅行者提供上述服务的企业或其他组织的全部投入、产出要素及经营管理与服务过程所涉及的所有企业或其他组织。

（二）国内机构对旅游接待服务业的定义

《国家旅游及相关产业统计分类（2018）》将旅游产业分为旅游业和旅游相关产业两大部分。旅游业是指直接为游客提供出行、住宿、餐饮、游览、购物、娱乐等服务活动的集合；旅游相关产业是指为游客出行提供旅游辅助服务和政府旅游管理服务等活动的集合。

（三）国内外著名学者对旅游接待服务业的定义

加拿大旅游学学者乔治·T.克伦普顿（George T. Crompton）在其著作*Understanding Tourist Motivation, Attitudes and Satisfaction*（《理解游客动机、态度和满意度》）中提出，旅游接待服务业是指为游客在旅行过程中提供接待和支持的各项服务，包括住宿、餐饮、交通、导游等。

英国伦敦南岸大学（London South Bank University）的旅游学教授Stephen Page（斯蒂芬·佩奇）在其著作*Tourism Management: An Introduction*中提及旅游接待服务业，认为旅游接待服务业是指为游客提供满足旅行需求的各种服务，包括住宿、餐饮、交通、导游等。

英国旅游学学者格雷厄姆·米勒（Graham Miller）在其著作*The Contemporary Travel and Tourism Industry*中提出旅游接待服务业是一个专业化的行业，包括酒店、旅行社、导游等，为游客提供住宿、交通、导游等服务。

随着相关产业的发展，有学者从广义视角定义了旅游接待业。美国学者沃克认为旅游接待业涉及旅游、住宿、餐饮、俱乐部、博彩、景点、娱乐等领域。奈米尔和珀杜认为应当把会展服务和娱乐管理囊括到旅游接待业领域中。滕则给出了外延更广的旅游接待业定义，他认为旅游接待业是在利润驱动下的商业活动与传统款待活动的结合，在这一定义中，他强调了旅游接待业的经济属性，即以营利为目的。

迈克尔·奥腾巴赫更清晰地定义了广义上的旅游接待服务业，他认为在学术界和业界的影响下，在社会文化、政治的推动下，旅游接待服务业由六大产业构成，包括住宿业、餐饮业、休闲业、旅游景区、旅行业、会展业。这也是较受认可的旅游接待业的广义定义。

在我国不同时期，学者对旅游接待业的定义也有区别，1993年陈金安认为旅游接待服务业是指为旅游者提供旅游接待服务的相关行业，包括旅游传统大中小型饭店、旅馆、宾馆等接待场所，以及相关的餐饮、娱乐、购物等服务业。2004年王晓敏认为旅游接待服务业是指通过饭店、旅馆、宾馆和其他相关旅游应急保障设施和设备，给予旅游者食宿、购物、娱乐、办公、休闲等方面的服务的行业。2018年袁国宝认为旅游接待服务业是指以旅游住宿、饮食、购物、娱乐等为主导的服务产业，是为旅游者提供完整

的旅游消费和体验服务的行业。

现代学者普遍认为，旅游接待服务业涵盖了酒店、餐饮、旅游购物、旅游娱乐等领域，是为旅游者提供住宿、饮食、购物、娱乐等全方位服务的行业。

根据目前国内外学者及相关权威机构对旅游接待服务业的定义，我们可以发现旅游接待服务业定义的范围在持续扩大，这主要是因为经济的发展和人们对服务需求的变化，使服务衍生出很多新的内容。

根据上述内容，编者认为，从狭义上看，接待服务业一般指酒店服务业，即以提供住宿服务为主要目标的行业，包括各类酒店、宾馆、旅馆等场所，以及与住宿相关的餐饮服务、会议服务、商务服务等服务。酒店服务业主要面向需要寻找临时住宿的客人，提供舒适的客房、各类设施和服务。从广义上看，接待服务业是指以为客人提供接待和服务为主要目标的行业。它涉及酒店服务、旅游娱乐、餐饮服务、会议展览等多个领域。这些领域的共同特点是为客人提供各类服务，满足他们的需求，让他们感到舒适和满意。

三、接待服务业的范围及产品特征

（一）接待服务业的范围

接待服务业是世界上规模极大且增长速度极快的产业。接待服务业的范围包括酒店业、餐饮业、旅游业、航空业、邮轮业、会展业、主题公园、康乐休闲业等。根据世界银行的统计数据，截至2020年，全球接待服务业的从业人员数量约3.95亿人。同年，中国国家统计局的统计数据显示，中国接待服务业的从业人员数量约4403万人。接待服务业的范围广泛，根据提供的服务产品不同，接待服务业可大致细分为酒店业、餐饮业、旅游业、会展业、交通运输业、康乐休闲业，见表1-1。

表1-1　接待服务业的分类及其服务内容

分类	服务内容
酒店业	包括星级酒店、经济型酒店、度假村、民宿等，提供各类住宿服务
餐饮业	包括餐厅、咖啡厅、快餐店、酒吧等，提供餐饮服务
旅游业	包括旅行社、景区、旅游项目等，提供旅游服务
会展业	包括会展中心、展览公司等，提供展览服务、会议服务等
交通运输业	包括长途客车、铁路、航空、自驾、邮轮等，提供交通运输服务
康乐休闲业	包括影视娱乐、文化艺术表演、游乐园和主题公园、体育健身等，提供康体健身服务

（二）接待服务业的产品

接待服务业的产品是指为满足客户在旅行、住宿、展览会议等方面需求的服务和产品。

1. 接待服务业的产品类型

(1) 住宿服务:其主体是酒店、度假村、民宿等提供住宿服务的场所。服务产品包括提供客房、公共空间、设施和服务,旨在满足人们对住宿的舒适性、安全性、便利性的需求。

(2) 餐饮服务:其主体是餐厅、咖啡馆、酒吧、茶室等提供餐饮服务的场所。服务产品包括餐饮菜单、用餐环境和服务,旨在为人们提供美味的饮食。

(3) 旅游观光服务:其主体是旅游景点、旅行社等提供旅游观光服务的场所和机构。服务产品包括景点门票、导游服务、旅行包等,旨在为旅客提供丰富多样的旅游体验。

(4) 会展服务:其主体是会议中心、展览馆等提供会展服务的场所。服务产品包括会议设施、展览空间、会议组织、展览服务等,旨在满足企业和个人举办活动的需求。

(5) 交通运输服务:其主体是机场、车站、租车服务中心等提供交通运输服务的场所。服务产品包括机票、火车票、租赁的车辆等,旨在方便旅客的出行。

(6) 康体健身服务:其主体是健身房、温泉中心等提供康体健身服务的场所。服务产品包括健身器材、康体设施、按摩服务、温泉等,旨在休闲娱乐和促进身心健康。

2. 接待服务业的产品特征

(1) 同步性:接待服务的过程通常是不可分割的,即服务产品的提供和客户的消费是同时发生的。

(2) 可变性:接待服务的质量和客户的体验往往会受到环境以及服务提供者的技能、态度等因素的影响,因而具有高度可变性。

(3) 时效性:包括两层含义。一是从客户的角度而言,接待服务通常是按需提供的,需要及时满足客户的需求,即讲究服务的效率。例如,酒店的客房、机票等需要在一定时间内提供给客户,以便客户能够按计划进行各项活动。二是从供应方的角度而言,接待服务的产品具有时效性,也可称为不可贮存性。例如,飞机航班到点就会出发,即使座位尚未售完。

(4) 不可传输性:接待服务通常是在特定的地点提供给客户的,无法把现场的体验或服务传输到其他地方。例如,参观景点的旅游体验只能在实际参观时才能完全获得。

(5) 强调体验和感受:接待服务注重客户的体验和感受。好的接待服务不仅能满足客户基本的服务需求,还致力于给客户带来愉悦和满足。

(6) 依赖人力资源:接待服务高度依赖于专业人才(如酒店服务人员、导游、厨师等)的技能和素质,这些人力资源是提供优质服务的关键。

(7) 与地域相关:接待服务业的发展与地理位置和旅游目的地紧密相关。不同地区的接待服务产品会因地理、文化和环境的差异而有所不同。

任务二　接待服务业管理能力与领导力

任务引入

万豪国际酒店集团的领导力多样性

万豪国际(Marriott International)酒店集团是全球著名的酒店集团,拥有多个品牌,如万豪酒店、喜来登酒店、瑞吉酒店等。该集团在其领导层中展现了不同的领导力,从而对其业务产生不同的影响。

一、高度赋权的品牌领导力

万豪国际酒店集团在品牌管理方面提倡分权,赋予各品牌高度的自主性,并进行一定的市场定位。例如,丽思·卡尔顿(Ritz-Carlton)作为该集团旗下的高端奢华品牌,其酒店经理和团队拥有高度自主决策的权力,以在当地市场提供个性化和高质量的服务。

二、创新合作的集团领导力

万豪国际酒店集团鼓励不同品牌之间的合作和创新。通过创立"万豪创新概念实验室"和"万豪共享平台",各品牌可以共享最佳实践结果和资源,促进良性竞争和协作。这种领导力助推了集团内部的创新和持续改进。

三、可持续发展的社会责任领导力

万豪国际酒店集团积极承担社会责任,关注可持续发展。该集团致力于降低能源消耗、减少废物产生和保护环境。酒店经理担负着推动可持续发展策略和实施举措的领导责任,包括使用可再生能源、推广环保行动和培训员工。

任务剖析

1-2

一、接待服务业与管理者

接待服务业管理者负责制定和执行与接待服务相关的策略和计划,管理员工和分配资源,监督服务质量和客户满意度。同时,还负责制定并推动团队目标的实现,培训员工,解决问题,提供员工支持,管理预算等。

在实现团队目标的过程中,不同层级管理者负责的工作内容不同,如董事长和总经理倾向于将他们大部分的时间集中在制定企业战略和组织的使命上。大部分高层管理者会花时间组织和控制企业的运营活动,但通常不会参与企业日常层面的经营活动,这部分工作任务和责任会下放到企业中层和基层部门进行督导与管理。

（一）管理的定义

管理(Management)是指通过计划、组织、决策、沟通、激励、控制等过程,有效地利用和整合有限的资源,以实现组织的目标的活动。管理旨在通过协调和引导人、物、财、信息等资源,使组织能够更加高效地运作,达到预期的业绩和效果。

管理强调工作的高效率和工作结果的有效性。效率(Efficiency)是指用最少的投入获得最多的产出。管理者必须与稀缺的资源,如资金、人、时间、设备等,打交道。但仅有工作效率是不够的,管理还与工作结果的有效性有关。有效性是指“做对了事情”。例如,某酒店前台接待员根据客人的预订信息正确安排房间,并在客人到达时迅速完成入住手续,为客人提供优质的服务和准确的信息,那么,这个接待员就“做对了事情”,其工作具有有效性。

（二）管理者的等级

在接待服务业的组织架构中,管理者与非管理者之间的区分经过了几个阶段的变化。

第一阶段是传统的分工阶段。管理者和非管理者之间的界限非常明显。管理者负责制定规章制度、安排工作任务和监督员工,而非管理者主要负责执行管理者的指示并完成具体的工作。

第二阶段是职能交叉阶段。这个阶段的一些非管理者具备了一定的管理能力和知识,他们开始承担一些管理职责,如带领小团队、协调工作等。这导致管理者与非管理者之间的界限开始模糊。

第三阶段是团队合作阶段。现代的接待服务业强调团队合作和协作精神,在更多情况下,管理者与非管理者成为一个团队。大家共同参与决策、讨论问题并共同承担责任,而不是简单按照传统的上下级关系进行运作。

第四阶段是共同成长阶段。这是近几年出现的趋势。现在的接待服务业注重员工的个人发展和成长,不再强调严格的等级体系。管理者与非管理者之间的界限更加模糊,每个人都有机会参与决策和管理,共同推动组织的发展。

那么,我们应该怎样去定义管理者?管理者,就是与他人一起共事,管理他人的活动,并以一种高效且有效的方式去完成组织的目标的人。在接待服务业中,管理者通常分为三个等级:一线管理者(Frontline Manager)、中层管理者(Middle Manager)、高层管理者(Top Manager),如图1-1所示。

高层管理者负责制定整体战略和决策,对整个组织负有最高的责任和管理权。他们的职位通常是企业的董事、总裁、首席执行官等高级职位。

中层管理者位于高层管理者和一线管理者之间,他们负责管理和协调一定范围内的团队或部门工作,执行高层管理者的决策,并向高层管理者汇报工作情况。他们的职位通常是部门经理、项目经理等。

一线管理者位于最底层,直接管理执行工作的员工,负责具体的任务分派、工作监督、绩效评估等。他们的职位通常是领班、督导、主管等。

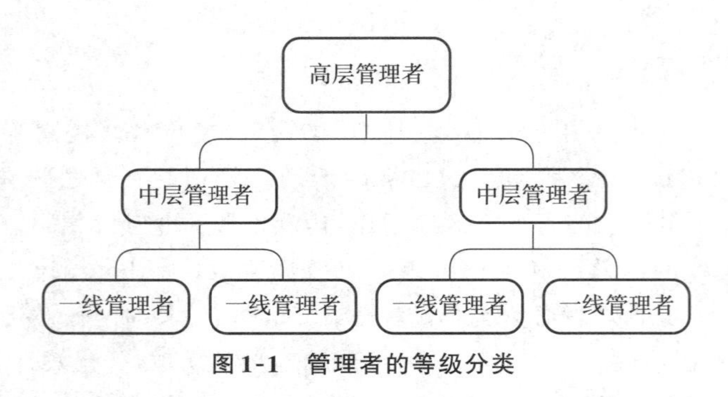

图1-1 管理者的等级分类

这种三层管理结构在许多组织中被广泛应用，有助于实现组织内部的信息流动、决策方面的层级分工与协作。但在某些组织中，管理的层次结构可能会根据具体情况有所调整。

（三）管理的关键职能

管理的关键职能包括计划、组织、决策、激励、沟通和控制。这些关键职能相互关联、相互作用，管理者需要灵活运用各项职能，根据具体情况进行调整和平衡。

1. 计划

管理者需要制定明确的目标，并确定实现这些目标的途径和方法。计划涉及分析当前状况、预测未来趋势、制定战略和制订详细的行动计划。通过计划，管理者可以确保团队和组织朝着预期的目标方向前进。

2. 组织

管理者需要组织和配置资源，包括人力、物力、财力和信息等，确保各项工作能够顺利进行。组织涉及确定任务分工、建立职责与权限、创建协调机制和设立组织结构。有效的组织能够提高工作效率和协同效果。

3. 决策

管理者需要做出关键决策，包括选择最佳解决方案、分配资源、解决问题、应对变化等。进行决策时，需要基于充分的信息和分析，并考虑到各种因素的影响。通过明智的决策，管理者可以引导组织朝着正确的方向发展。

4. 激励

管理者需要激励和调动员工的积极性和创造力，以促使他们达到个人和组织的目标。激励包括提供适当的奖励和认可机制、培养员工、提供良好的工作环境等。有效的激励能够增加员工的工作动力和满意度。

5. 沟通

管理者需要建立有效的沟通渠道，确保信息流动、达成理解。沟通包括与员工进行正式和非正式的交流、传达目标和期望、解释决策和听取反馈等。通过良好的沟通，管理者与员工能够建立信任和良好的合作关系，提高团队协作能力和执行力。

6. 控制

管理者需要制定监控机制和标准，以确保工作按照计划进行，并获得预期的结果。控制包括收集和分析数据、监测工作进展、比较实际绩效与预期绩效，并采取必要的纠正措施。有效的控制能够提供反馈信息和改进机会，确保组织处在正确的发展轨道上。

除了以上这些管理的关键职能，管理者还需要掌握其他的专业技能，如系统思维能力、协调人际关系的技巧及其他管理技术。

管理者如果具有系统思维能力，便会将企业视为一个整体，并在实际工作中分解企业各个部门应完成的特定工作目标。这一能力让接待服务业企业的高层管理者可以高屋建瓴地审视整个公司，明晰不同部门之间相互依赖的关系。

管理者需要领导、影响、监督、指导员工，与员工进行沟通，以及评估员工的工作表现。这就需要其拥有高超的人际关系协调能力。另外，构建团队以及与他人合作的能力也是处理人际关系的能力的一部分，是成功的管理者所应具备的。

管理者还需要有技术方面的能力，能借助和运用现代的技术、方法、设备和程序来管理企业。这些技术方面的能力对低层级的管理者来说会更加重要。随着管理者层级的提升，对管理者的专业技能的要求会逐渐降低，对其系统思维能力的要求会不断提高。此外，管理者还需要认识到企业理念、文化、价值观以及企业的使命和目标的重要性。

（四）管理者的角色多样性

管理者不仅要灵活运用计划、组织、决策、沟通、激励、控制等管理职能，还身兼数职，在不同场合担任不同的角色，主要包括以下几个方面。

1. 礼仪接待角色

管理者在很多场合都需履行仪式上的责任。例如，企业有重要宾客到访时，管理者需代表企业亲自欢迎客人，确保客人得到友好的问候和招待。

2. 领导者角色

每位管理者同时还是领导者，负责指导、激励、评估员工。例如，一家高级餐厅的管理者不仅需要负责服务团队的运作，同时要作为领导者，负责指导团队成员的工作，确保餐厅顺利开展接待服务，提供优质的餐饮体验。

3. 联络者角色

沟通、协调是管理者的职责，管理者需花大量的时间与外部人员或组织内各部门的人员沟通、联络。

4. 发言人角色

管理者通常是组织的发言人。例如，当企业面临一起产品质量问题，这个问题还引起了公众的关注和媒体的报道，那么企业的管理者就需要在此时担任发言人的角色，向公众、媒体和其他利益相关方说明情况、回答问题，以维护公司的声誉和信誉。

5. 谈判者角色

管理者往往会花大量的时间在谈判上。例如，酒店与旅行社洽谈合作协议时，前台经理会代表酒店与旅行社进行具体的谈判和商讨，主要涉及房间配额、价格、付款方式等方面。

任务实施

1. 情景描述

李扬是某市一家旅游集团下属的五星级酒店总经理，近期接到一项接待任务——将有一个计划与旅游集团洽谈合作项目的外国代表团前来对旅游集团进行考察，行程中食、住、游及会议安排均由旅游集团负责，为了扩大影响力，到时还会安排媒体采访，李杨也在被采访之列。为了保障此接待任务顺利进行，李杨需要扮演不同角色，承担对应的工作内容。

2. 活动要求

李杨需要扮演的角色包括礼仪接待角色、领导者角色、联络者角色、发言人角色及谈判者角色。教师可以将学生分成对应的五组，要求每个小组分析其对应的角色所应承担的工作内容，并进行情景演练。

3. 活动步骤

(1) 各组讨论研究本组对应的角色所应承担的工作内容及注意事项。

(2) 各组根据角色对应的工作内容及情景描述，设置接待行程，并进行情景演练。

(3) 各组在班级内进行学习成果展示。

4. 活动评价

每组展示完后，进行学生自评、小组互评、教师点评。

项目	评分标准					学生自评	小组互评	教师点评
	优秀	良好	中等	合格	不合格			
工作内容符合角色设定	30分	24分	18分	12分	6分			
接待行程符合情景描述中的接待需求	30分	24分	18分	12分	6分			
接待效果良好	20分	16分	12分	8分	4分			
体现团队合作	20分	16分	12分	8分	4分			

21世纪的管理者面临着全球化竞争、技术革新、创新与变革、持续学习、承担社会责任等多重挑战。现代科技的迅速发展，使时空距离不再成为难以突破的限制，国际交往日益频繁，世界正逐渐成为“地球村”，管理者应当理解、尊重不同的社会文化传统

和价值标准，并鼓励它们发展的多样性。现在正在进行的两个极为重要的变化是科技的发展和接待服务业的国际化。

二、领导者与领导力

（一）领导者的特征

约翰·C.马克斯韦尔（John C. Maxwell）是一位非常知名的研究领导力和人际关系的专家，在其撰写的《从优秀到卓越：领导者的五个层次》（*From Good to Great: Five Levels of Leadership*）中，他将领导者的发展分为五个层次。第一个层次是能发展出杰出的个人能力和技术：在这个阶段，领导者致力于培养和提升自己的个人能力和技术，以成为一位出色的专业人士。第二个层次是能够建立高效的团队：在这个阶段，领导者将注意力转向团队建设，致力于选择、培养和激励一支高效的团队。第三个层次是能够聚焦目标，形成出色的组织：在这个阶段，领导者善于聚焦目标，通过有效的战略规划和组织管理，推动整个组织达到优秀的水平。第四个层次是能够发展出卓越的领导力：在这个阶段，领导者致力于培养其他领导者，通过培养和激发其他人的潜力，推动组织整体达到卓越水平。第五个层次是能够在社会产生深远影响：在这个阶段，领导者不仅在组织内部产生影响，做出贡献，更能够对整个社会产生积极、深远的影响。

美国知名企业家、风险投资家彼得·蒂尔（Peter Thiel）和他的学生布莱克·马斯特斯（Blake Masters）合著的《从0到1：开启商业与未来的秘密》（*Zero to One: Notes on Startups, or How to Build the Future*）中认为创新者和领导者具有以下特征：一是能独立思考；二是具有创造性；三是具有胆识和决心；四是具备团队合作精神；五是具有与众不同的个性特质和独特的观点。他们认为这些特征可以帮助领导者在竞争激烈的商业环境中实现创新和成功。

著名的领导学教育家彼得·G.诺索斯（Peter G. Northouse）在其编写的《领导学：理论与实践》（*Leadership: Theory and Practice*）中介绍了一些领导理论，如特质理论（Trait Theory）、行为理论（Behavioral Theory）、情景领导理论（Situational Leadership Theory）、关系领导理论（Relational Leadership Theory）等。特质理论认为，领导者的特质或个性特点决定其领导能力。特质可以包括自信、决断力、诚信等。这个理论着眼于领导者的天生属性，主张通过评估个人特质来预测领导成功与否。行为理论关注的是领导者的行为模式和角色，认为领导是一种可以培养和学会的行为。这个理论主张，通过观察和研究领导者在不同情景下的行为，可以确定有效的领导行为模式。情景领导理论认为，领导的效力取决于特定情景的要素，不同的情景需要不同的领导风格。该理论主张，在不同的情景下，领导者应该灵活调整自己的行为和决策方式，适应情景的要求，以达到更好的领导效果。关系领导理论强调领导者与追随者之间建立良好关系的重要性，认为有效的领导建立在信任、尊重和合作的基础上，领导者应该关注追随者的需求和发展，并建立良好的沟通和互动关系。

不同的理论研究中对领导者的特征概括可能有所差异，通常情况下，领导者的特

征包括为人正直、坚韧,充满激情、自信、勇气,尊重他人,富有远见,决策力、适应能力强。

（二）领导力的定义

由于领导者类型的不同以及对领导者的个体认知上的复杂性,领导力的定义有多种,例如,“领导力是指通过影响他人来实现共同目标的过程”“领导力是一个让组织内部和外部的人发挥其最佳能力和潜力的过程”“领导力是一种强调以人为中心,倾听、支持员工并鼓励员工发展的行为”“领导力是指通过培养优秀团队、塑造共同愿景并有效执行来推动组织变得卓越”。根据接待服务业领导者的特征,编者认为,“领导力是指一个人在组织或团队中,通过影响和激励他人,引导他们朝着共同的目标努力的能力和行为”。领导力涉及诸多方面,如制定愿景和目标、指导和激励他人、与他人建立信任关系、有效沟通和协调、创新和冒险精神等。领导者不仅能够管理和指导团队成员,还能够带领他们挑战现状,追求卓越,并在充满变化和不确定性的环境中做出明智的决策。

（三）领导力的分类

领导力有多种分类方式,根据领导者的行为风格,领导力可分为任务导向型和人际导向型。任务导向型领导力注重完成任务和实现目标,而人际导向型领导力注重员工的发展和与员工之间的关系。根据领导者获取权力和影响力的来源,领导力可分为职位权威型、专业权威型、魅力权威型、情感权威型。根据领导者在实施领导的过程中所采用的手段和方法,领导力可分为指令型、激励型、赋权型。根据领导者制定决策和处理问题的风格和态度,领导力可分为民主型、权威型、变革型。

以上这些分类方式可以帮助我们分析和理解领导力概念的不同方面,不同的分类方式适用于不同的情景和组织。

1. 根据行为风格分类

(1)任务导向型领导力。

这种领导风格注重完成任务和实现目标,这类领导者会设定清晰的工作目标,并积极监督和指导团队成员,以确保任务的顺利完成。

(2)人际导向型领导力。

这种领导风格注重与团队成员建立良好的人际关系,这类领导者关注员工的需求、潜力和发展,并通过支持、合作和社交来提升团队的凝聚力和协作效果。

2. 根据获取权力和影响力的来源分类

(1)职位权威型领导力。

这种领导风格基于领导者的职位和权威地位,这类领导者依靠权力和职位来指导团队成员,以达到目标。

(2)专业权威型领导力。

这种领导风格基于领导者的专业知识和技能,这类领导者通过展示自己的专业知

识和技能来获得员工的信任和尊重，从而影响和引导团队的工作。

(3)魅力权威型领导力。

这种领导风格基于领导者的个人魅力和吸引力，这类领导者通过个人魅力、情感吸引力和人格魅力来赢得员工的信任并使其追随，激励团队成员为实现共同目标而努力。

(4)情感权威型领导力。

这种领导风格基于领导者对员工情感的关怀和扶持，这类领导者通过表达关爱、帮助员工解决问题、建立信任关系来影响员工，并使他们感到受到重视和支持。

3. 根据实施领导的过程中所采用的手段和方法分类

(1)指令型领导力。

这种领导风格强调领导者通过明确的指令来指导团队成员的行为和执行任务。

(2)激励型领导力。

这种领导风格强调通过激励手段激发员工的工作激情和动力，从而提高他们的工作绩效和表现力。这类领导者注重激发员工的内在动机和积极性，鼓励他们努力实现个人和团队的目标。

(3)赋权型领导力。

这种领导风格侧重于向团队成员授权和委派责任，这类领导者会赋予员工决策权和自主权，鼓励他们发挥创造力和才能，以实现团队的效能。

4. 根据制定决策和处理问题的风格和态度分类

(1)民主型领导力。

这种领导风格强调领导者与团队成员之间的平等和合作，这类领导者会鼓励员工参与制定决策和解决问题，尊重并考虑他们的意见和建议。

(2)权威型领导力。

这种领导风格基于领导者的威信和权威，这类领导者会制定明确的目标和愿景，并通过积极引导和激励员工来实现这些目标。

(3)变革型领导力。

这种领导风格强调领导者在面对变革和挑战时的能力和行动，这类领导者通过创新、鼓励员工思考、激发员工激情和指导员工行为来引领和驱动组织的变革和发展。

三、接待服务业管理与领导力

（一）管理者与领导者的区别

管理是指通过下属的努力实现组织目标的过程。领导力是指一个人在组织或团队中，通过影响和激励他人，引导他们朝着共同的目标努力的能力和行为。管理者凭借他们在组织中担任的职位而拥有权力，而组织在拟定人选时，一般会寻求有个性、经验丰富的人员担任管理者。管理者与领导者之间的区别主要包括以下几个方面。

(1) 管理者的职责是管理和控制组织运营，侧重执行、规划、组织、控制和协调；领

导者的职责是激励和影响他人，激发团队创新，促进团队发展。

(2) 管理者注重事务性工作，关注任务和过程；领导者更关注人际关系，注重激励团队成员，实现团队发展。

(3) 管理者在组织层面进行决策、制定策略和管理冲突；领导者在影响和激励他人方面具有更大的影响力。

(4) 管理者注重短期任务和目标的完成，关注组织的效率和成果；领导者更关注长期影响和团队发展，努力培养下一代的领导者，确保组织可持续发展。

（二）接待服务业的职业道德准则

道德标准是一组规范，用于评判人们行为是否符合道德原则。它是社会及其文化对于正确与正义的期望和要求的总结。道德标准是人们在处理伦理和行为问题时应该遵循的原则和价值观，包括诚实、公正、善良等，帮助人们判断行为的对错，促使人们做出符合伦理规范和公共利益的决策。

不同文化背景所形成的道德标准会有所不同。在西方文化中，个人的自由和权利被广泛尊重和重视。个体的独立性、个体责任与自主决策的价值观是西方道德标准的重要组成部分。东方文化强调集体利益，孝顺、尊敬长辈和尊重传统是东方文化中的重要价值观。在中东文化中，宗教和礼教普遍影响人们的道德观念。伊斯兰教法（沙里亚法）以及尊重和维护家庭关系、社区关系和宗族关系的价值观在中东文化中处于非常重要的地位。在印度文化中，传统的价值观强调尊重和服务他人，道德标准主要参考印度教、佛教、锡克教等宗教的教义和价值观。这些宗教强调伦理道德，尊崇慈悲、真实、非暴力等价值观。

不同个体在同一文化中也可能有不同的道德观念。例如，人们常视情况而决定偷盗、说谎等是否可接受。在国际多元文化背景下，确定个人道德行为的共同标准似乎是不可能的。然而，若综合各地不同时期的原始资料，如犹太教和基督教的经典《圣经》、伊斯兰教的经典《古兰经》，以及亚里士多德的《伦理学》、莎士比亚的《李尔王》、孔子的《论语》等，可以发现个人道德标准在这些资料中存在一些共同点，如正直、尊重生命、自制、勇敢等。

经过多年的实践，接待服务业也形成了一系列职业道德准则。

1. 诚实守信

接待服务业的从业人员应诚实守信，工作中不得出现欺诈、虚假宣传等行为，不得接受贿赂或利用职务之便谋求个人利益。例如，酒店前台员工应当提供准确的房间描述和价格信息，不得夸大其词。

2. 尊重隐私

接待服务业的从业人员应尊重客人的隐私权，不主动泄露客人的个人信息，并能采取措施维护客人的人身安全和信息安全。例如，酒店客房员工应该维护客人的个人物品的安全，不随意查看客人的隐私。

3. 提供优质服务

接待服务业的从业人员应努力满足客人的需求，提供高质量的服务，并对客人的投诉和反馈作出积极响应，提高客人满意度和忠诚度。例如，景点讲解员应该不断提升业务能力，及时响应客人的需求，确保客人获得良好的服务体验。

4. 公平对待

接待服务业的从业人员应公平对待客人，不歧视任何客人。不同种族、不同性别、不同宗教信仰或具有其他身份特征的客人，都应受到同等的尊重和待遇。例如，员工不应以任何形式拒绝客人合理的服务要求、对客人态度冷漠等。

5. 保护环境

接待服务业的从业人员应积极保护环境，减少资源浪费和碳足迹，践行可持续发展的理念，如节约能源、使用环保产品等。

6. 维护职业形象

在接待客人时，接待服务业的从业人员应以专业、有礼貌的形象出现，遵守礼仪规范，保持着装整齐、外表干净。例如，员工应穿戴整齐、干净的制服，注意个人仪表。

7. 团队合作

接待服务业强调团队合作，共同完成接待任务。例如，宴会接待服务要求迎宾员、服务员、传菜员、厨师等既要在各自岗位上发挥个人能力，又要团队协作，最终实现提供优质服务的目标。

8. 尊重多样性

接待服务业的从业人员可能需要接待有着不同国籍、不同文化背景的客人，应做到包容多样性。例如，员工应了解并尊重不同文化的习俗和礼仪，以避免触犯文化敏感性问题。

9. 保护商业机密

接待服务业的从业人员应严守商业机密，不得泄露公司的商业信息和客人的个人信息。例如，员工不得将客人的姓名、联系方式、身份证件等信息泄露给未经授权的人员或机构。

10. 持续学习

接待服务业的从业人员应持续学习，提升自身的专业知识和技能，以适应行业发展和客人需求的变化。例如，员工应积极参加相关培训和学习活动，提高自身的专业素养和服务水平。

11. 具备社会责任感

接待服务业的从业人员应具备社会责任感，积极参与公益活动，并遵守相关法律法规，不从事违法活动或支持违法行为。例如，员工应遵守与劳工权益等相关的法律法规，关注社会问题并积极传递正能量。

（三）管理能力与领导力的发展趋势

1. 高情商与人际关系管理

领导者需要具备高情商，能够处理复杂的人际关系和团队冲突。在多元化和全球化的环境中，构建合作关系、理解并尊重不同的文化和价值观变得尤为重要。

2. 敏锐洞察意识与管理变革

面对不断变化的市场和技术革新，领导者需要具备敏锐的洞察意识和较强的决策能力，能够适应快速变化的情况，引领组织进行管理变革。

3. 转型领导力

面对数字化转型和可持续发展等趋势，领导者需要快速适应并引领组织转型，应具备战略思维、创新能力、管理变革技巧，以推动组织的发展和在市场竞争中取得优势。

4. 人才发展与员工参与

现代领导者更加重视员工的发展和参与度。他们关注员工的个人成长，提供培训等发展机会，建立积极的工作氛围，并鼓励员工参与决策和项目。

5. 可持续领导力与责任

领导者需要树立可持续发展的理念并将其体现于组织的决策和运营中。

6. 科技与数据驱动

领导者需要熟悉和利用新兴技术和大数据，以推动组织的数字化转型和决策。对数据进行准确分析并将其可视化成为领导者必备的技能。

项目小结

本项目介绍了接待服务与接待服务业，着重讨论了接待服务的发展历程、接待服务业的基本概念、接待服务业的范围与产品特征，以及接待服务业管理能力与领导力的发展趋势。通过对本项目的学习，学生能够对接待服务业形成初步的认识。

项目训练

一、知识训练

1. 如何理解接待服务的定义？
2. 如何理解接待服务业的定义？
3. 接待服务业的产品类型有哪些？
4. 管理的关键职能有哪些？

5.管理者与领导者之间有哪些区别?

二、能力训练

1.请根据自身特点,规划未来想成为怎样的领导者,制订个人发展计划。

2.请思考未来职业发展方向,并总结该职业应该遵守哪些职业道德准则。

3.参与企业实践,体验不同类型的接待服务,并总结其产品特点。

Note

项目二
接待服务业概述

项目描述

接待服务业涉及范围广泛，本项目根据经营内容、业务特点等将接待服务业划分为酒店服务业和旅游娱乐服务业两个部分。学习本项目有利于学生了解接待服务业的现状，对接待服务业形成整体的认识。

知识目标

(1)理解酒店的定义与酒店业的兴起和发展。
(2)了解酒店业的分类和酒店产品的构成及特性。
(3)了解现代酒店集团的概念和特点。
(4)掌握酒店服务业职业上升路径。
(5)理解旅游娱乐服务业的定义。
(6)了解旅游需求与行为的相关研究。
(7)了解旅游供给与产品的相关研究。
(8)了解旅游市场与营销的相关研究。
(9)掌握旅游娱乐服务业职业上升路径。

能力目标

(1)能够对酒店业进行综合性的描述，包括定义、发展历程、分类等方面。
(2)能够分析酒店产品的构成和特性，了解酒店产品与市场需求之间的关系。
(3)能够理解现代酒店集团的经营模式和运营管理特点，并分析其发展趋势。
(4)能够确定酒店服务业职业上升路径，包括职位晋升、技能提升、学历提升等方面。

(5)能够对旅游娱乐服务业进行综合性的描述,包括定义、需求与行为等方面。

(6)能够分析旅游供给与旅游产品之间的关系,了解旅游产品与市场需求之间的关系。

(7)能够应用旅游市场营销的基本原理,制定营销策略,提升旅游娱乐服务业的竞争力。

(8)能够确定旅游娱乐服务业职业上升路径,包括职位晋升、技能提升、学历提升等方面。

素质目标

(1)培养对酒店服务业及旅游娱乐服务业的兴趣和热爱,提升专业素养。

(2)培养分析和解决问题的能力,能够灵活运用所学知识和技能应对实际工作中的挑战。

(3)培养团队合作能力和沟通能力,能够在酒店服务业团队和旅游娱乐服务业团队中进行有效协作。

(4)培养自我学习和持续学习的意识,保持学习新知识和新技能的动力和能力。

(5)培养创新和创业意识,能够发掘和把握酒店服务业和旅游娱乐服务业的发展机会。

知识框架

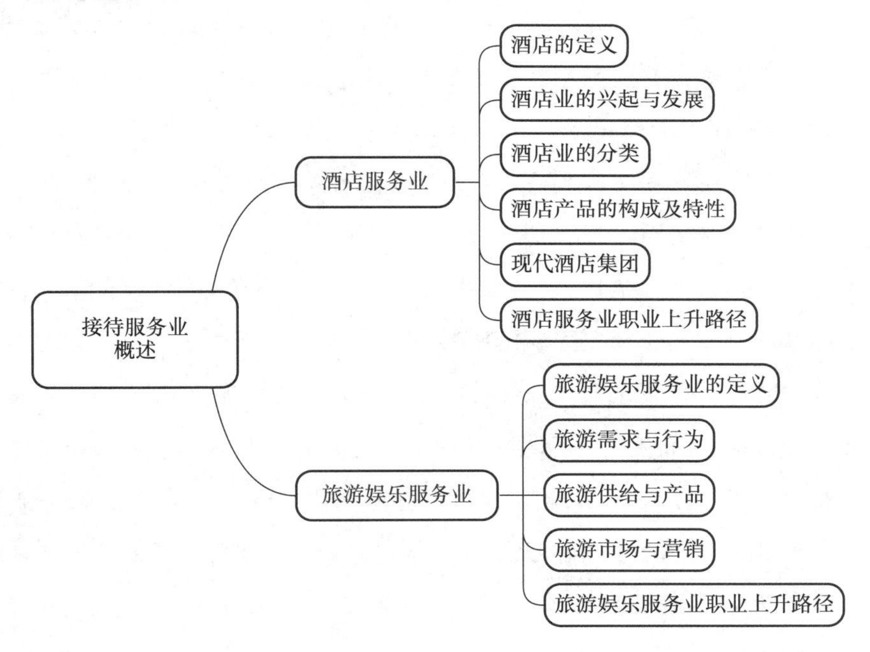

教学重点

(1)酒店的定义,酒店业的兴起与发展历程,酒店业的发展趋势和特点。

(2)酒店业的分类方式。

(3)酒店产品的构成、特性、计价方式。

(4)现代酒店集团的经营形式、优势和管理方法。

(1)不同时期酒店的形态和特点。

(2)酒店集团经营的难点和挑战,以及现代酒店管理的核心要点。

(3)旅游需求与行为的相关理论。

(4)酒店服务业和旅游娱乐服务业的职业上升路径,包括从基层员工到管理层的晋升途径。

酒店评定标准

正式的酒店评定标准最早可以追溯到18世纪末的英国。当时,英国的邮政局会对旅行者住宿的场所进行评级,以提供更好的服务和保证旅行者的舒适。这些评级标准主要考虑了酒店的设施、服务质量和清洁程度等方面。

1872年,比利时的一位商人乔治·纳古尔克斯创办了一家名为"拉·库莱尔蒙塔纳"的公司,该公司在早期主要提供欧洲各地的火车旅行服务,其中包括提供高级豪华卧铺车厢,为旅客提供舒适的住宿条件。随着时间的推移,公司逐渐扩展其业务范围,包括豪华饭店的经营。乔治·纳古尔克斯在1894年引入了现代意义上的"星级评分制度"。该星级评分制度起初是针对他自己公司经营的饭店和列车,用以评估饭店的设施、服务质量、卫生情况以及员工的表现,通过给出星级评分为旅客提供参考和选择的依据。最初的星级评分制度中只设置了一颗星,表示饭店的基本条件。随着时间的推移,这个制度不断发展,并且增加了额外的星级。后来,这一评分制度得到了广泛认可并开始普及,迅速成为整个饭店业界的标准,并被其他行业如餐饮业、旅游业等借鉴和应用。

随着全球旅游业的发展,各国纷纷制定本国的酒店评定标准,并不断完善和标准化。目前,常见的酒店评定标准除了星级评分制度,还有AAA评定制度、米其林星级标准、GS评定制度等。

Note

任务一 酒店服务业

国内外关于饭店的定义

饭店一般被定义为为公众提供住宿、膳食和服务的建筑和设施。

《科利尔百科全书》(*Collier's Encyclopedia*)将饭店定义为装备好的公共住宿设施,一般提供膳食、酒类与饮料及其他服务。

《美国百科全书》(*Encyclopedia Americana*)将饭店定义为在商业性的基础上向公众提供住宿,往往也提供膳食的建筑物。

《大不列颠百科全书》(*Encyclopedia Britannica*)将饭店定义为为公众提供住宿设施与膳食的商业性建筑设施。

《旅游饭店星级的划分与评定》(GB/T 14308—2023)中使用了"旅游饭店"(Tourist Hotel)一词来概括以上各种称谓,并将其定义为以间(套)夜为单位出租客房,以住宿服务为主,并提供商务、会议、休闲、度假等相应服务的住宿设施。

按不同习惯,旅游饭店也被称为宾馆、酒店、旅馆、旅社、宾舍、度假村、俱乐部、大厦、中心等。

综合以上观点,作为一个酒店,应该具备以下三个特征:

(1)是经政府批准并具有住宿设施的建筑。

(2)以提供住宿、餐饮服务为核心功能,并为顾客提供其他各种服务。

(3)是一个寻求合理利润的经济实体。

任务剖析

2-1

一、酒店的定义

酒店也称饭店,源于英文"Hotel"一词,原指王公贵族在乡间招待贵宾的别墅。现在"Hotel"已经成为专有名词,是指一种提供住宿、餐饮和其他相关服务的商业机构。它通常为旅行者、游客或商务人士提供短期住宿,提供舒适的客房、餐饮和其他设施,如会议室、健身中心、游泳池等。酒店的服务一般包括提供床铺、清洁服务、前台接待、餐饮服务、安全保障等。

二、酒店业的兴起与发展

现代的酒店业是在传统的餐饮业和住宿业的基础上发展起来的,它的发展进程大

体上可分为以下四个时期。

（一）古代客栈时期(12世纪—18世纪)

在西方，客栈作为一种住宿设施早已存在，但其真正流行是在15世纪—18世纪。当时，客栈在西方很多国家已经相当普遍，但英国的客栈最为著名。

大诗人杰弗里·乔叟的《坎特伯雷故事集》以英国早期巡回商人在旅途中借以消遣的各种故事为素材，该著作的时间背景为14世纪，当时农村与城镇相距较远，森林中和田野上经常有盗匪出没，沿途有的住户就向旅行者敞开了家门，这便是早期的英国客栈。除了在夜间向旅行者提供食物和歇脚场所，客栈还对旅行者给予了必要的保护。但此类客栈让旅行者缺乏安全感，存在价格诈骗，此外，抢劫之类的不法事情也时有发生。

早期的英国客栈继承了撒克逊人定居英国时的酒店传统，规模小、设备简陋。客栈房舍是家庭住宅的一部分，家庭住宅的主人是客栈的拥有者和经营者。到了18世纪，英国等国家的客栈除了能为旅客提供食宿，还成为人们聚会交往、交流信息和落脚歇息的地方。

此外，在15世纪，有些客栈已拥有20—30间客房；有些比较好的客栈设有酒窖、食品室和厨房，为旅客提供酒水和食品；一些客栈开始注意周围环境，开辟花园、草坪等，开始向多功能发展。

（二）大饭店时期(18世纪末—19世纪中叶)

随着资本主义经济和旅游业的产生和发展，旅游开始成为一种经济活动，专为上层统治阶级服务的豪华饭店应运而生。

18世纪的工业革命，使西北欧国家、北美地区的国家以及日本逐渐发展成为工业国家，同时，在这些国家中形成了一个新的消费阶层——新兴资产阶级。此时，在欧洲出现了许多以“饭店”命名的住宿设施。这些饭店建筑外形豪华，内部装修高雅，不仅提供基础食宿服务，更注重为客人提供奢侈的享受。饭店的投资者、经营者更注重取悦社会上流，不太注重经营成本。此时期的饭店业在很多方面有创新之举。例如，18世纪中期，美国有很多最新的科技发明被广泛应用于饭店业，如电梯、电灯、电话、中央供暖等。1794年在纽约建成的首都饭店，是第一家经过专门设计、由股份公司建造经营的饭店。1829年，美国第一座现代化饭店特里蒙特(Tremont)饭店在波士顿开业，是第一座建有前厅的饭店。楼下悬挂煤气灯，餐厅设有200个座位，供应法式菜肴，服务人员训练有素，单间客房房门可以上锁。钥匙带着长形铁片，客房里备有脸盆、水罐和肥皂。大饭店时期的许多关于经营与服务的哲学和信条至今仍被饭店业奉为准则，如著名的饭店经营代表人物塞萨·里兹提出的“客人永远是对的”“我们是为绅士和淑女服务的绅士和淑女”等饭店经营格言。

（三）商业饭店时期(19世纪末—20世纪50年代)

商业饭店时期，是世界各国饭店发展最为活跃的时期，是酒店业发展的重要阶段，

它使酒店业成为以一般平民为服务对象的产业，饭店设施方便、舒适、整洁、安全，服务讲究标准化与技巧性，开始注重追求利润，从各个方面奠定了现代酒店业的基础。

1908年埃尔斯沃思·米尔顿·斯塔特勒在美国布法罗建造了第一个由他亲自设计并以他名字命名的斯塔特勒饭店，该饭店是专为商务旅行者设计的，每套客房都设有浴室，供应冷、热水，安装全身镜、消毒马桶坐圈，还提供通宵洗衣、送报上门等服务项目。制定统一的标准来管理饭店，使得客人不论是在波士顿、克利夫兰，还是在纽约、布法罗，只要住进斯塔特勒饭店，就可保证享受到标准的服务。该饭店注重企业的财务管理，制定了控制成本的记账办法。此时的饭店开始具有现代饭店的特征。

与斯塔特勒同时期的还有另外两位人物，在现代酒店业中扮演了同样重要的角色，一位是希尔顿酒店集团的创始人康拉德·希尔顿先生，另一位是万豪酒店集团的开创者威拉得·马里奥特先生。

这一时期饭店业的又一特征是汽车饭店的发展。美国公路网的建设促成了汽车饭店的出现和发展，最初的汽车饭店十分简陋。1925年，在加利福尼亚州的圣路易斯·奥比斯波地区，迈尔斯顿饭店最早正式使用了“汽车饭店”(Motel)这个名称。1940年，第一个汽车饭店集团成立，称为高级汽车饭店集团(Quality Courts)。

（四）现代新型饭店时期(20世纪50年代至今)

20世纪50年代以后，随着欧美国家战后经济的复苏，国际旅游和各国国内旅游得到了前所未有的发展。可自由支配的收入和闲暇时间的增加使大众旅游成为旅游活动的主体，而经济的繁荣与复苏则极大地促进了商务旅游的规模；私家车数量的增加和高速公路网的建成使得欧美国家的国内旅游普遍发展；科学技术的进步提高了航空运输业的可靠性，降低了商业航空的费用；亚太地区经济的开放和进步促使跨国、跨地区的旅游活动迅速发展起来，从最初的北美和欧洲扩展到亚太地区、中南美洲、中东和非洲；第二次世界大战以后，旅游者的需求日益多样化和个性化，饭店市场细分也更加细致；世界范围内的经济格局从经济大国美国“一家独大”转变为美国、欧洲各国、日本“三强鼎立”，世界经济向全球一体化发展；企业经营方式、组织结构不断创新，新的企业经营和营销理论与实践层出不穷。这些对饭店业的发展产生了巨大的影响，饭店业中出现了许多根本性的变化。

1946年，泛美航空公司成立了第一家由航空公司所有的饭店集团——洲际饭店集团，并开始向美洲和世界其他地区扩张。到20世纪80年代，洲际饭店集团的饭店已遍及50多个国家和地区。航空公司拥有饭店的这一模式迅速应用到饭店业中，美国环球航空公司、美国联合航空公司、法国航空公司、德国汉莎航空公司等纷纷成立饭店集团，利用航线扩展的机会，在世界各地建立饭店。

1952年凯蒙斯·威尔逊成立了第一家假日饭店(Holiday Inns)，不仅客房宽敞，还设有餐厅和其他设施，为家庭旅游提供了方便，其规模远远超过当时一般的汽车饭店。特许经营的扩张方式，使假日饭店可以在很短的时间内达到一定规模。威尔逊曾说过：“最好的意外就是没有意外。”这一追求酒店品质一致性的哲学的创立使很多人把威尔逊尊为现代连锁酒店的鼻祖。很多人认为，威尔逊是第一个在一间客房中放置两

张床位的酒店经营者。假日饭店后来成为洲际饭店集团的一部分。

从20世纪60年代开始，为了吸引中低收入的旅游者，第一家经济型的饭店联号——汽车饭店6(Motel 6)在美国的加利福尼亚成立。从此，各大饭店集团都开始重视经济型饭店这一重要的细分市场，目前，几乎所有饭店集团的品牌系列中都包括了一个甚至多个经济型饭店联号。

20世纪70年代，饭店业中出现了一种新型的经营概念——分时共享(Time-Share)，并开始在世界各地推广，许多大的饭店联号积极参与到这一新型的销售和经营方式之中。分时共享的经营方式不仅能为企业带来财务回报、帮助企业抵御经济环境的变化，还能培养忠诚客户，共享度假村资源。

20世纪80年代和90年代，全球饭店联号中开始了以收购兼并为主要形式的整合扩张活动，出现了大批规模庞大、拥有完整的品牌系列、从事多样化经营的巨型饭店联号。至此，世界饭店业在很大程度上为这些巨型饭店联号所控制。此外，竞争的巨大压力使得饭店业中众多的中小型企业越来越注重小的细分市场，采取补缺战略和集聚战略，避免在主要细分市场中与大型饭店联号竞争。

三、酒店业的分类

按照酒店的位置、服务对象、规模、等级、整体特点与公众感受程度等进行分类，是国际酒店业的常见分类方式。根据特定标准对酒店进行分类的优点包括：一是有利于客人进行选择；二是有利于酒店市场营销；三是便于同行业进行比较。

(一) 按酒店位置进行划分

1. 城市中心酒店(City Center Hotel or Urban Hotel)

城市中心酒店一般位于城市的商业中心或市中心区域，靠近商务区、购物区、旅游景点等。这类酒店大多数都是能提供全套服务的豪华酒店。

2. 城市郊区酒店(Suburb Hotel)

城市郊区酒店是因城市中心地价上涨、商业区转移到市郊而开始发展的。这类酒店位于城市的郊区地带，环境清幽，适合远离繁忙都市、享受宁静的客人。

3. 公路酒店(Highway Hotel)

公路酒店是私家车数量增加和高速公路网不断发展的产物。这类酒店位于高速公路沿线，为短期路过的旅客提供方便的住宿和休息服务。

4. 机场酒店(Airport Hotel)

机场酒店在20世纪60年代以前发展缓慢，到了60年代初，大型客机的出现使得大规模、远距离的航空客运成为可能，机场酒店也因此得到了较快的发展。这类酒店位于机场附近，方便接待来往机场的旅客，提供便捷的机场接送服务。

（二）按酒店服务对象分类

1. 商务酒店（Business Hotel）

商务酒店主要向商务旅行者提供便利的商务设施和服务，如商务中心、会议室、高速互联网、打印和复印服务等。商务酒店通常位于商业区或城市中心，方便客人参加会议、商务活动或进行商务洽谈。

2. 休闲酒店（Leisure Hotel）

休闲酒店注重提供休闲度假服务，通常设有游泳池、健身房、SPA（水疗）、按摩服务、美容院等，以满足客人的放松和娱乐需求。这类酒店一般位于度假胜地、风景优美的地方或市区的休闲区域。

3. 家庭酒店（Family Hotel）

家庭酒店提供适合全家出行的设施和服务。例如，家庭酒店一般能提供宽敞的客房、儿童娱乐设施、游乐场、婴儿/儿童餐厅、儿童看护服务等，以满足家庭旅行者的需求。

4. 奢华酒店（Luxury Hotel）

奢华酒店以高级、豪华的服务和设施为特点，通常位于城市中心或独特的风景区。这类酒店可能拥有高级餐厅、著名的SPA中心、私人泳池、豪华客房等，以提供豪华体验。

5. 城市观光酒店（City Sightseeing Hotel）

城市观光酒店位于旅游景点周围，提供便捷的观光和旅游服务，如旅游信息咨询、导游服务、租车服务等，方便客人参观当地的景点和体验文化。

6. 青年旅社（Youth Hotel）

青年旅社是一种经济实惠的住宿选择，适合年轻人、独立旅行者和背包客，通常提供共用的卧室、浴室和公共休息区，价格相对较低，并且注重社交和交流氛围。

7. 公寓酒店（Apartment Hotel）

公寓酒店提供长期入住服务，客房通常是独立的公寓，设有客厅、厨房，以及洗衣设备。这类酒店适合需要长期居住或需要更多私密空间的客人，如家庭旅客、商务人士等。

8. 度假村（Resort Hotel）

度假村位于风景优美的地方，提供全面的度假休闲设施和服务，如私人海滩/泳池、高尔夫球场、水上运动、儿童俱乐部、健身中心、多种餐饮选择等。客人可以在度假村内度过悠闲的假期，参与各种活动，使用各类设施。

（三）按酒店规模分类

目前，对于酒店规模，文旅部尚未制定一个统一的划分标准。结合各类文献资料，

可以依照酒店规模将酒店大致分为以下几类。

1. 小型酒店

小型酒店通常包括由家庭经营的旅馆、客栈、客房出租等。这类酒店拥有的客房数量相对较少，一般在20间以下。小型酒店不太可能拥有大型的餐厅或会议设施，但通常提供基本的住宿服务和一些额外的设施，如早餐、免费Wi-Fi等。

2. 中型酒店

中型酒店通常是指客房数量为20—150间的酒店。这类酒店通常拥有一定规模的餐厅、会议设施、健身房等。中型酒店可以提供较全面的服务和设施，适合商务人士、家庭旅客，能够组织小型会议和活动。

3. 大型酒店

大型酒店通常是指客房数量超过150间的酒店。这些酒店通常位于城市中心或旅游热点地区，拥有多个餐厅、会议室、健身中心、游泳池等。大型酒店能够提供全方位的服务和设施，可以满足不同类型的客人的需求，如组织商务会议、接待大型团体旅游等。

4. 豪华酒店

豪华酒店是指设施豪华、服务高端的顶级酒店。这类酒店通常也属于大型酒店，拥有宽敞、豪华的客房和套房，提供高级餐饮、SPA、私人泳池等奢华设施和服务。豪华酒店一般位于城市中心或风景优美的地方，服务对象主要是追求高品质体验的客人。

（四）按酒店等级分类

不同国家和地区采取不同的评定标准将酒店划分为不同的等级，并用符号（如星形、钻石形、梅花形等）、数字（如一、二、三等）、字母（如A、B、C等）以及文字描述（如豪华、舒适、现代等）加以区分。

目前，国际上在划分酒店等级方面还未有正式的统一标准，但有些标准是公认的，如清洁程度、设施水平、家具品质及维修保养、服务水平、豪华程度等。各个国家和地区在划分酒店等级上都有自己的标准。例如：法国酒店分为一星至五星；意大利酒店采用“豪华”“一级至四级”制；瑞士酒店分为一级至五级；美国酒店采用“五星”和“五花”等级制；东南亚地区以及我国台湾地区采用“五花”等级制。

（五）按酒店整体特点与公众感受程度分类

1. 奢华型酒店

奢华型酒店以高品质的设施、服务和豪华的感受著称，通常提供豪华客房、高端餐饮，配备顶级设施和设备等，客人在这类酒店中普遍会获得较好的体验。

2. 精致型酒店

精致型酒店注重设计和细节，提供高质量的服务和设施，客房装修精美，配备高端

设备,为客人提供舒适的入住体验。

3. 度假型酒店

度假型酒店位于风景秀丽的地区,提供丰富的度假设施和活动,如水上运动、高尔夫球场、沙滩等,客人能享受到休闲娱乐,获得放松的体验。

4. 商务型酒店

商务型酒店主要面向商务旅行的客人,提供便利的会议设施、商务服务、高速互联网接入等,满足商务人士在效率和便捷方面的需求。

5. 经济型酒店

经济型酒店提供相对简单的设施,能满足客人基本的住宿需求,价格较低,适合对预算较为敏感的客人。

6. 民宿

民宿通常是指由当地居民经营的小型住宿场所,提供家庭式的环境和亲切的服务,适合追求更为个性化的服务和私密住宿的客人。

四、酒店产品的构成及特性

(一)酒店产品的构成

1. 客人角度

客人通过消费获得的酒店产品的构成包括:

(1) 物质产品,包括供客人在酒店消费使用的食品、饮料、床单、毛巾及其他物质形态的产品。

(2) 感官上的享受,是指酒店通过建筑物设施、家具装修、灯光用具等共同营造的良好氛围,能给客人的感官上带来愉悦。

(3) 心理上的感受,一般通过酒店的设施、用具等传递,能给客人带来由感官享受到心理享受的升华,包括地位感、成就感、舒适程度、享受程度、满意程度等。

客人在酒店通过消费获得的酒店产品的好坏,主要取决于酒店产品的物质形态,同时也取决于客人的经历和主观看法。

2. 酒店角度

酒店提供的产品的构成包括:

(1) 酒店位置。酒店的地理位置非常重要,是很多客人在选择酒店时的首要考虑因素。斯塔特勒先生在讲述他的酒店经营成功秘诀时提到"地点,地点,还是地点",这已成为酒店经营中的经典格言。交通便利与否、是否紧邻商业区、周边是否风景优美,这些都是客人在选择酒店时的重要考虑因素。由此可见地理位置对酒店经营的重要影响。

(2) 酒店设施。酒店的建筑物外观、设施设备、各类客房及套房、各具风格的餐厅、

配套的康乐中心(如歌舞厅、美容院、游泳池、健身房、桑拿房、保龄球馆、麻将室等)的齐备程度、档次的高低也是构成酒店产品的重要条件。

(3) 酒店服务。服务是酒店的核心产品,客人到了酒店,不管他们的目的是住宿、用餐、宴请或娱乐,都离不开服务。希尔顿酒店品牌的创始人康拉德·希尔顿曾说过:"酒店所卖的东西只有一种,那就是服务。"谁能提供优质服务,谁就能兴旺发达;谁要是提供劣等服务,谁就会走向衰落。

(4) 酒店氛围。氛围是客人在消费过程中对酒店整体形象的一种感受。例如:不论是现代豪华设施,还是民族风格的陈设,不同格调的装饰艺术品、花草布置,以及与之相适应的服务员的形象装扮,共同烘托出酒店的氛围,这将对客人有着特殊的吸引力。

(5) 酒店形象。酒店形象是指酒店通过品牌建设、公关活动、服务、销售等在公众中形成的良好形象,涉及酒店的历史、知名度、经营风格、产品质量、信誉等诸多因素。

(6) 酒店价格。价格同样是酒店产品的构成要素之一。

3. 产品角度

根据酒店产品包含的要素,可以将酒店产品的构成分为以下几个方面。

(1) 核心产品。核心产品是指酒店提供给客人的基本产品或服务,是客人选择酒店的最主要原因。在酒店业中,核心产品指的是客房及其附带设施和服务,包括舒适的床铺、私人卫浴,以及其他基本的客房设施等。

(2) 实质产品。实质产品是指可以单独定价的、客人根据实际需要所购买的产品,如各种类型的客房、饮料、宴会服务、康乐设施、娱乐项目等。此外,还包括美容美发、客衣洗涤、复印、打字、传真等服务项目,这些项目由客人根据需要购买,同时必须体现为服务人员的劳动,即由酒店员工提供现场服务。

(3) 支持产品。支持产品是指为保证核心产品和实质产品能够满足客人需求,确保产品质量等级规格而起支持作用的产品,如前台接待、安保、清洁服务、物业维护等。离开了这些产品,核心产品和实质产品则很难实现预期效果。此外,支持产品很难单独定价出售。

(4) 附加产品。附加产品是指酒店提供给客人的额外服务或设施,以满足客人的特定需求或为客人提供额外的便利,如机场接送服务、洗衣服务、租车服务等。客人可以根据需求选择性地购买或使用这些附加产品。

(二) 酒店产品的特性

1. 高额的经营成本

酒店既是劳动密集型企业,又是资金密集型企业。酒店经营成本高的主要原因是其需要提供各种设施和服务,如客房清洁、设施设备维护、人员工资发放、食品采购、能源消耗等,这些成本都会影响酒店的经营利润。此外,酒店还需要投入大量的资金用于设施建设、装修等。高额的经营成本是酒店业面临的一个挑战,需要进行合理的管理和运营来确保盈利。

2. 价值的不易保存性

酒店产品的价值会因时效性而受到一定的影响，因为客房产品价值无法保存下来。未售出的客房在特定时段结束后将无法转化为经济价值。因此，酒店需要合理预测需求，灵活调整价格和销售策略，以最大限度地利用空闲客房，增加产值。

3. 易受人为因素影响

酒店企业是极为现代化的企业，也是生产方法极为传统的企业：酒店将先进的设备设施供客人使用，其服务员则必须靠手工劳动来提供服务，而且往往是一对一进行服务，不像实物产品生产企业那样可以进行规模化的生产。酒店产品具有一致性，其质量易受人为因素的影响。再加上客人对酒店产品质量好坏的评价更多取决于其主观感受，而不同的客人由于需求、消费偏好、消费经历的不同，会对同样的酒店产品产生不同的评价，这也使酒店产品易受人为因素影响的特性更加突出。

4. 空间的不可转移性

酒店产品的特殊性之一在于其空间的不可转移性。客人需要处于酒店现场才能享受到其产品和服务，因此，酒店的地理位置对于酒店的竞争力和市场地位有着非常重要的影响。为了降低其他竞争对手的影响，酒店需要在不同地区、不同城市甚至不同国家寻求独特的位置，以吸引客人，进而提升入住率。

5. 销量的季节波动性

国外新酒店在开业时“扔掉”大门钥匙是一种仪式，寓意着酒店永远不会关门，将全年无休地为客人提供服务。酒店销量的季节性波动常常与客源市场、节假日、旅游季节等因素有关。例如，度假胜地的预订量可能在节假日会达到高峰，而商务型酒店可能在工作日会出现较高的预订率。因此，酒店需要根据不同的季节调整价格和推广策略，以达到较高的预订量。

（三）酒店产品的计价方式

不同计价方式适用于不同的住宿需求和消费预算，客人可以根据自己的需求选择适合的计价方式来预订酒店。常见的酒店产品的计价方式有以下几类。

1. 标准房费（Room Rate）

标准房费是最常见的酒店产品计价方式，即按照房间的标准价格进行计费。客人根据所选择的入住房型，支付相应的价格。

2. 套房费（Suite Rate）

套房费是指根据酒店提供的高级套房或豪华套房进行计价的方式。套房通常配备独立的起居区、卧室、私人浴室等设施，相较于普通房间，其价格更高。

3. 时段费（Time-Based Rate）

有些酒店会根据入住的时间段来进行计费。例如，白天房（Day Use）一般是指在白天短暂入住的房间，价格相对较低。在特殊时间段入住，如入住凌晨时段的房间（凌

晨房),则可能会有折扣或额外费用。

4. 促销费用(Promotional Rate)

促销费用是指酒店为吸引客人而提供的优惠价格,包括节假日促销、会员优惠、团购价等。促销费用可以是一段时间的特价,也可以是限量优惠。

5. 预付费(Prepaid Rate)

预付费是指在预订房间时就提前支付全部或部分费用的方式,通常会享受一定的折扣。酒店在设定一些特定的预订条件时,或者处于特定时间段、需求较高时,较常使用这种计价方式。

6. 包价(Package Rate)

包价是指将住宿与其他服务或产品捆绑销售的计价方式。例如,某些酒店会提供住宿加早餐套餐、住宿加景点门票套餐等,客人购买套餐的价格一般会比单独购买某个产品更优惠。

五、现代酒店集团

酒店集团也称酒店联号或连锁饭店,是指在本国或世界各地直接或间接地拥有和经营两个以上的酒店,使用统一的名称、标志,实行统一的经营管理规范与服务标准,进行联合经营的酒店企业。

现代酒店集团的历史可以追溯到20世纪初。当时,全球范围内开始出现一些具有多个分支机构的酒店企业,通过整合和管理多个酒店物业来实现规模经济和统一品牌形象。例如希尔顿酒店集团,由康拉德·希尔顿创立于1919年,于1925年正式成立。希尔顿酒店集团在成立后不久就开始扩张,成为全球最大的酒店集团之一。

(一)酒店集团经营的基本形式

1. 直接经营

直接经营是酒店集团经营的最原始形式,是指酒店集团直接投资建造酒店或购买、兼并酒店,然后由酒店集团直接经营管理。直接经营可以确保更好地控制品质和标准,但需要较大的资金投入和较强的管理能力。采用此种经营方式的酒店集团,其扩张速度和规模很大程度上受到自身实力的影响,相对增长较慢,投资风险也较大。酒店集团通常在发展初期多采取此经营形式。

2. 特许经营

特许经营是指酒店集团向其他酒店或企业让渡特许经营权。这种经营形式强调获取特许经营权的酒店在特定的时间、地点,以特定的方式经营酒店业务,以保障酒店集团品牌的经营效果和声誉。酒店集团一般不直接对联号酒店进行管理,受让者须向酒店集团交纳特许经营权转让费以及使用费。

特许经营可使酒店集团用少量投资就能达到扩张的目的,使酒店集团的收入多元化,以最小的成本保护未来的市场,最大限度地利用积累的经验与知识。对于成员酒

店而言，特许经营最直接的好处就是能得到客人的快速认同，企业品牌形象迅速提升，同时能够享受酒店集团的很多服务。这种经营形式可以使得酒店集团快速扩张，并减轻其资金压力，但需要确保酒店物业的所有者能够维护和提高酒店集团的品质标准。

3. 管理合同经营

管理合同经营是指酒店集团与房地产开发商或酒店物业的所有者签订管理合同，酒店集团负责管理和经营酒店，但不拥有物业所有权。作为对管理服务的回报，酒店集团从酒店物业的收益中获得一定的管理费用或分成比例。这个费用通常是根据管理合同约定的收入分成比例进行计算，或是固定的管理费用，以及其他可能的基于酒店业绩的奖励。

根据管理合同约定，酒店集团的主要职责是提供品牌支持、市场推广、管理培训、运营指导等服务，不需要直接进行资本投入。这种经营形式使酒店集团能够快速扩张且降低风险，同时也为酒店物业的所有者提供了专业的管理经验和品牌背书。

4. 租赁经营

在租赁经营形式中，被租赁酒店的经营权不属于酒店集团，酒店的所有权和经营权分开，酒店的所有者和经营者为各自独立的公司。经营公司只承担经营风险，就算经营失败，其所需要承担的风险也降低了。租赁经营形式可以进一步细分为以下三种：

(1)直接租赁形式。

直接租赁形式是指承租的公司使用酒店的建筑物、土地、设备等，每月需交纳一定的租金。一家酒店要想经营成功，需要一段较长的时间，因此在租赁合同中要规定租赁的年限，以免承租的公司在经营成功之际，酒店所有者将酒店收回。

(2)分享盈利的租赁形式。

在酒店业中，有许多酒店集团采取分享经营成果的租赁经营形式。在这种经营形式下，企业所有者愿意以收入或利润分成作为租金，以此来消除通货膨胀等因素的影响。分享盈利的租赁形式具体包括以下几类：

① 按总收入的一定百分比计算。例如，向出租者缴纳总收入的20%作为租金。

② 按经营利润的一定百分比计算。例如，向出租者缴纳80%的经营利润作为租金。

③ 按总收入和经营利润的混合百分比计算。例如，向出租者缴纳60%的经营利润和5%的总收入作为租金。

一般来说，出租企业不愿承担风险，比较喜欢根据总收入的一定百分比来计算租金。

(3)出售—回租租赁形式。

出售—回租租赁形式是指企业在将酒店产权转让给他方的同时，又从他方那里将酒店租回再继续经营。时限经营、产权式酒店是这一经营形式下的产物。

时限经营是指酒店集团或投资方与酒店物业的所有者签订标明一定时限的经营合同。根据经营合同，酒店集团或投资方向酒店物业的所有者支付租金或管理费用，

并负责酒店的日常经营和管理。在这种经营形式下，酒店集团或投资方通常拥有房间销售、餐饮和其他方面的收入的所有权，并从中获取利润。然而，酒店物业的所有者拥有酒店物业的所有权，酒店集团或投资方在经营期限结束后，需要将酒店物业归还于酒店物业的所有者。时限经营一般需要较少的投资资本，但也需要与酒店物业的所有者之间保持良好合作关系以确保经营顺利。

酒店集团或投资方直接购买酒店物业的所有权，并独立负责酒店的经营和管理，这样形成的酒店称为产权式酒店。在这种经营形式下，酒店集团对酒店的买卖、投资和运营承担全部责任。他们可以根据自己的需求和策略来经营酒店，包括设计装修、品牌推广、员工培训等。酒店集团可以从房间销售、餐饮、会议等方面的收入中获取利润。产权式酒店一般需要较大的投资资本，具有较高的财务风险。

（二）酒店集团经营的主要优势

1. 市场营销优势

酒店集团具有市场营销优势，因为酒店集团建立了自己的品牌形象，并在市场上拥有一定的知名度和认可度，这使得客人更容易信任并选择集团旗下的酒店。酒店集团可以依托其市场研究能力和洞察力，针对不同的目标客户群体作出有针对性的市场定位，从而制定更有效的市场营销策略。此外，酒店集团可以将营销活动和广告资源整合，实施统一的市场推广策略，提高品牌曝光度和市场份额。

2. 人力资源优势

酒店集团可以借助规模化的人力资源管理能力，吸引和选拔具有专业素养和经验的员工，以提供卓越的服务质量。酒店集团可以制订更全面、系统和专业的培训计划（从入职培训到职业发展规划），以提高员工技能水平，增加职业晋升机会。酒店集团还可以通过制订具有竞争力的薪酬激励计划和员工福利体系，提高员工满意度和忠诚度，从而降低员工流失率。

3. 质量管理优势

酒店集团都建有一套标准化的运营流程和服务标准，以确保在各个酒店中提供一致的高质量服务。酒店集团不仅可以通过实施定期的内部审核和评估机制，验证并改进各酒店的质量管理体系，确保服务质量的持续改进；还可以通过良好的客户反馈管理机制，及时收集和处理客户反馈，解决问题并改善服务质量。

4. 财务优势

酒店集团可以通过规模化运营，实现成本控制和效率提升，如通过集中采购、物流整合、统一设备维护等方式来降低成本。酒店集团还可通过有效的财务规划和资本管理，实现资金的合理分配和利用，提高资本利润率及财务回报率；通过建立统一的财务管理系统和流程，加强对各酒店财务数据的监控和管理，提高财务的稳定性和可控性。

5. 采购优势

酒店集团若能与供应商建立长期稳定的合作关系，便可以获取更有利于酒店的价

格、供货周期、服务支持等合作条件。酒店集团可以实施集中采购策略、统一采购计划和流程、提高采购效率和协同效应，以降低采购成本。酒店集团与供应商的密切合作还可以确保酒店在物流和设备方面的稳定供应，降低运营风险和维护成本。

（三）酒店集团经营需要克服的难题

酒店集团规模庞大，其内部容易出现一些问题。

酒店集团通常涵盖多家酒店，而每家酒店都需要有效的管理和监督，但管理层与员工和客人之间存在距离，酒店集团难以实时了解并解决旗下每家酒店的问题。因为规模较大，酒店集团制定决策和执行决策的效率会受到一定的限制，难以快速响应市场变化和客人需求。

酒店集团通常追求统一的品牌形象和服务标准，但又要兼顾旗下每家酒店的地域特色和个性化需求，这就需要在统一性与个性之间寻找平衡点。

酒店集团员工人数众多，一直存在员工流动率高的问题，如何公平地评估和奖励旗下各个酒店的表现，激励员工为酒店集团的发展做出贡献，这也是酒店集团需要面对和解决的难题。

随着时代的发展，酒店集团还需要面临技术和数字化转型的变革。对于一些传统的酒店集团来说，转型还面临技术投资和文化变革的挑战。

这些问题并非不可解决，只是需要酒店集团在运营和管理中认识到所存在的问题并采取有效的应对措施。

（四）现代酒店管理的基本方法

1. 标准化管理方法

标准化管理方法是指酒店或组织通过建立一套标准化的管理程序和操作流程，实现工作流程的规范化、一致性和高效性。标准化管理方法涉及酒店各个部门和岗位的工作标准、规范、流程以及相应的指导文件。

实施标准化管理方法的目的是确保酒店的各项工作在质量、效率和安全方面达到一致和优良的水平。酒店通过制定明确的标准和程序，使员工更容易理解和执行各项工作任务，减少因员工个人操作习惯或偏差所导致的问题。标准化管理方法还能有助于提高员工之间的协作效率，提升员工服务质量和客户满意度。

在标准化管理方法中，酒店通常需要编写和维护一系列的标准操作程序（SOP），涵盖酒店各个岗位的工作内容、要求、流程和标准，并将其广泛应用到日常经营中。这些SOP可以涵盖酒店的各个环节，包括前台接待、客房清洁、餐饮服务、设施维护等。此外，还需要建立相应的培训体系，确保员工了解并能够正确执行各项标准和程序。

标准化管理方法能够提高工作效率、推动管理优化和规范化，确保酒店各项工作的一致性、稳定性和可持续性发展。同时，标准化管理方法也为酒店持续改进品牌形象和提升客户满意度提供了坚实的基础。

2."六常"管理法

2003年,中国酒店管理领域的知名专家邵德春将日本的"5S"法与酒店管理相结合,形成了"六常"管理法。"六常"就是常分类、常整理、常清洁、常维护、常规范和常教育。这种管理方法在酒店业得到了广泛应用,并取得了显著成效。

(1)常分类,是指将酒店管理的所有物品分成两类:一类是不再用了,另一类是还要用的。

(2)常整理,是指把不用的物品清理掉,并将还要用的物品数量降至最低,然后有序摆放,贴上让任何人一看就能明白的标签。

(3)常清洁,是指在整理完物品后,就要给物品、设施做清洁工作。

(4)常维护,是指对前面"三常"的成果进行常维护。维护"三常"的最好办法就是做到对"不用分类的"进行分类,对"不用整理的"进行整理,对"不用清洁的"进行清洁。

(5)常规范,是指要把员工的一切行为规范起来。可通过岗位职责明晰化,岗位工作程序化、规范化来进行规范。

(6)常教育,是指让全体员工通过批评教育,养成"六常"习惯。

酒店实施"六常"管理法后,物品会被分类存放,同时有标记、有存量,员工可以很快在井然有序的货架上找到所需物品,大大节约了时间成本,提高了工作效率。实施"六常"管理法还可以降低物品库存量,减少物品积压现象。此外,酒店实施"六常"管理法可以使客人觉得酒店的管理到位,对酒店产生信任。

3."5W1H"管理方法

1932年,美国政治学家拉斯维尔提出"5W"分析法,后经过人们的不断运用和总结,逐步形成了一套成熟的"5W"+"1H"的模式,即"5W1H"管理方法。"5W1H"管理方法是一种分析和解决问题的方法,用于全面了解和解决问题。"5W1H"管理方法主要围绕以下六个方面来解决具体问题:

其一,What(目标),即预计要解决什么问题,要达到的目的是什么。

其二,Why(必要性),即为什么要制定这一目标。

其三,Where(地点),即这个目标或措施在哪个部门或什么地方执行。

其四,Who(执行人),即这个目标或措施由谁或哪个部门执行。

其五,When(时间),即每个目标或措施在什么时间开始、在什么时间完成。

其六,How(方法),即采用什么方法和措施来完成这些目标。

在实施"5W1H"管理方法时,上级应尽可能地下放权限,给下级自由处理的空间;而下级在执行上级的方针时,一方面要对照检查,另一方面要大胆使用自己的权力,依靠自己的判断,独立完成任务。利用"5W1H"管理方法可以全面地了解问题,从而更好地分析和解决问题,确保问题的解决方案具有针对性和可操作性。这一方法在项目管理、质量管理、团队协调等方面都有广泛应用。

六、酒店服务业职业上升路径

酒店服务业的职业上升路径根据个人的兴趣、才能和经验的不同而有所不同。以

下是一般情况下的职业上升路径。

（一）前台接待员/服务员

这是酒店服务业的入门职位。在这个位置上，你将学习处理客人的入住和退房手续，并提供基本的客户服务。

（二）部门主管

根据不同部门（如餐饮部、客房部、销售部等）的需求，你可以晋升为相应部门的主管。在这个职位上，你将负责协调员工的工作，管理日常运营并与其他部门保持良好的沟通。

（三）部门经理

如果在部门主管职位上表现出色，你有可能会晋升为部门经理。这个职位要求你对部门运营有全面的了解，负责制订和执行计划以实现预定目标，并管理和培训团队成员。

（四）酒店总经理

这是酒店服务业的高级管理职位。该职位的职责是对酒店所有的工作进行全面的管理和监督，包括财务、人力资源、销售等方面。在这个职位上，你将负责制定战略决策并确保酒店整体运营顺利。

（五）酒店集团高级管理职位

如果有足够的经验和领导力，你还可能晋升到酒店集团的高级管理职位，如区域经理、董事会成员，甚至首席执行官等。

此外，通过进修学位、取得相关认证或参加专业培训课程，你还可以选择特定领域的专业化路径，如餐饮管理、活动策划、销售、市场营销等。

在职业上升的过程中，关键是不断学习和提升技能，同时建立良好的人际关系和人际网络，积极加入行业组织、参与活动，展示个人才能和价值。

任务二 旅游娱乐服务业

中国民俗文化村主题公园

中国民俗文化村（Chinese Folk Culture Village）位于北京，是一个融合了

中国各地传统文化、民俗艺术和民间手工艺品的主题公园。该主题公园以其丰富多样的展览和表演项目而闻名。

中国民俗文化村展示了来自全国各地的传统建筑，包括民居、宫殿、庙宇、园林等，以展现中国不同地域的建筑风格和特色。游客可以在一个地方领略到中国各地的建筑文化。

在中国民俗文化村里，游客还可以观看到丰富多样的民俗表演，如传统舞蹈、乐器演奏、戏曲表演等。这些表演展示了中国各地的民间艺术和文化活动，使游客能够更深入地了解中国的传统艺术形式。

中国民俗文化村内的手工艺品展示区展示了各类传统手工艺品，如陶瓷制品、漆器、织物、刺绣等。游客既可以欣赏这些精美的手工艺品，又可以学习制作工艺和传统技术。

任务剖析

2-2

该主题公园积极运用科技创新，提供互动体验项目。其引入了增强现实(AR)技术和虚拟现实(VR)技术，使游客可以与虚拟人物互动，获得沉浸式体验。通过AR导览，游客可以在手机或其他设备上观看与该园区相关的虚拟内容，如历史场景的还原、角色扮演等。此外，游客还可以通过VR体验设备参与虚拟的民俗活动。

在中国民俗文化村，游客还可以参与各种民间体验活动，从而更直接地体验中国传统文化和民间艺术。

一、旅游娱乐服务业的定义

旅游娱乐服务业是一个领域广泛的行业，涵盖了为游客提供旅行、观光、度假、娱乐等服务的领域。旅游娱乐服务业以旅游业和休闲娱乐业为核心，为人们的休闲和娱乐需求提供一系列的产品和服务。

旅游业包括旅行社、航空公司、旅游景点和目的地管理、旅游运输等。旅游业主要关注游客的出行需求，提供旅游产品和服务，如组织旅行团、预订机票和酒店、提供导游服务等。旅游业的目标是为游客创造愉快的旅行体验，让他们能够探索新的地方、体验不同的文化和享受放松的度假时光。

休闲娱乐业包括休闲活动业、娱乐场所、游乐园、电影院、博物馆、演出场所等。休闲娱乐业致力于为人们提供各种休闲和娱乐活动的场所和服务。这些活动包括看电影、游玩游乐设施、参观展览、欣赏演出等，旨在提供丰富多样的娱乐体验，满足人们的休闲娱乐需求。

旅游娱乐服务业的目标是通过提供优质的旅游和娱乐产品及服务，为人们创造愉快的休闲体验，满足人们对旅行、观光和娱乐的需求。旅游娱乐服务业的发展与经济和社会的进步密切相关，它不仅创造了就业机会，还促进了地方经济的发展和文化交流，提升了民众的旅游意识。

二、旅游需求与行为

（一）旅游需求与行为的相关研究

1. 旅游动机理论（Travel Motivation Theory）

旅游动机理论探讨了旅游者参与旅游活动的动机和目的。旅游动机理论包括马斯洛的需求层次理论、心理能量理论、内外部激励理论等，这些理论解释了旅游动机的多样性和个体差异。其中，马斯洛的需求层次理论被广泛应用于解释旅游动机。

马斯洛的需求层次理论认为，人类的需求可以划分为五个层次，依次是生理需求、安全需求、社交需求、尊重需求和自我实现需求。这些需求按照次序逐渐被满足，当一个层次的需求得到满足时，人们会追求下一个层次的需求。

了解旅游动机理论可以更好地了解旅游者的需求和动机，从而提供更有针对性和满意度的旅游产品和服务。

2. 需求拉力模型（Push-Pull Model）

需求拉力模型是一种用于解释旅游目的地选择的理论模型，可以帮助旅游从业者和目的地管理者深入了解旅游者的动机和决策过程。该模型认为，人们选择旅游目的地的决策受到两类因素的影响：推动因素（Push Factors）和吸引因素（Pull Factors）。

推动因素是指驱使人们离开日常生活环境并寻求旅游体验的内部动机和倾向。这些因素包括个体的特征、需求和动机，以及对旅游的渴望。一些常见的推动因素包括寻求休闲放松、追求冒险、逃避压力、寻找新刺激等。

吸引因素是指目的地外部的吸引力。这些因素使人们被特定的目的地吸引，并决定选择该地作为旅游目的地。一些常见的吸引因素包括美丽的自然风光、悠久的历史文化、独特的风俗习惯等。

推动因素促使人们离开日常环境，而吸引因素吸引人们选择特定的目的地。具体来说，推动因素决定了个体对旅游的需求和做出去旅游的决策，而吸引因素则决定了个体具体选择哪个旅游目的地。

3. 计划行为理论（Theory of Planned Behavior）

计划行为理论是一种广泛使用的行为决策理论，尤其在预测和干预各种行为选择和行为改变方面具有重要价值。在旅游领域，该理论可以用于解释旅游者选择旅游目的地、参与旅游活动以及采取可持续旅游行为的动机和意图。该理论认为，人们的行为意图受到三个主要因素的影响：态度（Attitude）、主观规范（Subjective Norms）和知觉行为控制（Perceived Behavioral Control）。

态度是指个体对于采取特定行为的正面或负面评价。它涵盖了个体对行为的认知和情感反应。个体对于某种行为的态度越积极，就越可能产生采取这种行为的意图。

主观规范是指个体重视他人对于特定行为的期望和评价。它涉及社会压力和他

人对行为的认可程度。如果个体认为他人期望他/她采取特定行为，并且重视他人的看法，那么他/她极有可能产生采取这种行为的意图。

知觉行为控制是指个体对采取特定行为的能力的控制和对行为结果的感知。个体越能够有效地控制和执行某种行为，并对行为结果有着较强的感知，就越可能产生采取这种行为的意图。

通过了解和干预态度、主观规范和知觉行为控制等因素，旅游从业者可以更好地影响旅游者的行为决策，提供个性化的旅游产品和服务。

4. 参与理论（Theory of Participation）

参与理论是一种社会学理论，用于解释个体做出参与社会活动的决策和行为的动机。该理论认为，个体参与社会活动的意愿和程度受到五个主要因素的影响：资源、能力、因素、动机和机会。

资源是指个体拥有的能够支持他们参与社会活动的物质资源和非物质资源。物质资源包括金钱、设施等；非物质资源包括知识、技能、社会网络等。个体拥有的资源越丰富，越能够支持他们积极参与社会活动。

能力是指个体完成任务、参与活动所需要的知识、技能等。个体对于特定活动的技术能力越强、专业知识越丰富，越能够主动参与相关的社会活动。

因素是指影响个体的社会活动参与度的环境和社会条件。这些因素包括组织和机构的支持、社会文化价值观、社会认可和鼓励等。个体身处的环境越支持其参与社会活动，越能够激发他们的主动参与行为。

动机是指个体参与社会活动的内在驱动力。个体可能出于不同的动机参与社会活动，如个人兴趣、自我实现、社会责任感等。个体只要具备足够的动机，就能够激发他们主动参与社会活动。

机会是指个体获得参与社会活动的机会和途径。个体需要借助足够的机会来参与社会活动，如组织提供的社交活动、志愿者项目等。缺乏机会和途径可能会限制个体的社会活动参与度。

参与理论可以帮助旅游从业者更好地了解和满足旅游者的需求，通过提升旅游体验、加强社区参与、创新产品和服务以及推动可持续发展来促进旅游业的发展。

（二）旅游需求要素与分类

旅游需求的要素包括个体旅游动机、旅游目的地、个体特征、交通和旅游设施以及上下游产业等。

1. 个体旅游动机

个体的旅游动机是旅游需求的核心要素，是指驱使个体进行旅游的内部因素，包括个人的兴趣爱好，寻求学习体验、刺激冒险、放松休闲等。

2. 旅游目的地

旅游需求还受到旅游目的地的影响，个体会根据目的地的吸引力、旅游资源、文化历史等因素来选择旅游目的地。

3. 个体特征

个体的特征，如年龄、性别、教育水平、收入水平等，会对旅游需求产生影响。不同的个体因素会导致个体之间在旅游需求上的差异，如年轻人可能更倾向于寻求刺激冒险的旅游体验，而年长者可能更倾向于文化和休闲旅游。

4. 交通和旅游设施

交通和旅游设施的可用性也会影响旅游需求。一个地区是否有便捷的交通方式和完善的旅游设施，会对旅游需求产生影响。例如，交通便利的城市和相关旅游景区更容易吸引游客。

5. 上下游产业

旅游需求还受到相关产业和服务的影响。例如，旅游业的营销推广、旅行社的服务，以及酒店业、餐饮业、娱乐业等相关产业都会对旅游需求产生影响。

了解以上这些要素有助于更好地理解和满足旅游者的需求。

（三）旅游者的决策过程和行为模式

旅游者的决策过程和行为模式在不同的旅游市场之间和个体之间可能会有所不同，一般情况下，旅游者的决策过程可以分为意识阶段、信息搜索阶段、评估和选择阶段、预订和购买阶段、旅游行为阶段、评估和回顾阶段。

1. 意识阶段

在这个阶段，旅游者意识到自己对旅游的需求，可能是通过主流媒体、社交平台等渠道获得的信息引发了他们对旅游的兴趣。

2. 信息搜索阶段

一旦旅游者意识到他们想要进行旅游，他们就会开始积极搜索相关的信息。这些信息包括目的地的信息、交通方式、住宿选择、旅游景点、价格、预算等。他们可以通过搜索引擎、旅游网站、旅游社交媒体、旅游指南等途径来获取信息。

3. 评估和选择阶段

在这个阶段，旅游者根据他们收集到的信息对旅游的各个方面进行评估，并作出最终的选择。旅游者可能会比较不同的目的地的特色、相关旅游产品的价格和质量等，以决定最适合他们的旅游选项。

4. 预订和购买阶段

一旦旅游者做出最终的选择，他们会通过在线预订平台、旅行社、手机应用程序等开始预订和购买旅游产品及服务，如机票、酒店、景点门票、旅游团等。

5. 旅游行为阶段

这是旅游者实际进行旅游的阶段。他们根据计划及前期预订和购买旅游产品及服务进行旅行，包括搭乘交通、入住酒店、参观景点、感受当地文化等。

6. 回顾和评估阶段

旅游者在旅游结束后，可能会对他们的旅游体验进行回顾和评估，记录对住宿、交通、景点等方面的满意度，并将这些信息作为下一次旅游的参考。

三、旅游供给与产品

（一）旅游供给与产品相关研究

旅游供给与产品的相关研究主要集中在以下几个方面。

1. 旅游供给研究

旅游供给研究主要研究旅游业的组成部分、特点和规律。旅游供给研究非常重视旅游资源研究，研究内容包括旅游资源的种类、特征、分布和开发利用。另外，旅游供给研究还关注旅游产品的生产和供给过程，包括旅游企业的经营模式、产业链条、市场竞争等方面。

2. 旅游产品研究

旅游产品研究主要研究旅游产品的特征、分类、组成和设计。比较有影响力的是旅游产品分解理论，它将旅游产品分解为核心产品、增值产品、实体产品和服务产品，不同的产品满足不同旅游者的需求。

3. 旅游产品生命周期研究

旅游产品生命周期研究主要研究旅游产品在不同阶段的发展和演变。该研究理论认为旅游产品经历产品引入期、成长期、成熟期、衰退期等不同阶段，旅游企业需要不断创新和改进，以适应市场变化和满足消费者需求。

4. 旅游体验研究

旅游体验研究主要研究旅游产品如何通过创造独特的体验来吸引和留住旅游者，以及旅游者如何主动参与并打造旅游体验。

（二）旅游供给的主要组成部分和特点

1. 旅游供给的主要组成部分

旅游供给的主要组成部分包括旅游资源、旅游企业和旅游基础设施。

旅游资源是旅游供给的基础，包括自然景观、人文景观、历史文化遗产、特色乡村等。旅游资源具有多样性和地域性，不同地区的旅游资源具有独特的吸引力。

旅游企业是旅游供给的重要主体，包括旅行社、酒店、景区管理单位、导游公司等。旅游企业具有服务性、迎合大众需求等特点。

旅游基础设施是支撑旅游供给的重要条件，包括交通设施、通信设施、住宿设施、餐饮设施等。旅游基础设施具有便利性、安全性、适应旅游需求等特点。

2. 旅游供给的特点

(1)季节性和波动性。

旅游需求具有明显的季节性和波动性,在不同季节或节假日,旅游需求会有所不同,从而形成了旅游供给的季节性和波动性。

(2)非物质性和体验性。

旅游供给是一种服务性的供给,与实体商品不同,旅游供给更强调非物质性和体验性,注重提供给旅游者的服务和体验。

(3)区域性和空间性。

旅游供给具有明显的区域性和空间性,不同地区的旅游供给有所差异,旅游资源的分布也是不均衡的。

(4)互动性和个性化。

旅游供给强调个性化及与旅游者的互动,注重根据旅游者的需求和偏好提供不同的旅游产品和服务。

(三)旅游产品的开发和设计

旅游产品的开发和设计是指根据市场需求和旅游目的地的特点,通过策划、设计、组织等,打造出具有吸引力和竞争力的旅游产品。以下是旅游产品开发和设计的主要步骤。

1. 市场调研

了解市场需求和旅游者的偏好,收集相关数据和信息,分析市场趋势和竞争态势。

2. 目标定位

确定旅游产品的目标客户群体,明确产品的定位和差异化特点,确定旅游产品的核心竞争力和市场定位。

3. 旅游资源整合

评估和选择旅游目的地的旅游资源,进行合理的整合和组织,打造独特的旅游产品内容。

4. 产品策划和设计

根据目标客户群体和市场需求,制定旅游产品的策划方案,包括行程安排、活动设计、参观项目选择等。

5. 合作伙伴选择

与旅游企业、酒店、交通运输有关单位等相关合作伙伴进行洽谈和合作,确保产品供应链的稳定和合理。

6. 价格策略和盈利模式制定

根据成本、市场需求和竞争情况,确定旅游产品的价格策略和盈利模式,保证产品的可持续发展。

7. 市场推广和销售

制订市场推广计划,选择合适的渠道和手段进行产品推广,开展销售活动,吸引旅游者购买旅游产品。

8. 服务质量管理

建立相应的服务标准和质量管理体系,培训服务人员,确保旅游产品的服务质量和客户满意度。

在旅游产品的开发和设计过程中,需要综合考虑市场需求、旅游资源、竞争态势等因素,力求打造出独特的、具有吸引力的旅游产品,提供优质的旅游体验。同时,随着市场的变化和客户需求的不断演变,还需要不断进行产品升级和改进,以保持竞争力和创新性。

四、旅游市场与营销

(一)旅游市场与营销相关研究

1. 品牌营销

品牌营销是旅游市场营销中的一种重要策略,通过建立和传播独特的品牌形象,吸引并留住目标客户。品牌营销涉及品牌战略、品牌定位、品牌传播、品牌管理等方面。品牌营销理论的核心思想是要建立强大、有吸引力的品牌,并通过有效的传播和管理来赢得客户的信任和提升客户的忠诚度。成功的品牌营销需要企业深入理解市场环境,把握客户的需求和动态,以及规划战略并有效执行。

2. 社交媒体营销

社交媒体营销是指利用各种社交媒体平台来推广和宣传企业及其品牌或产品,以吸引潜在客户、增加品牌知名度、促进销售和建立良好的客户关系。随着互联网的普及和社交媒体的迅速发展,社交媒体已成为企业营销的重要渠道。

要进行成功的社交媒体营销,企业需要制定明确的目标和策略,了解目标客户的喜好和习惯,选择适合的社交媒体平台,并定期发布内容、与客户进行互动、监测和分析数据,从而不断优化营销效果。

3. 数字营销

数字营销是一种以数字技术和互联网为基础的营销方式,通过在线渠道与目标受众进行连接和互动,以提高品牌知名度、促进销售和提升企业价值。通过数据分析和优化,数字营销可以帮助企业实现更精准、更有效的市场推广。

4. 体验营销

体验营销是一种注重为客户创造独特体验的营销策略,旨在通过与客户的情感互动和情感共鸣来提升客户对品牌的认知度和忠诚度,提高销售业绩。

体验营销的核心是创造并传递与产品或服务相关的深刻、愉悦且难以忘怀的体验。这种体验可以通过广告、品牌故事、产品设计、包装等传递给客户。体验营销强调

的是客户对品牌的感知、客户对品牌的情感、客户的参与度，而不仅仅是产品的功能和特点。

5. 口碑营销

口碑营销是指通过客户自发推荐来促进品牌和产品的营销。

通过提供优质的产品或服务、激励客户分享体验、有效利用社交媒体和在线评论平台拓展影响力以及监测和回应口碑，企业可以有效地建立并提升品牌的声誉和认可度。

（二）旅游市场的特点及分类

1. 旅游市场的特点

(1)发展的波动性。

旅游市场的发展通常呈现出波动性，会受到社会经济发展水平、旅游产品价格水平、个体收入状况等多种因素的影响。其中，旅游需求受季节性的影响较大，某些旅游目的地在特定的季节或节假日会有较高的旅游需求，而在其他时间旅游需求可能较低，这也导致了旅游业务的季节性波动。

(2)非物质性。

旅游是一种非物质性的消费活动，消费者主要通过旅行体验、观光、休闲和文化交流来获得精神愉悦和满足感，而不是仅仅追求实物产品的消费。

(3)高度竞争性。

旅游市场存在众多的旅游目的地选择和服务提供商，各个旅游目的地和旅游企业为了吸引旅游者和提供更好的旅游产品及服务，开展了各式各样的营销活动，市场竞争激烈。

(4)异地性。

人们通常会选择离自己所在地较远的目的地进行旅游，希望通过旅游来体验不同地域的自然风光、文化和生活方式，获得新鲜感，培养探索精神。这便形成了旅游市场的异地性。

2. 旅游市场的分类

旅游市场可以从不同角度进行分类，以下是一些常见的分类方式。

(1) 根据旅游目的地的不同，旅游市场可以分为国内旅游市场和出境旅游市场。国内旅游市场是指国内游客在国内旅游的市场，而出境旅游市场是指国内游客出国旅游的市场。

(2) 根据旅游产品的不同，旅游市场可以分为休闲度假市场、商务旅游市场、文化旅游市场、乡村旅游市场、健康养生旅游市场等。休闲度假市场是指旅游者为了放松身心而进行旅游活动的市场；商务旅游市场是指旅游者由于出差或商务活动而进行旅游活动的市场；文化旅游市场是指旅游者为了了解旅游目的地的文化而进行旅游活动的市场；乡村旅游市场是指旅游者为了体验农村生活和乡村文化而前往乡村地区进行旅游活动的市场；健康养生旅游市场是指旅游者前往疗养院、温泉中心、瑜伽馆等地进

行身心方面的健康养生活动的市场。

(3)根据旅游者的不同,旅游市场可以分为个人旅游市场和团队旅游市场。个人旅游市场是指由旅游者个人独立组织行程和自主选择旅游产品的市场,团队旅游市场是指由旅行社组织的团队旅游活动的市场。

(4)根据旅游季节的不同,旅游市场可以分为淡季旅游市场和旺季旅游市场。淡季旅游市场是指旅游需求相对较低的季节的市场,旺季旅游市场是指旅游需求相对较高的季节的市场。

(三)旅游目标市场选择

在选择旅游目标市场时,需要考虑以下几个因素。

1. 市场规模和增长潜力

选择具有较大市场规模和增长潜力的旅游目标市场能够提供更多的机会和潜在客户。

2. 目标群体的偏好和需求

分析旅游目标市场中的潜在客户的特点、兴趣爱好和旅游需求,以确保产品和服务与目标群体的偏好和需求相匹配。

3. 竞争态势

了解旅游市场上已存在的竞争对手,分析其优势和弱势,选择具有竞争优势的旅游目标市场。

4. 目的地的旅游政策和约束

了解旅游目标市场的客户所赴目的地的旅游政策和限制,避免潜在的市场冲突和风险。

5. 地理和文化因素

考虑地理位置、文化差异等因素,确保旅游目标市场与旅游目的地之间交通便利,有着较高的文化亲近度。

6. 市场营销资源与策略

评估在旅游目标市场推广旅游产品和服务所需的资源与策略,包括市场推广渠道、广告费用等。

应综合考虑以上因素,选择具有潜力、符合产品定位、能够获得市场份额的旅游目标市场,并进行市场研究、数据分析和策略规划,以确保旅游目标市场的选择与企业的发展目标和能力相匹配。

(四)旅游营销的策略和手段

旅游营销的策略和手段的选择取决于具体的旅游产品、旅游目标市场和市场环境,需要综合考虑以达到最佳营销效果。以下是一些常见的策略和手段。

1. 细分旅游目标市场

根据不同的旅游目标市场，将潜在客户细分为特定的群体，以便更精准地满足其需求。

2. 明确旅游产品定位

确定旅游产品或旅游目的地在旅游目标市场上的独特位置，明确旅游产品的核心竞争优势，并确保其能够在旅游目标市场上区别于竞争对手。

3. 建设品牌形象

打造独特的品牌形象，提高品牌知名度和美誉度，从而吸引旅游者进行选择。

4. 组织市场推广活动

组织市场推广活动，提高知名度和吸引力，包括广告、促销、公关和市场活动。

5. 开展数字营销

利用互联网和社交媒体等数字渠道推广旅游产品，提升线上曝光度和销售效果。

6. 建立合作伙伴关系

与旅游业相关机构和企业(如旅行社、OTA、当地旅游组织等)建立合作伙伴关系，以扩大推广范围。

7. 拓宽销售渠道

通过直接渠道(如官方网站等)或间接渠道(如旅行社、代理商等)提供旅游产品和服务。

8. 改进客户体验

提供优质的客户服务和满意的旅游体验，通过客户口碑进行推广。

9. 利用数据分析

利用市场调研和数据分析来了解市场趋势、客户需求和行为，优化旅游产品和营销策略。

10. 开展地域营销

根据旅游目标市场的特点和需求，开展针对特定地域的定向营销活动，以吸引目标群体。

五、旅游娱乐服务业职业上升路径

旅游娱乐服务业是一个广泛且多样化的行业，提供了丰富的职业上升机会。

(一) 旅游业职业上升路径

1. 旅游顾问/销售代表

这是旅游业的入门级职位。旅游顾问/销售代表会与客户进行沟通，并提供度假、旅游产品的信息和建议。在这个阶段，旅游顾问/销售代表会学习如何与客户沟通、解

决问题，了解销售技巧。

2. 旅游经理/团队主管

旅游经理/团队主管负责管理旅游团队的运营和发展，组织和安排旅游行程，协调各种服务供应商，并确保客户的满意度和旅游服务质量。同时，还需指导和培训团队成员。

3. 旅行社经理

如果在旅行经理或团队主管职位上表现出色，有可能晋升为旅行社经理。这个职位的职责是管理整个旅行社的运营和发展，包括销售、市场营销、财务管理、员工培训和管理等。

4. 旅游目的地经理

旅游目的地经理负责推广、管理和提升特定旅游目的地的发展。与当地政府、旅游局和供应商合作，制定推广策略，开发新的旅游产品和服务，提高旅游目的地的知名度和吸引力。

5. 旅游资源规划与开发人员

旅游资源规划与开发人员将负责规划、开发和管理旅游资源，评估目的地的旅游潜力，研究市场需求并制定相应的发展和营销策略。

6. 旅游项目经理

如果在旅游资源规划与开发领域表现出色，就可能晋升为旅游项目经理。旅游项目经理主要负责管理和监督具体的旅游项目，包括新建旅游设施、开发旅游线路等。

7. 旅游策划与市场营销人员

旅游策划与市场营销人员将负责制定旅游策划方案和市场营销战略，研究市场需求，制定目标和定位，并通过不同的渠道开展推广活动。旅游策划与市场营销人员可以自主创业，建立自己的旅游咨询公司或旅行社，也可以担任学术研究、咨询等领域的专家。

无论选择哪条职业上升路径，持续学习和提升自身技能是关键。积累行业经验、参加专业培训、获取相关认证都有助于职业发展。此外，建立良好的人际关系和行业网络，加入行业组织并积极参与活动，关注行业趋势和市场变化也非常重要。

（二）休闲娱乐业职业上升路径

1. 员工/服务员

这是休闲娱乐业的起点职位。员工/服务员主要从事日常运营和客户服务的基础工作。在这个阶段，员工/服务员会学习行业基础知识和服务标准。

2. 领班/主管

领班/主管主要负责协调员工的工作，监督现场运营，需要具备管理团队和解决问题的能力，并与其他部门保持沟通。

3. 部门经理

若任职于不同的部门，如餐饮部门、娱乐项目相关部门、室内游乐场相关部门等，可能晋升至相应部门的经理。部门经理主要负责部门的运营管理、人员调配、财务控制和员工培训。

4. 运营经理/总监

如果在部门经理职位上表现出色，有可能晋升为运营经理/总监。运营经理/总监负责全面的运营管理，包括协调各个部门、制定运营策略、控制成本和提高客户满意度等。

5. 营销经理/总监

在休闲娱乐业中，营销是非常重要的一环。如果在市场推广和销售方面展现出才能，可能晋升为营销经理/总监。营销经理/总监将负责制定并执行市场营销策略，提升品牌的知名度和销售业绩。

6. 项目经理

在休闲娱乐业中，项目经理负责计划、组织和管理新项目的开发和实施，包括新建设施、活动策划、产品创新等。

7. 高级管理职位和集团职位

在职业上升的过程中，如果积累了丰富的经验和领导力，还可以晋升到高级管理职位和集团职位，如区域经理、董事会成员，甚至是公司高层管理人员。

此外，还可以通过进修学位、参加行业培训课程和获取相关认证来提升自己在行业中的竞争力。关注行业趋势和市场需求、拓展专业知识和人脉也很重要。要持续学习和提升技能，在行业中保持敬业精神和创新意识，以便更好地适应行业的发展变化。

任务实施

1. 情景描述

为了使旅游管理专业学生明确未来职业发展路径，可以要求学生结合自身兴趣及优势制订职业发展规划。

2. 活动要求

将职业发展分为酒店管理、旅游规划与开发、旅游电子商务、旅游行政管理、旅游教育与研究五个方向，学生可根据自身兴趣进行方向选择并组队，每组通过调研、访谈等方式，了解所选职业方向的工作内容、工作要求和发展趋势，分析组内成员的优势与不足，列出未来发展路径，并提出晋升规划。

3. 活动步骤

(1) 各组通过调研、访谈等方式，了解所选职业方向的工作内容、工作要求和发展趋势。

（2）各组分析组内成员各自的优势与不足，列出发展路径，并提出晋升规划。

（3）各组在班级内展示小组成员的职业发展规划。

4. 活动评价

每组展示完后，进行学生自评、小组互评、教师点评。

项目	评分标准					学生自评	小组互评	教师点评
	优秀	良好	中等	合格	不合格			
对职业的调研和访谈结果符合实际	20分	16分	12分	8分	4分			
对组内成员各自优势与不足的分析客观	20分	16分	12分	8分	4分			
针对组内成员实际情况所提出的晋升规划论证充分，具有可行性	20分	16分	12分	8分	4分			
小组展示条理清晰，讲解流畅	20分	16分	12分	8分	4分			
组内成员之间体现团队合作	20分	16分	12分	8分	4分			

项目小结

本项目介绍了酒店服务业与旅游娱乐服务业的重要内容，并着重讨论了酒店业的分类、酒店产品的构成及特性、现代酒店集团、旅游需求与行为、旅游供给与产品、旅游市场与营销等方面的内容。通过本项目的学习，学生能对接待服务业形成整体的认识。

项目训练

一、知识训练

1. 酒店业的发展历程大体可分为哪几个时期？

2. 酒店产品具有哪些特性？

3. 酒店集团经营的主要优势有哪些？

4. 请简述“六常”管理法的内容。

5. 旅游产品开发和设计的主要步骤是什么？

6. 旅游供给的特点有哪些？

二、能力训练

1. 请探讨酒店服务业的细分市场以及不同市场的特点和发展趋势。

2. 请思考酒店品牌化的趋势和影响。

3. 请思考应如何提升酒店的硬件设施和软件服务,从而提升客户体验感和满意度。

4. 请分析国内外知名酒店集团,探讨集团化运营所带来的挑战和机遇。

项目三
酒店业态概述

项目描述

国际酒店业的传统分类方式一般按照酒店的服务对象、规模、等级和计价方式进行分类。根据某些特定标准对酒店进行分类,一是有利于客人选择,二是有利于酒店的市场营销,三是便于同行业的比较。按照酒店服务对象,可将酒店分为商务型、度假型、常住型、会议型、观光型;按照酒店规模,可将酒店分为大中小型;按照酒店等级,可将酒店分为一星级至五星级。本项目不以单一角度对酒店进行区分,而是以酒店的整体模态与公众感受程度的主客观结合的视角对其进行分类,重点介绍各类酒店的主要形态及其特点,同时展开描述具有代表性的酒店集团。

项目目标

知识目标

(1)掌握现代酒店的功能、特点和分类。

(2)掌握现代酒店集团的基础知识。

(3)了解酒店业的经营模式和发展。

能力目标

(1)能够理解不同酒店业态的特点。

(2)能够阐述知名酒店的品牌特色。

素质目标

(1)培养细致、耐心、专业化的服务理念。

(2)树立国际化视野,培养大国精神。

知识框架

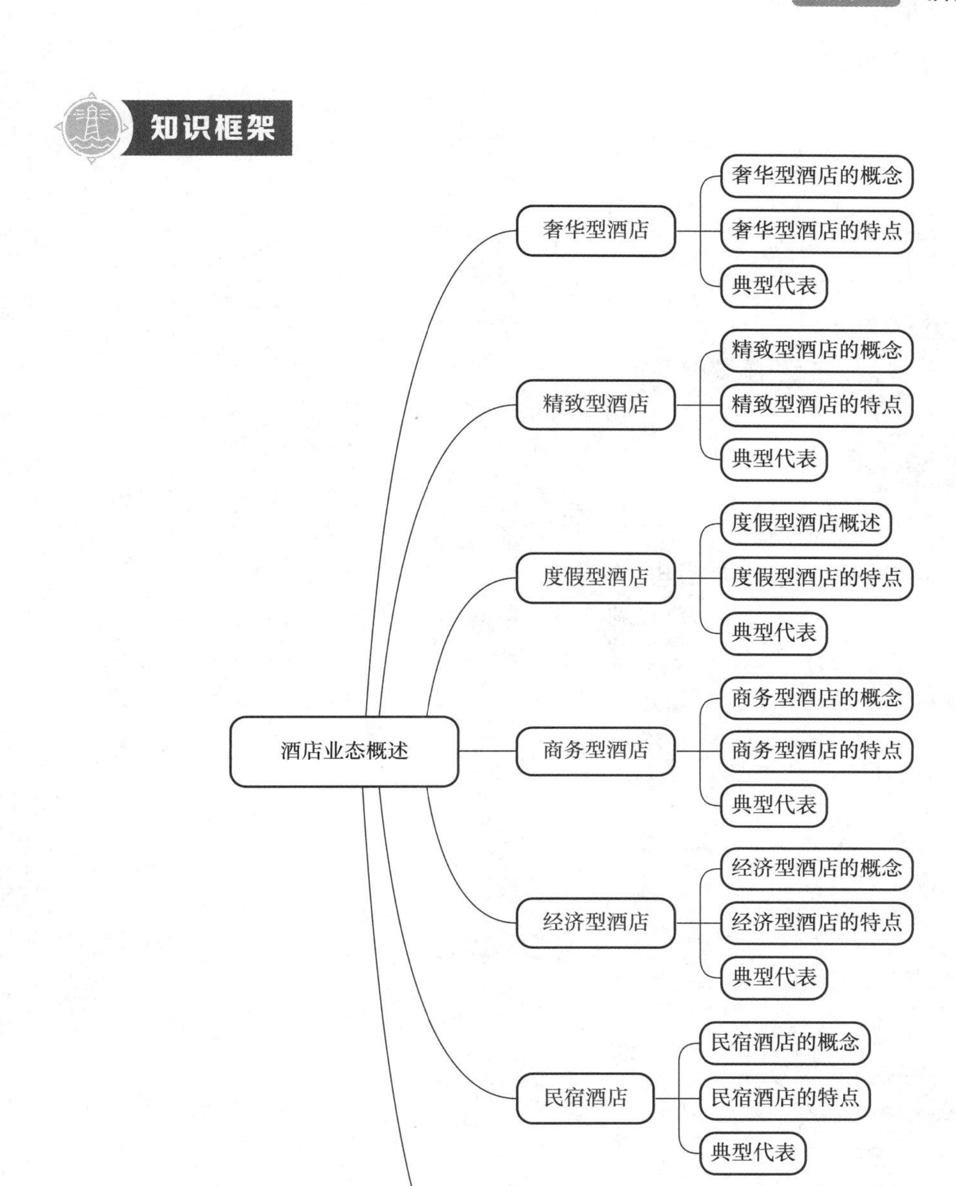

教学重点

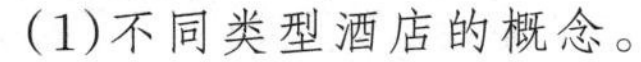

(1)不同类型酒店的概念。

(2)主要酒店品牌的特色。

(3)酒店集团的经营模式。

教学难点

(1)酒店的分类依据。

(2)酒店经营模式的适用范围。

项目引入

张华的烦恼

张华是某五星级酒店的一名新员工,从他入职酒店的第一天开始,酒店的富丽堂皇、先进的设施设备、规范有序的管理制度、形形色色的客人都非常吸引他。张华暗暗下定决心要在酒店行业有一番作为,但是作为刚刚进入酒店行业的新手,他对酒店的相关情况一无所知,迫切希望能更多地了解酒店的基本情况,并学习酒店的管理方法。张华查阅了相关的资料,发现信息量非常之大,苦恼于不知道该从哪里入手。

任务一 奢华型酒店

任务引入

迪拜七星级酒店——帆船酒店

全世界最豪华的酒店当数位于阿联酋迪拜的帆船酒店,也称"阿拉伯塔""伯瓷酒店""阿拉伯之星",是世界上第一家七星级酒店。迪拜是阿联酋的第二大城市。帆船酒店开业于1999年12月,它综合了最新的建筑及工程科技,迷人的景致及造型使它看上去仿佛和天空融为一体。帆船酒店的建造工程完工花了5年时间,其中两年半的时间用于在阿拉伯海填出人造岛,另外两年半的时间用于建筑本身,使用了9000吨钢铁,并将250根基建桩柱打在40米深海下。该酒店是一个帆船形的塔状建筑,一共有56层,321米高,由英国设计师W. S. Atkins设计。它有着202套复式客房、200米高的可以俯瞰迪拜全城的餐厅以及世界上最高的中庭。来到这里,你才能真正体会到什么叫金碧辉煌。帆船酒店的中庭是金灿灿的,其最豪华的780平方米的总统套房也

是金灿灿的。客房面积为170—780平方米,最低房价也要900美元,最好的总统套房则要18000美元。总统套房在第25层,家具是镀金的,设有一个电影院、两间卧室、两间起居室、一个餐厅,出入有专用电梯。由于这家超级豪华酒店实在是太特别了,很多外来访客都想来参观一下(对于绝大多数人而言,也只能是这样饱饱眼福)。

该酒店内的AI-Mahara海鲜餐厅仿佛是在深海里为客人捕捉最新鲜的海鲜,在这里进膳的确会成为难忘的经历,因为要动用潜水艇接送。从酒店大堂出发可以直达AI-Mahara海鲜餐厅,短短3分钟航程就可以带客人进入一个神奇的海底世界。不仅海里有餐厅,在空中同样有餐厅。客人只需搭乘快速电梯,33秒内便可直达屹立于阿拉伯海湾上200米高空的AI-Mahara空中餐厅。该餐厅可容纳140名客人。晚餐之际,夜空璀璨,客人于此环观迪拜的天空和海湾,享受地中海风味的高级餐食。

据说在帆船酒店,凡用眼睛识别为金色的东西,定是黄金无疑。大到厅里的巨型柱子,小到门把、家具手柄、水龙头、电话等,都用黄金装饰得优雅而不落俗套。对于一个"沙漠之城"而言,水比黄金要金贵得多,而在帆船酒店里却看不到一点儿缺水的困窘。金龙头下哗哗流水,处处是丰盈的绿色植物,透过露天喷泉喷涌而出的巨大水柱,让记者看到了什么是"富得流油"。这些事实让人没法不好奇:建成这座酒店花费究竟有多大?入住帆船酒店的客人,一出迪拜国际机场就有该酒店提供的两种"豪华选择":坐劳斯莱斯豪华轿车,或是乘直升机。若乘机前往,在15分钟的航程里可以从高空鸟瞰迪拜市容,然后徐徐降落在该酒店第28层的直升机停机坪上。当然,这种高档享受是要付出高昂代价的。在该酒店的楼顶,还有一个世界独一无二的"空中网球场",它由直升机停机坪改建而成,距地面300多米。著名的网球选手费德勒和阿加西,就曾为备战迪拜男子网球公开赛,在这里打过友谊赛。该酒店虽然房价不菲,客源却依然踊跃。"不怕价高,只怕货差",这句商界名言在迪拜再次得到印证。

帆船酒店共有202套客房,所有的客房都是两层楼的复式结构。最小的房间的面积也有170平方米。而皇家套房则大得吓人,足有780平方米,将这个面积摊开来算,相当于两个篮球场的面积。皇家套房的设备更是让人咋舌,里面竟然有私家电梯和泳池。房内的摆设都是世界各地的珍宝,睡床还能旋转。让人叫绝的是卧室的天花板上,装有一面与睡床相对的大镜子。帆船酒店员工数量为一两千人,其中菲律宾人最多,其次是印度人。在酒店服务层很难遇到一位迪拜本地人。"迪拜本地人太富裕,根本不会从事服务业。"一位酒店服务人员对记者说。

任务剖析

3-1

一、奢华型酒店的概念

“奢华”一词在《现代汉语词典》(第七版)中意为“奢侈豪华”,有“过多的、过分的”含义。奢华体现了人们对超出常规的更多、更奇特的体验的渴望。从心理学角度解释,奢华可以满足人们求新、求异、求美、求奇的天性。简而言之,奢华型酒店就是比豪华酒店还要豪华的酒店。

奢华的内涵总是在不断变化、与时俱进的。早在1898年,由饭店业传奇人物恺撒·里兹一手创办的巴黎里兹饭店,定义了那个时代的奢华。当时这家饭店在世界上首创了“一个房间、一个浴室”的标准:运用反射灯光营造柔和、舒适、神秘、宁静且不受干扰的独享氛围;首次提出了“客人永远是对的”理念,这一理念成为酒店业的金科玉律。这些在现在看来似乎再普通不过的普遍投入使用的酒店设施与广为传播和奉行的服务理念,在当时则是世界第一、引领潮流的超规格、超水平的做法。奢华型酒店体现的是各个时代的人们对酒店规格水准的永无止境的想象与探寻,也引领着酒店业的发展。

奢华型酒店很难形成一个具体和统一的标准。或许可以这样理解,奢华型酒店是人类能达到的想象力与创造力的极致体现。

二、奢华型酒店的特点

根据诸多奢华型酒店的实际状况,可以归纳提炼出奢华型酒店所具备的共同特点:是人类梦幻与想象的成果,融科技、艺术、财富于一体,提供了至尊、至新的入住体验,提供了跨阶层的公共性体验与享受,是食宿与休闲娱乐边界消弭的、提供综合体验的旅游目的地。

(一)奢华型酒店是人类梦幻与想象的成果

奢华型酒店给人的第一感觉就是,它营造了如梦、如幻、至奇、至美的景象,生成了可触可感的真实体验。它最大限度地发挥了人类的想象力,承载着人类对生活的美好向往。无论是“穿越时光”,流连于古文明,将千里之遥的美好变为触手可及,还是追寻对未来的遐想,奢华型酒店总能将想象中的场景一一变成现实。这不能不称为一种奇迹。

众所周知,美国内华达州的拉斯维加斯是全世界著名的休闲娱乐中心,是名副其实的“不夜城”,这里汇聚了全世界极为有名的超级大酒店、世界一流的大型表演及高科技的娱乐设施。最初,拉斯维加斯只是沙漠中的一小块绿洲,于1905年建市。关于这个“不夜城”的兴起,可以追溯到1931年内华达州的胡佛水坝开工,水坝建造期间有大批工人聚集在这里,他们在沙漠之中没有任何娱乐,于是有人以赌博解闷。后来,内华达州政府为了吸引人气,于1931年州议会通过了赌博合法的议案,从此赌博合法化。如今,在胡佛水坝附近,还能找到残垣断壁、破败凄冷的小村庄,标牌那里写着“Old Las Vegas”(拉斯维加斯旧城),那就是建造水坝时工人们的宿营地。就是从赌博合法

化开始，拉斯维加斯的主要经济支柱转为博彩业，从而作为一个“赌城”迅速崛起。美国各地的大亨纷纷向拉斯维加斯投资，兴建赌场，甚至日本的富豪、阿拉伯的王子、各国著名演员都来投资。充足的资金条件和博彩娱乐需求的爆发式增长，在促使酒店业快速发展的同时，也催生了这个时代的奢华型酒店形态。作为为世界各地前来娱乐的人们提供住宿的酒店，奢华型酒店并不满足于只提供住宿功能，而是力图将人们所能想象的快乐都实现并汇聚于此。20世纪80年代末期，在拉斯维加斯大道两旁矗立起的金殿、金银岛、美高梅、金字塔、石中剑五家大型酒店拉开了这个时代奢华型酒店的大幕。随后，一座座各具特色的奢华型酒店相继问世，于是，世界酒店业的奇迹出现了。

七星级帆船酒店的所在地——阿联酋迪拜也是如此。迪拜原本只是一个小渔村，1960年被发现有石油以后，才开始迅速发展。虽然已因石油而富庶，但具有远见卓识的领导者认识到，石油总有被开采完的一天，同时进行其他经济产业的开发才是硬道理，于是开始进行城市基础建设，不惜花重金种树、进行城市绿化建设。当然，更重要的是大力发展旅游业。而酒店业作为旅游业的重要生力军，在这里得到了前所未有的重视。在“石油美元”的加持下，阿联酋的酒店业承载了更多的人类梦想。不管是屡获大奖的以帆船酒店为代表的酒店建筑，还是以运河古堡酒店为典型代表的突破酒店原有意义的酒店形态，阿联酋的奢华型酒店将酒店业的发展推向了一个新的高潮。

（二）奢华型酒店融科技、艺术、财富于一体

奢华型酒店的场景、境界和品位是科技、艺术和财富的综合体现。科技的进步是人类世世代代的追求，高科技是每个时代最先进生产力的标志。时代尖端的科技产品，能帮助我们触及人类想象力所及的最远处，勾勒出对未来的憧憬。对于奢华型酒店而言，其在财富的支持下与高科技“结盟”，充分体现了奢华的高端姿态。酒店不仅可以利用科技新产品给客人以新颖奇妙、备受尊崇的感受，还可以运用高新科技手段提升客人的入住体验。

奢华型酒店亦有着深厚的艺术文化内涵。物质的奢华感会随时间而消退、变化，物态的表面也会有被厌倦之时，而文化的魅力才更加深刻、隽永的。随着人们生活水平的提高、文化素质的提升，在奢华型酒店方面，其艺术文化内涵已成为客人日益关注的要素。奢华型酒店对艺术美感以及独特的文化内涵的追求，使它成为艺术与品位的集大成者。

（三）奢华型酒店提供至尊、至新的入住体验

奢华型酒店带给客人的是超越日常生活水平的享受：一方面，它给客人以尊贵、奢华的感受，让客人尽享酒店的卓越服务；另一方面，它给予客人完全不同于原有生活的入住体验，给客人以至新的感受。

对于一般豪华型酒店而言，酒店的用人成本是不得不考虑的一个重要方面，因此酒店会尽量节约人力成本，为大多数客人提供标准规范的完整服务。但奢华型酒店的服务目标是让客人体验尊贵的专属服务，因此每一位客人的背后都有一个小型服务团队在运作，从服务内容到服务方式再到服务人员，酒店贴身管家会安排好一切。可以

说，奢华型酒店对于满足客人的服务需求是费尽心思、竭尽所能的。

（四）奢华型酒店提供跨阶层的公共性体验与享受

奢华，对于大多数人来说似乎可望而不可即，仿佛奢华只是一部分富人的专享。在20世纪，很多奢华型酒店将自己的客户群体定位为排名世界前3%的富豪。在时代发展与社会进步的今天，无论是酒店，还是公众、顾客，相关认知都发生了极大变化。奢华型酒店的拥有者与经营者在始终将盈利放在显要位置的同时，不仅注重吸引富人，也希望能吸引更多的不同阶层的顾客。尤其是近年来，很多奢华型酒店不仅在食宿设施上保持高标准和高品位，还设计了一些异彩纷呈、闻所未闻的娱乐设施，吸引了越来越多的家庭游客，这成为奢华型酒店发展的新趋势之一。而对于社会大众而言，除了战乱地区、极不发达地区，大部分地区的普通民众也有条件不同程度地光顾和享受这类酒店，这也成为一种新奇的旅游体验。

（五）奢华型酒店是食宿与休闲娱乐边界消弭的、提供综合体验的旅游目的地

体验是客人对于酒店产品和服务的主观感受，对于奢华型酒店而言，其更强调能给客人留下具有美好回忆的体验。在以往的概念里，酒店并非出行的重点，只是旅途必需的接待设施。而如今，越来越多的奢华型酒店并不仅仅满足于在旅游目的地或所在城市静静等待客人上门，满足他们旅途中对食宿的要求，而是致力于成为富有吸引力的休闲旅游点、旅游的最终目的地，于是就出现了这样一种现象——人们是为了去这些酒店才计划了这次旅程。

三、典型代表

以卓美亚集团为例，其总部位于迪拜，拥有全世界最奢华的酒店，其中包括公众熟知的帆船酒店（又名伯瓷酒店）。“尽享非凡”（Stay Different），这是卓美亚集团的品牌承诺，也是卓美亚集团对豪华酒店的新定义。而卓美亚集团正在做和进一步要做的，就是将这种高端的、顶级的、新奇的酒店推向全世界。

（一）酒店集团历史

相对于其他酒店集团而言，卓美亚集团很年轻，但这丝毫不影响“卓美亚”在整个酒店业绽放其耀眼的光芒。

1997年，卓美亚海滩酒店（Jumeirah Beach Hotel）开业，同时标志着卓美亚集团的正式成立。卓美亚集团旗下的酒店打破了人们对酒店的预期，以无与伦比的创造性向世界重新诠释了什么是奢华酒店。随后，帆船酒店开业，成为当时世界上最奢华的酒店，其也是极致奢华体验的代名词。

2001年，卓美亚集团开始了它拓展全球市场的尝试，并在位于伦敦骑士桥大街的地标性酒店卓美亚卡尔顿塔楼酒店和卓美亚朗兹酒店的管理上取得了成功。

2004年，卓美亚集团加入迪拜控股之后，“卓美亚”在全球拓展的速度大大提升，更

是于2006年年初成功收购了位于纽约核心区的久负盛名的艾塞克斯酒店。在成功开拓了北美市场之后,“卓美亚”又将其全球拓展战略方向指向亚太市场。

同任何志在全球的跨国集团一样,“卓美亚”也对中国这一新兴市场充满了热情和期待。2011年,上海卓美亚喜玛拉雅酒店的成立标志着卓美亚集团正式进驻亚太市场。目前,卓美亚集团在全球已建成的奢华酒店有20多家,还有一些正在建设。

(二)酒店品牌特色

1. 高平台问世,高起点突进

虽然卓美亚集团仅有二十几年的历史,但其从“诞生”时起就注定着不平凡。从卓美亚海滩酒店,到大家熟知的帆船酒店,再到近年来在其他国家新建的酒店,这些酒店无不以奢华、高端作为自己的市场定位。而且,该集团在未来一段时间内都将坚持以奢华作为品牌的特性,继续扩大市场范围。

2. 卓美亚集团的愿景

打造世界级奢华国际酒店及酒店管理公司,致力于成为酒店业领导者,为股东、员工、客户、商业合作伙伴及业主做贡献。

3. 卓美亚集团追求卓越的业务政策

卓美亚集团在创新和学习培训方面投入大量资源,体现了其为追求卓越和持续改进而付出的不懈努力。高效利用业务管理系统,听取意见、建立忠诚度、发展互惠互利的关系,为客户、员工、商业合作伙伴、业主和社会创造效益。

4. 卓美亚集团的成功与可持续发展

卓美亚集团的成功与可持续发展依靠的是秉承“客户至上”的宗旨,不断努力为客户提供超越期望的服务。此外,在日常行为中处处遵循卓美亚集团品牌核心、指导方针和核心标准。

5. 卓美亚集团品牌核心

始终以微笑主动迎候客人;从不回拒客人的要求;尊重同事,以诚待人。

6. 全力打造“尽享非凡”的体验

为了实现提供“尽享非凡”的体验的承诺,除了努力地工作,来自100多个国家的超过12000名卓美亚集团员工时刻践行着集团的宗旨,让客人每一天都体验到别样的服务。

7. 高科技奠基的阿拉伯风

卓美亚集团旗下的酒店采用了大量的创新设计,但始终不变的是在它“诞生”时就被烙上的阿拉伯印记。步入迪拜的各家卓美亚酒店,都会感受到浓郁的阿拉伯风情被融入酒店的设计细节中。

任务二　精致型酒店

一次安缦，一生安缦

“安缦”(Aman)一词源于梵语，意为“安宁、平静、庇护”。截至2024年4月，全球一共有37家名为“安缦”的度假村和酒店，“安宁、平静、私密”的理念贯彻始终，从未改变。

与其说“安缦”是酒店的名字，不如说它是一种旅行与栖居的精神，所谓“一次安缦，一生安缦”，不仅完美契合了当地文化的美学，又从中凝结出至美的居住体验。

安缦的设计哲学强调体现“当地独有的文化细节”，对选址极为苛刻，资源性、景观性、文化性乃至话题性都缺一不可，拥有悠久历史文化的国家和地区往往更受其青睐。中国作为四大文明古国之一，自然成为安缦全球布局的重点区域。

截至2024年4月，安缦在中国一共拥有4家度假村，分别位于北京、上海、杭州和丽江，都是中国极具代表性和文化性的地区。四家度假村风格完全不同，每一家都独具特色，展示了中式文化独有的传统美学。

任务剖析

3-2

一、精致型酒店的概念

20世纪80年代中期，西方酒店客人的个性化消费趋势导致精致型酒店的出现。人们普遍认为1984年开发商兰·施拉德和他的合作伙伴史蒂夫·鲁贝尔在美国纽约麦迪逊大街开办的摩根斯(Morgans)精致小酒店是精致型酒店的鼻祖。

在那个年代，欧美国家的一些常规类型酒店的运营机制及服务等各方面已经日渐完善。在行业竞争愈演愈烈的情况下，不少酒店的管理者认识到他们有限的资金、资源及客源渠道，难以使这类酒店在全国范围内乃至全球按一般方法与连锁酒店竞争，于是他们调整思路，探索新的酒店经营之路。此时，时尚感较强的客人对艺术美感的需求日益凸显，他们需要新奇的东西，或是一些刺激，以寻求兴奋感。他们希望借助住宿艺术氛围较浓的酒店，展现他们独特的品位，精致型酒店应运而生。精致型酒店旨在通过考究的设施和雅致的环境营造出高雅的品位和文化氛围，提供高品质的个性化服务，带给客人一种优雅的感受。

什么是精致型酒店呢？精致型酒店早期也被称为精品酒店。法语“Boutique”一词，原指专卖时髦服饰的小店，《英汉大词典》（第2版）将其译义为"较小的妇女服饰店、珠宝饰物"，它与酒店原是风马牛不相及的一个单词。因此，"Boutique Hotel"中"Boutique"一词的意思可理解为"小、时尚"，或与"时尚、潮流"紧密联系之意。精致型酒店最初是指起源于北美洲的私密的或特别精美的酒店，它提供独特、个性化的居住服务，以此区别于其他酒店，特别是大型酒店。

著名酒店专家梅厄·勒斯在权威的《HOTELS》杂志上曾撰文对"Boutique Hotel"做出了本质性的诠释。美国精致型酒店的管理泰斗依艾恩·希拉格一针见血地指出，"精致型酒店"仅指那种具有鲜明的、与众不同的文化理念内涵的酒店，这种酒店源于欧美专门设计华宅的专家们的作品。

综上，所谓"精致型酒店"，是指那些规模不大却能体现当地特色、历史记忆、经典故事、独特文化、艺术范式的精美雅致的酒店。精致型酒店及其概念引入中国的时间并不算长。相对于众多的星级酒店，精致型酒店就像汽车中的保时捷，昂贵而个性十足，并且很多精致型酒店本身就是由历史建筑改建而来的，就像一个小型博物馆，入住其中不失为一次充满惊喜的旅程。

二、精致型酒店的特点

（一）精于设计的环境氛围

精致型酒店从强调其独特的设计理念起步，几乎每家精致型酒店的设计理念都意蕴深远，或具有地方特色，或包含历史元素或传说故事，或展现文艺时尚，故有人称精致型酒店是"看得见历史的房间"。因此，不少精致型酒店兼具主题酒店的性质。早期出现的精致型酒店主要集中在城市，随着精致型酒店内涵的不断衍生，精致型酒店的表现形式也更加多样化。精致型酒店不仅在旅游胜地频频出现，而且注重与城市历史、文化等元素的结合，力图打造"博物馆＋酒店"或"设计创意＋酒店"的模式，希冀展现某段历史、人文情怀或艺术创意。

精致型酒店的设计理念首先体现在选址上，地域资源、历史遗存、文化形态等都是精致型酒店的考虑因素。在中国，极为独特的颐和安缦，与颐和园仅一墙之隔，其宛若私家园林的布局、明式家具的住家风格，将中式风格演绎到极致，甚至在庭院内种植许多与颐和园内相同的树木，使客人仿佛置身于100多年前的历史画卷中。还有表现地域特征与风土景物的，比如，地处高加索山脉卡兹别吉小镇山坡上的Rooms Hotel，室内家具陈设处处投射出中西亚地区的宗教色彩与高加索地区的彪悍粗犷。

精致型酒店的建筑样式与室内结构则是其独特设计理念的具象表现。世界上许多著名的精致型酒店都出自名家之手，并同时荣获各种国际设计奖项。北京长城脚下的公社酒店，汇集了亚洲12位顶级建筑师的作品，有中国建筑师的"红房子""手提箱"，日本建筑师的"家具屋"等，姿态各异，形成景观。这些作品是中国第一个被威尼斯建筑双年展邀请参展并荣获"建筑艺术推动大奖"的建筑作品。同时，用木材和硬纸板制作的参展模型也被法国巴黎的蓬皮杜国家艺术和文化中心收藏，是该中心第一件来自中国的永久性收藏艺术作品。

（二）匠心独运的客用品

精致型酒店在客用品设计方面称得上匠心独运、卓尔不凡。精致型酒店通常会在客人使用率较高的小物品中选取几样，专门设计，精心制作，赋予这些客用品文化意义与艺术外观，注入“灵气”。客人居停之时，常常会因不经意地发现这些具有艺术性的客用品而喜出望外。那些极具设计感的房间钥匙、客房小闹钟、咖啡杯、笔与笺，常令客人爱不释手。

（三）别具一格的风格魅力

别具一格的风格是精致型酒店的生命力所在。酒店的建筑与环境、内部的装潢及摆设，都是精致型酒店独特风格的重要载体。大到整个建筑的设计，小到各种装饰品，都是文化符号，可以诉说故事，用来显示其意义和象征，营造艺术氛围。例如，巴黎的加利福尼亚酒店，从大堂、电梯、餐厅到客房楼层，展示了4200多件油画、雕塑艺术珍品，众多艺术品把酒店装点成了“美术馆”。

被凯悦集团收归旗下的东南亚品牌阿丽拉（Alila）在桂林的作品“糖舍”，坐落于桂林山水间，将桂林风光与工业时代的建筑巧妙结合。“糖舍”由老糖厂改建而来，老糖厂的立柱倒映在泳池里，既往的工业气息、历史的厚重感与现代的光影魅力交织出深沉而又新锐的画面。

精致型酒店真正令见多识广的客人对其欲罢不能的不仅是酒店设施或设计，还有其具有独特性的产品、超越通用规范的服务风格，以及形成氛围的内在气质。

源于英国皇室的贴身管家式服务，在精致型酒店中得到充分的发挥。上海璞邸酒店在服务方面实行管家式的贴身服务。客人入住后，酒店管家全程打理其生活，如运动陪练、导游等角色都会由酒店管家担任。亲切、殷勤、真诚、专属的服务，最大限度地满足了客人的个性化需求。

安缦酒店不仅倡导家庭式服务，如当客人进店时，员工对其会像对待家人般打招呼；也践行自然而不着痕迹的服务，经典的说法之一是，安缦酒店会在客人到来之前在滚烫的沙滩上洒上冷水，这构成了安缦酒店素来精细的服务风格。

（四）服务小众的小型酒店

正如精致型酒店创始人之一兰·施拉德设计师所说，“如果将各色的集团酒店比作百货商场的话，那么精致型酒店就是专门出售某类精品的小型专业商店”。精致型酒店一般规模不大，客房资源比较有限，很多酒店的客房数量只有几十间，但客房面积宽敞。精致型酒店突出核心功能和某个优势功能，而其他的附加设施较为简单。由于规模较小，接待量有限，酒店设施不对外开放，从而大大保障了客人消费的私密性，也有利于保持其自身的格调。精致型酒店这一特点，是保持自我风格、讲究群团特征的客源选择入住的重要原因。

精致型酒店的资源及其特点决定了其目标客户群体必然是具有殷实经济基础的高端消费群体。在精致型酒店这个类别中，因资源、条件、稀缺性等方面的差异，其产

品与价格也有档次上的区别，许多精品酒店达到甚至超过五星级酒店的价格；尤其是其中极少数的“极品”，在这些方面称得上是“登峰造极”，这也是不少精致型酒店被冠以“奢华”的缘由之一。并且，不少精致型酒店落脚风景绝佳之处，兼具度假休闲酒店的性质。

总体来说，精致型酒店有单体独立运营的，也有连锁品牌。即使是连锁品牌，其总量规模与单店规模都不算大，但是在市场细分的专属领域，其作用与影响独领风骚。

三、典型代表

下面以安缦（Aman）集团为典型代表进行介绍。

（一）酒店集团历史

安缦集团是一家创办于1988年的小型奢侈酒店集团，截至2024年5月，旗下拥有37家豪华酒店，集团事业版图已达21个国家，是全世界知名的精致型酒店的代表。其客源主要为“金字塔”尖端的小众客源。该酒店集团名称中的“安缦”则是“和平”的意思。

（二）酒店品牌特色

与世界上许多其他的大型奢华酒店集团不同的是，安缦集团始终坚持走小而精的路线。在酒店服务与酒店规模之间，安缦集团更注重的是旗下每家酒店为客人提供的服务的品质。安缦酒店开创了“面面俱到、奢华低调，重隐私与服务”的新酒店标准，而且其酒店装潢所走的路线是毫不勉强的自然风格，他们选择酒店的地点大多是远离开发之处，处于最纯净的天然环境中。

安缦集团总部设于新加坡，在全球拥有并管理着20多家顶级奢华度假酒店。每家酒店都有自己独特的风格，其共同点是所有的酒店都向客人提供量身定制的私人服务。在享受贴身服务的同时，客人也可领略到安缦酒店独有的特质，如独特的自然风光、优质的设施、体贴的服务和独享的私密空间。安缦酒店热衷于小规模，具有私密性且低调，致力于打造现代生活方式，注重提供一种无拘无束的生活方式体验。

安缦居自然而不着痕迹的照顾，以及超出客人想象的服务水准形成了该酒店品牌的持续核心吸引力。强调以设计为卖点的酒店往往容易陷入误区，以为客人只为看得见的设计买单。然而酒店不只是给客人看的，酒店的舒适感往往不是来自冷冰冰的家具、电器或任何设计风格。

酒店设计的出发点还是应该以人为本，为住客创造一个安心入住的环境才至关重要。安缦集团强调的是总体体验，甚至不愿多谈设计。例如，颐和安缦酒店的客人与员工的比例维持在1:5，确保客人及时受到无微不至的照顾。安缦集团的员工会将酒店视为家，将自己视为家人，而客人住进来就成为他们家庭中的一员。客人在晚上回到酒店，酒店员工会像遇见老朋友一样对他们说：“你回来啦！”

安缦酒店催生了无数的“安缦迷”，这批忠诚的支持者旅行的原因就在于——哪里有安缦，他们就去哪里。

任务三　度假型酒店

凯蒙斯·威尔逊和假日酒店

美国企业家凯蒙斯·威尔逊先生在一次举家外出度假时,有感于所入住的饭店缺乏宾至如归的服务及收费过高,遂于1952年在美国田纳西州孟菲斯开设了第一家假日酒店。该酒店设有泳池、空调设备与餐厅,还提供电话、免费停车场等基本设施,儿童则可免费入住父母的客房。这些在现在看来只能算是很普通的设施和服务,在当时却在酒店业掀起了一场革命,并由此形成了一套酒店业的标准,这套标准不仅为每家假日酒店所采用,也引领着全球酒店业的发展进程。

威尔逊先生还是连锁酒店经营的先驱之一。他利用当时美国州际高速公路系统向全国延伸的时机,沿途开设酒店,迅速扩展了假日酒店的发展网络,在不到20年的时间,将假日酒店发展到1000家,遍布全美国高速公路可以通过的地方,并走向全世界,使假日酒店集团成为第一家达到10亿美元规模的酒店集团。如今,假日酒店的品牌在全球已随处可见。

任务剖析

3-3

一、度假型酒店概述

(一)度假型酒店的概念

相信每一位读者在看完游客“阿黛尔”笔下的丽江悦榕庄之后,都会心生向往。度假型酒店确实有这样的魅力,吸引着工作和生活节奏越来越快的城市人纷纷来体验这种“慢生活”。

度假型酒店面对的主要是旅游度假型客人,是为旅游度假型客人提供住宿、餐饮、休闲、娱乐等服务的酒店。现在,度假型酒店已经成为主流酒店中的一种重要形态,不断给客人带来新鲜的度假体验。度假型酒店已经从作为旅游者旅游过程中住宿和餐饮服务的提供者,逐步发展为旅游者旅游并获得综合体验的目的地。

(二)度假型酒店的历史沿革

事实上,度假型酒店并非近几年经济发展的产物,早在1000多年前,中国、日本等国家就出现了温泉度假地。在回顾度假型酒店的发展历史时,我们也可以看到人类消

费方式的不断转型。

人类历史上最早的度假形式可以追溯到古罗马的海滨温泉胜地，这一度假形式很快便风靡于整个古罗马帝国。历经中世纪的衰落，它们又于文艺复兴时期再度繁荣。到工业革命初期，这种度假型酒店的繁荣景象有增无减，如曾在山区景点繁荣一时的美国纽约的莫霍克山屋(Mohonk Mountain House)，以及在海滨胜地繁荣一时的加利福尼亚圣地亚哥的科罗那多酒店。

20世纪50年代以后，世界政治局势的相对稳定为度假型酒店的发展创造了很好的时机，如印度尼西亚的巴厘岛、美国的夏威夷、澳大利亚的大堡礁等，是全世界著名的旅游胜地。

中国的度假型酒店市场真正成长于20世纪90年代以后。随着改革开放的逐步推进，中国经济繁荣发展，老百姓的生活越来越富裕。物质生活的殷实催生了老百姓对旅游的需求。20世纪90年代，大量的各个级别的度假型酒店纷纷进驻全国多个景区。而进入21世纪以来，更是有多个国际酒店品牌进入了中国奢华度假型酒店市场。如今的中国三亚，已经成为奢华度假型酒店的登陆集聚地。

（三）度假型酒店的分类

随着度假型酒店逐步走进普通老百姓的生活，旅游消费者对度假型酒店的要求也越来越多。现在的旅游消费者有知识、有文化、需求多、要求高，他们希望能够在度假型酒店中更多地感受到当地文化、生态环境，以及体验到可以让他们放松身心的有益活动。

现有的度假型酒店一般依托于某种资源而生，或者是自然资源，或者是人文景观。因此，按照所依托的资源不同，可以将度假型酒店分为自然资源型度假酒店、主题度假酒店以及目的地酒店。

1. 自然资源型度假酒店

自然资源型度假酒店一般位于风景优美的自然景区。周围的环境和酒店本身对于客人来说便是美丽的画卷。客人住在这种类型的度假酒店中，或许是为了看到日出时那一瞬间的感动，或许是为了体验温泉带来的舒适时光，或许是为了在海上冲浪的刺激。总之，客人来到自然资源型度假酒店，就是为了远离城市的喧嚣，远离纠缠自身的烦扰，在大自然里放松身心，释放压力。根据所拥有的自然资源的差异，又可以将自然资源型度假酒店细分以下类型。

(1)拥有海岸线资源的海岛、沙滩度假酒店。

丰富的海岸线资源是这类酒店得天独厚的条件。客人来到这里，可以去冲浪、潜水，也可以躺在沙滩上，充分享受阳光浴，然后在海边看日落。一般，这里的酒店会配备私人游泳池，客人在酒店内就可以游泳。酒店的客房更设有大阳台，让客人可以坐观整个海景。这样的酒店并不罕见，遍布印度尼西亚的巴厘岛、希腊的圣托里尼岛等，我国的三亚等地也有许多家具有海景资源的度假型酒店。而位于棕榈岛的亚特兰蒂斯酒店更是将海洋资源开发到了极致，酒店里不仅有海豚湾、潜水中心，甚至在酒店的

客房里就能看到海底世界的景色。

(2)温泉度假酒店。

温泉度假酒店是度假型酒店最初的形态。古罗马的温泉影响了整个欧洲乃至全世界。当今的日本温泉也是极负盛名的。温泉由于其独特的疗效也一直备受旅游者的喜爱,目前也成为国内很多度假型酒店的必备项目。温泉度假酒店以温泉SPA作为主要卖点,再辅以娱乐活动和其他商业项目。这些温泉度假酒店对天然温泉资源进行设计加工,建造出不同式样、多种风格的温泉设施。客人在此流连于各种大小不一、功能各异的温泉,享受SPA,充分地放松身心,消除疲惫。卡洛维瓦利是捷克境内历史最悠久的温泉城市,这里的温泉不仅用来洗浴,还能疗身,甚至可以饮用。来到此地的旅游者,大多会精心挑选一个当地特有的温泉杯,沿着十二眼温泉依次品尝泉水。

历史悠久的稻取银水庄位于日本的东伊豆町,是当地著名的纯日式温泉旅馆。来自"自家泉眼里的"泉水,泉眼处的温度达81.8℃,涌出量每分钟达270升,以丰富的水量著称。稻取银水庄的客房为日本传统茶式建筑风格,窗外便是一望无际的太平洋。除了普通客房,稻取银水庄还提供带露天浴池的高级客房,客人可以在浪涛声中尽情享受悠然的轻松时光。由顶级厨师打造的传统日式料理被盛放在色彩鲜艳的器皿里,客人可以获得视觉和味觉的双重惊艳。在稻取银水庄,客人还可以品尝到按照日本传统历法制成的"抹茶"以及花样繁多的日本酒。总之,如果旅游者想体验日本传统的"真诚服务"文化,一定不要错过稻取银水庄。

(3)具有地域特色的滑雪旅游度假酒店。

四季分明是大自然的慷慨馈赠,晶莹的白雪世界也是人们喜爱居停的一片净土。对于滑雪爱好者来说,滑雪既是一种运动,也是一种冬天的度假方式。

在德国的最高峰楚格峰脚下有一个名为"格莱瑙"的小镇,在小镇最靠近山脚的峡谷尽头有一个名为"哈莫斯巴赫"的酒店。该酒店由两栋巴伐利亚风格的尖顶木屋组成,沿山脚而建,抬头可见楚格峰的两座对峙的高峰,从阿尔卑斯山上奔流而下的泉水就在窗前屋后欢快地流淌。房间内,有着格子窗帘、木制桐油漆家具、布艺沙发,不算豪华,但是足够温馨。酒店大堂和餐厅充斥着浓郁的巴伐利亚风情。酒店里有各种SPA、日光浴场,在冬季还会开设滑雪学校。另外,酒店旁还有一个海拔1750米的高山牧场,宛若田园。

传统的滑雪旅游度假酒店依靠天然雪给滑雪爱好者提供滑雪场所。但是,随着滑雪爱好者对滑雪舒适度的要求越来越高,滑雪旅游度假酒店逐步增加了滑板租赁、餐饮等服务,而且这些附加服务越来越成为户外滑雪爱好者选择滑雪旅游度假酒店的重要因素。

如今,随着生存和发展需要,滑雪旅游度假酒店已经从以前的单一季节经营转变为现在的全年经营。酒店除了提供白天的滑雪项目,还在晚上和旅游淡季提供一些其他的旅游项目,作为新的利润增长点。例如,瑞士是滑雪旅游胜地,当地的滑雪旅游度假酒店通过增加乡村购物、高尔夫球、徒步旅行、山地自行车等项目保证了全年无休。再如,入住加拿大的路易斯湖城堡酒店的客人,可以参与酒店周边的攀岩、滑雪、山地自行车、湖上划船等各种户外体验项目。路易斯湖城堡酒店将户外运动和舒适的酒店

服务完美地结合起来。

(4)生态旅游度假酒店。

随着人们越来越注重可持续发展和生态环境保护，生态旅游度假酒店应运而生。这种度假型酒店成为自然环境与人文景观有机结合的完美产物，为客人提供“原汁原味”的生态体验，与当地的环境、建筑、风俗、文化保持高度一致。

2. 主题度假酒店

主题度假酒店致力于为客人造景，营造一种类似于“穿越时空”的专门体验，以吸引某一特定类型的爱好者、旅行者。主题度假酒店既可以是整个酒店设定某种主题，所有的设施和娱乐活动均围绕这个主题进行设计，如拉斯维加斯的威尼斯人酒店通过人造的天空和河道让客人能在美国体验到威尼斯风情；也可以是处于某个文化主题公园中，酒店的建造风格与整个公园风格相呼应。

3. 目的地酒店

什么是目的地酒店？简要地说，目的地酒店就是成为旅游目的地的酒店。那么，什么样的酒店才能成为旅游目的地呢？那便是能够承载旅游目的地的功能，为旅游消费者提供餐饮、住宿、购物、度假等旅游产品的酒店综合体。

目的地酒店的萌芽可以追溯至美国拉斯维加斯的兴起。聚集在拉斯维加斯这个“沙漠之城”里的，由金字塔、纽约纽约、石中剑、米高梅、金银岛等多家各具主题特色的酒店组成的酒店群吸引了全世界的旅游者到此度假。这些酒店既能为旅游者提供舒适的客房、体现各地风情的美食，也能提供娱乐、SPA、购物等方面的服务，还会组织各种各样的表演。

20世纪70年代以后，迪拜逐渐崛起，奢华型酒店纷纷进驻。尤其是近10年来，以帆船酒店、运河古堡酒店、亚特兰蒂斯酒店等为代表的一系列高档奢华酒店引人注目。这些酒店在巧夺天工的建筑设计、独具匠心的装饰、独特新颖的酒店产品等方面突破了人们的想象，不仅让旅游者大饱眼福，也为其带来了前所未有的休闲体验。

进入21世纪以后，随着人们收入水平的日益提高，消费者对酒店的需求已经不再局限于其核心产品——住宿和餐饮，更多的是想获得心理上的满足和精神上的享受。正如杰夫·威斯廷所言：“现在的人们不再只需要一个房间，他们希望能够有一些新奇的享受和经历。”正是这种旅游需求促进了目的地酒店的繁荣。越来越多的酒店致力于为旅游者提供综合性的旅游体验。从高额投资的高端度假型酒店，到民间盛行的主题客栈，这些酒店把成为旅游者的旅游目的地纳入自己的发展规划。

目的地酒店的特点包括以下几个方面：

①融合了自然资源、文化资源和人造景观。

不同于自然资源型度假酒店和主题度假酒店，作为旅游产品的综合体，目的地酒店一般能够很好地依托资源的优势，将自然资源、文化资源和人造景观有机地融合，造就“店在景中、景在店里”的美好境界。

②构建了大体量的包含食、宿、游、购、娱、憩的产品综合体。

客房和餐饮已经不足以成为旅游者专门前往酒店的理由。如前文所述，酒店要想

成为旅游者的旅游目的地，就需要为旅游者提供综合性的旅游产品，如购物、SPA、游乐等。事实上，绝大多数目的地酒店的这一特质都通过大体量、大空间来展现，在视觉感官上给客人营造出一个个气势恢宏的空间，提供包含食、宿、游、购、娱、憩的产品综合体。在这里，酒店不再是传统意义上旅游者途中的“驿站”，而是旅游者驻留的目的地；酒店已与旅游业中的几大要素合为一体。例如，位于我国三亚的三亚亚龙湾红树林度假酒店就是一个集度假休闲、娱乐购物、会议会展、影视外景、文化创意于一体的超级综合体。在三亚亚龙湾红树林度假酒店的大堂、走廊、客房，均陈列了由艺术大师创作的稀有艺术品，若客人有需求，也可以将它们买回家。

③为人们带来了丰富鲜活的特色体验。

就常规意义而言，酒店的基本功能是提供食宿产品。如今，随着社会经济的发展，消费者越来越追求基本功能以外的其他体验与精神满足。目的地酒店正是通过产品、服务、环境等综合因素来给客人提供难忘的经历。实际上，绝大多数目的地酒店都会将建筑外观、艺术风格、主题产品与自然资源有机融合，给客人营造出一个个具有文化内涵且特色凸显的鲜活生动的小世界。正因为如此，客人乐而忘返，乐此不疲。例如，旅游者可以在凯撒宫（Caesars Palace）巨大的特洛伊木马的不远处体会宙斯与其子女的水与火的电子声光表演；可以在金银岛（Treasure Island）上观看英国大帆船与西班牙海盗的激战；可以在金字塔酒店（Luxor Hotel）里跟随导游体验“尼罗河之旅”，通过古墓中的壁画来追溯历史；可以在干旱缺水的迪拜，在运河古堡酒店的运河水网中遨游。在目的地酒店，客人可以获得丰富无比、妙趣横生的体验。从某种意义上来说，目的地酒店的出现，更充分地体现出在日趋激烈的酒店市场竞争中的产品特色化和差异化要求，也意味着酒店业已经开始从价格竞争、质量竞争转向为更深层次的文化竞争。

二、度假型酒店的特点

（一）依托于自然景观和人文景观

在各种度假型酒店中，无论是自然资源型酒店，还是主题度假酒店，抑或是目的地酒店，无一例外地都要依托于某种自然景观或者人文景观，或者两者兼具。

（二）产品服务覆盖从高端至低端

随着度假这种消费方式“走进”千家万户，度假型酒店市场除了满足高端消费者的度假需求，还有一部分市场以低价格、有限服务来满足普通消费者。低端的度假型酒店不同于经济型酒店的地方在于，尽管这些酒店价格较低，但一般位于名胜景区，并拥有鲜明的主题。例如，江南六大古镇之一的乌镇，作为水乡古镇，其景区中就有很多家庭式旅馆，价格一般为一两百元，有着蓝色印花窗帘、藤制的椅子，让人不能忘怀水乡，正如乌镇的广告语所说：“来过，就不曾离开。”

（三）无干扰的自在愉悦空间

大多入住度假型酒店的客人，都想在繁忙的人生旅途与工作间隙，在度假型酒店

内外赏心悦目的景色中，享受宁静与安逸，让身心得到彻底的放松和愉悦。因此，度假型酒店无论在酒店设计还是在酒店服务方面，都倡导无干扰的理念，极力为客人提供恰当舒适的服务、自在愉悦的空间。例如，海曼岛洲际度假酒店除了优美的海景，最与众不同的一点是，当客人踏上海曼岛的时候，会发现岛上似乎没有工作人员。其实，这里配备了大约500名工作人员，但他们大多数时间都在一条1.6千米长的秘密地下通道里工作。客人很难见到他们，因为该酒店的服务理念就是不能打扰客人。但是一旦客人有任何的服务要求，他们会在最短的时间内给予满足。

（四）丰富多样的康体娱乐活动

随着休闲娱乐消费的日益发展，客人也更加注重度假型酒店的休闲娱乐功能。很多度假型酒店甚至将休闲娱乐作为酒店最重要的利润增长点。内容丰富、个性化突出的休闲娱乐项目可以极大地提高度假型酒店对客人的吸引力。度假型酒店为客人提供的休闲娱乐项目主要包括以下四种。

1. 康体型

这种休闲方式，主要是指由酒店为客人提供运动场所和设施，如健身房、游泳池、网球场、壁球馆、滑雪场等，以达到让客人放松身心的目的。

2. 游乐型

很多度假型酒店在酒店内外建立了游乐场所，并使之成为酒店重要的特色。例如：拉斯维加斯的酒店以提供博彩娱乐为卖点；亚特兰蒂斯酒店会提供名为“疯狂滑道”的大型水上娱乐项目；一些依托海岸线的度假型酒店除了为客人提供形态各异的游泳池，还提供潜水项目，让客人零距离地接触海底世界。此外，还有一些度假型酒店专门给孩子们设置了电子游戏机室。

3. 文化型

这种休闲方式主要是针对一些具有文化品位的群体而设置的，如在酒店里设置书吧、茶馆、陶吧等，给客人提供静谧的休闲环境。

4. 观赏型

观赏型的娱乐设施主要包括文艺演出、电影院等，这也是很多度假型酒店的卖点所在。

三、典型代表

（一）万豪国际酒店集团

1. 酒店集团历史

万豪国际酒店集团创建于1927年，总部位于美国华盛顿，是世界上著名的酒店管理公司，并入选财富全球500强榜单，多次被世界著名商界杂志和媒体评为酒店业内最杰出的公司。

(1)“万豪”的起源。

1921年的盛夏，一位年轻人途经华盛顿，他看到大街上推车卖柠檬水、苏打水的小贩所到之处都被熙熙攘攘的人群包围着，几分钟就能卖掉一车，这个场景给这位年轻人留下了深刻的印象。

这位年轻人就是万豪国际酒店集团的创始人约翰·威拉德·马里奥特。马里奥特出生于美国西部的一个小山村，其童年是在他父亲的农场度过的。马里奥特少年时期就显示出了非凡的商业禀赋，他13岁的时候自己种植莴苣并出售，一季度就挣了2000美元。马里奥特一家都是虔诚的耶稣基督后期圣徒教会教徒，马里奥特15岁成为教会教师，17岁当教父，去新英格兰传教了两年。

1927年，马里奥特大学毕业后，他又想起6年前在华盛顿看到的那一幕，便返回华盛顿和妻子艾丽丝·希茨(Alice Sheets)一起开办了拥有9个座位的乐啤露饮料店，并取名为“热卖店”。而正因为马里奥特非凡的商业禀赋和伟大的开拓精神，这个不起眼的小店逐渐发展成为世界著名的酒店管理集团。这便是“万豪”的起源。

(2)“万豪”的历史。

当然，当时的马里奥特并不满足于这样一个小小的饮料店。1929年，他和妻子正式成立有限公司，建起了第一家路边快餐店。1935年，马里奥特被诊断出患有恶性淋巴瘤，只能再活6个月到1年的时间，但是他战胜了病魔，又活了半个世纪。1937年，马里奥特开办了航空餐饮服务公司，为50家航空公司和19家国际机场提供航空食品，成为华盛顿第一家把食品送上飞机的餐馆。直到现在，这项业务也是该公司很重要的组成部分。马里奥特的餐饮连锁店继续发展，并于1953年上市。

1957年，马里奥特在美国弗吉尼亚州的阿灵顿(Arlington)成立了第一家酒店——双桥汽车旅馆，开始向酒店业发展。1966年，马里奥特任命他的儿子比尔·马里奥特为集团总裁。1967年，公司名称由“热卖店”改为“马里奥特有限公司”。1969年，马里奥特的第一家国际酒店在墨西哥开业，从此万豪国际酒店集团走上了快速发展的道路。新加盟的酒店从一开始就以其设施豪华而闻名，并以其稳定的产品质量和出色的服务在酒店业享有盛誉。到1981年，万豪酒店的数量已超过100家，并拥有4万多间高标准的客房，并在当年创下了高达20亿美元的年销售额。

20世纪80年代，“万豪”根据市场的发展和特定的需求，精心设计并创立了万怡(Courtyard)酒店。1983年，第一家万怡酒店在美国正式开业。万怡酒店是在广泛听取商务客人的意见的基础上，精心设计并推出了中等价位的客房并保持了高水准服务，因此一经问世便获得成功。很快，万怡酒店便成为行业中的佼佼者。

1984年，以公司创办者的名字命名的J. W. 万豪(J. W. Marriott)酒店在美国华盛顿开业。J. W. 万豪酒店品牌是在万豪酒店标准的基础上升级后的超豪华酒店品牌，向客人提供更为华贵、舒适的设施和极有特色的高水准服务。此后，在1987年万豪公司收购了旅居连锁酒店(Residence Inn)，其主要特点是酒店房间全部为套房设施，主要为长住客人提供方便实用的套房及相应服务。同年，“万豪”又推出了经济型的万枫酒店(Fairfield Inn)和万豪套房酒店(Marriott Suites)两个新品牌。至1989年底，“万豪”已发展为拥有539家酒店和13.4万间客房的大型酒店集团。

万豪国际酒店集团处于持续快速发展中。1995年,“万豪”收购了全球首屈一指的豪华连锁酒店公司——里兹·卡尔顿(Ritz-Carlton)酒店,随后将其更名为丽思·卡尔顿酒店,这一举措使“万豪”成为首家拥有各类不同档次优质品牌的酒店集团。1997年,“万豪”相继完成了对万丽连锁酒店公司及其下属的新世界连锁酒店,以及华美达国际连锁酒店的收购。此举使万豪国际酒店集团在全球的酒店数量实现了大幅增长,特别是在亚太地区,一跃成为规模领先的酒店集团。同年,万豪国际酒店集团正式进驻中国市场,并迅速成长。2000年以后,“万豪”通过强大的市场营销网络,赢得了更多的顾客。

1989年,万豪国际酒店集团在中国香港开设了一家拥有602间客房的香港J. W. 万豪酒店,这是“万豪”在亚太地区的第一家酒店。1994年至1995年,万豪国际酒店集团组建中国市场调查小组(大多数成员是华裔),对中国市场进行了广泛、周密的调查,形成进军中国市场的初步计划。1997年,万豪国际酒店集团与中国重庆合作,成立重庆万豪酒店,正式进军中国内地市场。1998年,重庆万豪酒店通过了五星级评定,成为重庆首家五星级酒店,同年获得“五星钻石奖”,这是美国酒店业的最高荣誉。

2004年,万豪国际酒店集团旗下的丽思·卡尔顿、J. W. 万豪、万豪、万豪行政公寓、万丽、万怡、华美达(华美达之后被温德姆酒店集团收购)7个品牌相继进驻中国内地市场。

2015年,“万豪”以122亿美元成功收购喜达屋酒店及度假村集团,将其旗下的瑞吉、喜来登、W、豪华精选等11个品牌收入囊中,成为全球最大酒店集团。自2018年8月起,万豪国际酒店集团开始整合旗下万豪礼赏、丽思·卡尔顿礼赏以及SPG俱乐部等会员计划。2019年2月,凝聚了以上3个会员制精华的万豪旅享家(Marriott Bonvoy)常客计划全新启航。

至2018年底,“万豪”在中国管理的酒店已经超过230家,品牌超过20个。尽管与某些国际品牌相比,“万豪”进入中国市场较晚,但其凭借着品牌的优质性在中国市场上取得了优异的业绩。曾担任万豪国际酒店集团董事长的比尔·马里奥特曾说过:“展望未来,中国将在本世纪(21世纪)成为最大的酒店市场。万豪国际酒店集团将不断致力于在中国及其他亚太地区国家的发展。”

2. 酒店品牌特色

“人服务于人”,这一直是“万豪”最基本的理念。经过90余年的经验积累,万豪国际酒店集团已经形成了自己独特的企业文化。“文化是生命线和黏合剂,连接着我们的过去、现在和未来。”企业文化影响着万豪国际酒店集团对待员工、服务客人以及承担社会责任的方式,从而也影响着整个集团的发展。

(1)对待员工。

“员工是最重要的资产”,这是万豪国际酒店集团坚守的信条。从马里奥特时期开始,关爱员工就成为“万豪”的传统。马里奥特本人虽然一直对员工非常严格,但是也会无微不至地关怀员工。他曾说:“你必须让你的员工高兴。如果员工高兴了,他们才会让客人高兴。”“万豪”秉承以人为本,关注员工健康,倡导幸福文化,为每位员工提供

个人成长和发展的环境，希望员工在工作和生活中都能感到快乐。万豪国际酒店集团始终认为，只有呵护好员工，员工才会更好地呵护客人。每年的5月份，“万豪”都会将其中的一个星期作为“员工答谢周”，来感谢全球“万豪”家族成员的辛勤与付出。

万豪国际酒店集团设立了五个保证系统来确保员工的利益。第一，员工有任何意见都可以直接寄信给美国“万豪”总部的总裁办公室。第二，员工可以通过热线电话给总部的总裁办公室打电话，总裁办公室会及时处理员工的问题。第三，“万豪”每一年都会聘请一家第三方公司对旗下酒店的员工进行匿名的满意度调查。第四，“万豪”还设立了一个Peer Review系统，当员工出现问题时，除了可以找上司，还可以通过该系统获得公正、公开、公平的对待。第五，“万豪”亚太总部每年会对旗下酒店的人力资源部系统进行审查，除了审查公司文件，还会通过面谈的机会，了解酒店经理和普通员工对酒店的意见和建议。

同时，“万豪”非常重视对员工的培训。该集团有一套十分完善、有效的培训体系，并且一直奉行Train for Retained（培训即留人）的理念。万豪国际酒店集团规定，酒店经理每年必须有40个小时的培训实践，普通员工每年必须有不少于60个小时的培训实践。刚进入酒店时，员工会接受Passports to Success（成功护照）的培训，由普通员工转为管理岗位时，会提供角色转换方面的课程。

此外，内部提升政策一直是万豪国际酒店集团坚持的人才发展战略。“万豪”近50%的管理人员是从公司内部提拔的，当酒店有职位空缺时，总是优先考虑内部员工。如果员工服务达到一定年限，酒店每年会为其颁发一张“你为‘万豪’服务了多少年”的奖状。

（2）服务客人。

“万豪”致力于为客人提供近乎完美的服务。从创立之日起，“万豪”的创始人马里奥特对服务质量的要求就非常严格。据说，1985年，他在弥留之际还在抱怨当天晚上的玉米不太好，“必须给酒店买点好的玉米回来”。

万豪国际酒店集团一直遵循以下传统和服务目标：食物好，服务好，价格合理。具体包括：不遗余力地为客人服务；注重细节；以硬件环境为荣；以创新精神发现满足客人需求的新方法，为每一位客人提供优质的服务。而“万豪”的信誉正是以其近乎完美的对客服务为基础的。

尽管“万豪”旗下的酒店品牌档次有所差别，但是所有的酒店服务都是一流的。

从2003年起，“万豪”推出了一套名为“为您效劳”的电脑注册系统，将客人的哪怕是最细微的要求都记录在数据库里。例如，某位客人喜欢海绵枕头或是忍受不了街道上的嘈杂等，系统都会将其记录下来。当这位客人再次入住“万豪”旗下的任何一家酒店时，“万豪”将为其准备一套近乎完美的房间。有一位经常入住“万豪”的客人提到这样一件事情：“我在西雅图一家万豪酒店吃早餐，吩咐侍者把鸡蛋煮得嫩一些。此后，无论在纽约还是在华盛顿的万豪酒店，每当我点煮鸡蛋，侍者都会问我是不是要煮得嫩一些。”

（3）社会责任。

作为耶稣基督后期圣徒教会的忠实教徒，“万豪”的创始人马里奥特不仅关心自己

的员工，还积极投身于教堂和国家的慈善事业，尤其是注重对教育项目的投入。多年来，万豪国际酒店集团一直传承着这一优良传统，鼓励员工以各种方式参与社会志愿者活动，同时也在全世界范围内以“万豪的方式”来支持社会活动。

（二）洲际酒店集团

1. 酒店集团历史

洲际酒店集团（InterContinental Hotels Group）是一个全球化发展的酒店集团，其全球跨国经营范围极广，截至2024年4月，其在欧洲、北美洲、南美洲、非洲、大洋洲、亚洲等全球各大洲100多个国家和地区共有6000多家不同类型的酒店。

洲际酒店集团拥有洲际、皇冠假日、假日酒店等10余个国际知名酒店品牌和超过60年的国际酒店管理经验。洲际酒店集团也是国际性的酒店品牌，统领国际旅行和商务市场，每年有过亿的客人选择入住其旗下酒店。

2. 酒店品牌特色

(1)带动规制。

洲际酒店集团第一家假日酒店设有游泳池、空调设备与餐厅，提供电话、冰块及免费停车场，儿童可免费入住父母的客房，这些做法此后成为酒店业广泛采用的基本规制。可以说，假日酒店的创立是酒店业发展进程中的重要里程碑。

(2)多元营销。

洲际酒店集团通过特许经营权转让和联合酒店方式实现集团扩张。洲际酒店集团推行多元化品牌战略，每个品牌拥有一个特有的营销队伍，在与不同品牌进行竞争时，重点加强对客人的关注。洲际酒店集团把互联网技术应用到市场营销系统，网站中设有酒店情况介绍，提供网上预订服务，并于2004年率先开通简体中文网站。

洲际酒店集团拥有全球通用的忠诚客户奖励计划——优悦会（Priority Club Rewards）。优悦会是全球首个在推出时会员规模最大、发展最快的酒店业忠诚客户奖励计划。可以说，在万豪国际酒店集团并购喜达屋酒店及度假村集团之前，洲际酒店集团的优悦会的会员规模是全球最大的。

(3)管理人员培训。

1968年假日旅馆大学（洲际酒店集团旗下的假日酒店）的成立是酒店业的标志性事件。重视管理人员的系统培训，是假日酒店的经验，也在酒店业起到了良好的示范作用。如今，酒店集团培训管理者的现象已蔚然成风。

(4)假日酒店集团两大经营法宝。

① 出售特许经营权。

② 不断完善集团的互联网在线预订系统。

(5)作为假日酒店集团发展标准的五条生意经。

① 一切为客人着想，不断创新服务。

② 标准化管理，检查考核严格，一丝不苟。

③ 拥有强大的市场营销能力和集团价格优势以及完善的服务系统，严格控制各类成本。

④ 适时调整发展策略，注重品牌的层次开发和品牌延伸。

⑤ 高度重视人力资源的开发与管理，培育假日酒店精神。

任务四　商务型酒店

任务引入

《财富》杂志曾经评出全球十家最好的商务型酒店，其中上海的半岛酒店和巴塞罗那的文华东方酒店并列排名第一。第三名至第十名分别是纽约的马克酒店、华盛顿的杰弗逊酒店、贝鲁特的格雷酒店、耶路撒冷的玛米拉酒店、摩洛哥的拉玛穆尼亚酒店、阿布扎比的亚斯酒店、柏林的苏荷豪斯酒店和香港的奕居酒店。《财富》评选这十家酒店的依据除了酒店高端的设计和豪华的装修，还包括商务型酒店所提供的各种服务。

任务剖析

3-4

一、商务型酒店的概念

什么是商务型酒店？业内形成的基本共识是，商务型酒店是指“商务客人占酒店客人总量的比例不低于70%”的酒店。简单来说，商务型酒店就是为商务客人提供休息、会客、临时办公等方面的设施和服务的酒店。商务型酒店是主流酒店类型中的主体；在各种酒店类型中，主流酒店类型是指最具有普遍性的酒店类型。

与旅游型的客人不同，商务客人入住酒店的目的一般是到酒店所在城市处理商务，因此这类客人到这个城市的目的是出差，是以工作为主。而且因为大多数是公差，商务客人对酒店的价格并不敏感。出于会客的需要，这类客人对酒店的设施和环境要求较高。

由于商务客人的这些特点，作为主要接待商务客人的商务型酒店，自然就有着与其他类型的酒店所不同的特点。

二、商务型酒店的特点

商务型酒店的特点可简单概括为“全”，即“全功能”“全服务”。商务型酒店以“完全服务”的特征区别于经济型酒店的“有限服务”。可以说，商务型酒店就是整个酒店业的教科书。在商务型酒店中，客人可以获得需要的设施设备及服务。一般而言，商

务型酒店的特点包括:位置适宜、功能完善、设施齐全、服务标准化,具有品牌效应、营销特色等。

(一)位置适宜

地理位置对于商务型酒店起着至关重要的作用。国际酒店业有这样一句至理名言:“建设酒店,第一是选址,第二是选址,第三还是选址。”一个成功的商务型酒店,一定有着其所在地区最优越或较优越的地理位置。

商务型酒店有可能位于一个城市的交通汇聚点、枢纽点,如紧邻这个城市的机场或者火车站。商务客人因为公务需要,会对所选择酒店的交通便利性有较高的要求,因此,商务型酒店一般会在其广告上标明该酒店距离机场、火车站以及市中心这些重要地点的距离。

商务型酒店也有可能位于一个城市的商业中心,如我国著名的金陵饭店就位于南京新街口的最佳位置。再如,广州花园酒店就位于广州环市东路繁盛商业区的“心脏”位置,深圳大中华喜来登酒店位于深圳极为繁华的地段——罗湖商业中心。正因为商务型酒店优越的地理位置能够方便客人从事商务贸易活动,进而吸引了商务客人入住。

(二)功能完善、设施齐全

除了一般酒店都具备的核心产品——客房和餐饮,商务型酒店还具有商务功能和休闲功能。

商务功能——简单来说,商务型酒店的商务功能就是在酒店里给客人提供一个虚拟的办公室。在这个“办公室”里,客人可以像在自己的办公室一样会客、开会、处理公务。

休闲功能——商务客人会将入住酒店的大多数时间用来处理商务活动,节奏紧凑。因此,在工作之余,商务客人往往希望能够通过良好的康乐服务来舒缓自己的情绪,放松身心。这也催生了商务型酒店的休闲功能。

正是由于商务型酒店功能完整,因此,相较于其他形态的酒店,它的设施设备也较为齐全,除了餐饮和客房的基本设施,还包括办公设施、商务会客场所、商务中心和康乐设施。

办公设施——区别于普通酒店的是,商务型酒店的客人对酒店的办公设施要求很高,客人一般会要求酒店配备会议设施以及互联网设施,供客人会见、开展线下会议或者视频会议。根据上海半岛酒店2019年的调查数据,80.17%的商务客人认为功能完善的会议设施“很重要”或者“重要”,78.68%的商务客人认为便捷的互联网设施“很重要”或者“重要”。有的客人为了提高保密性,还会要求在客房配备必要的办公自动化设备。因此,商务型酒店一般在办公设施、宽带上网、会议中心、报刊订阅方面会投入较大的人力和物力。

商务会客场所——商务型酒店会专门设有会客区域、大堂吧、行政咖啡厅等,作为商务会客场所。商务客人对商务会客场所一般有较高要求,因为商务客人所选择的商

务会客场所会直接反映其价值观。基于大多数商务客人的需求与审美,商务型酒店的大堂吧或者行政咖啡厅大多装修豪华、设计精美、风格端庄,能为商务客人创造一个舒适、典雅的沟通环境。

商务中心——商务型酒店一般会配备设施完备的商务中心。客人除了可以在商务中心利用酒店的设备处理工作,还可以要求酒店帮助处理一些工作文件并协助代办一些工作。商务中心的主要功能是为商务客人提供电脑服务、网络服务、打印服务、复印服务、传真服务、飞机票或火车票的订票服务等。当然,这些服务都是有偿的。商务型酒店越高端,其商务中心的功能设置就越完备,如深圳威尼斯酒店的商务中心会为客人提供复印服务、邮件快递服务、传真服务、打印服务等。

康乐设施——为了满足商务客人工作之余放松身心的需求,商务型酒店一般具有配置较高的康乐设施,如健身房、美容美发、桑拿等。一些高级的商务型酒店还配有其他更具文化特色的康乐设施,如曾入选全球十大商务型酒店的柏林苏荷豪斯酒店仅有40间客房,但在康乐设施方面除了有水疗中心、健身房,还有可以俯瞰米特区的露天恒温泳池,以及电影院、图书馆等,可谓应有尽有。

(三)服务标准化

商务型酒店的服务是所有酒店类型中极为完整的,也是极为标准的,酒店最为基本的服务内容就是房务服务和餐饮服务。在这两项最主要、最基本的服务方面,商务型酒店的服务内容、服务程序和服务标准有着既严格又科学合理的规定,并成为整个酒店业服务的规制。

1. 房务服务

商务型酒店的房务服务涉及从客人进店到离店的一系列服务。下面将介绍商务型酒店为客人提供的房务服务的主要内容。

(1)礼宾服务。

客人在进店后,首先迎接客人的是酒店的门童或迎宾员。他们主动为客人打开车门,用微笑向客人表示欢迎。有的酒店别出心裁地聘用“老门童”,也就是聘用四十岁或五十岁以上的男士来做门童,让客人感觉更加亲切。

在客人迈入酒店的大门后,礼宾部的行李员会及时为客人服务,帮助客人提行李,带领客人前往前台办理入住登记手续。如果客人的行李较多,或者客人提出需求,行李员会将客人的行李直接送至客房。

礼宾服务还包括为客人提供各种委托代办服务,如市内或周边短途旅游的代理报名服务、租车服务、机场接送服务、邮寄服务、各种咨询服务等。

(2)入店、离店服务。

当有客人来到总台时,总台工作人员会先根据客人是否预订、客人对房型的要求以及客人在酒店入住的时间等情况帮助客人选择客房,然后为客人登记有效证件、制作房卡,并预收一定的费用以便管理客人住店期间的账务。之后,由行李员将客人引向客房。在客人退房时,总台工作人员会为客人办理退房结账手续。

(3)客房服务。

在客人到店前,客房部就已经备好整洁的客房,配置好相应的咖啡、茶等饮料供客人免费享用。大多数客房还配有小酒吧,提供收费的酒水饮料及佐酒小食,便于客人购买使用。酒店还会根据客人VIP等级的不同,在客房内摆放相应的欢迎鲜花、水果、点心等。

在客人进入客房以后,酒店将会给客人提供各种温馨的服务,包括:

① 叫醒服务。全天候地提供客人所需要的任一时间的电话叫醒服务。

② 擦鞋服务。免费为客人提供擦鞋服务。

③ 洗衣服务。提供水洗、干洗、熨烫等洗衣服务。

④ 房内用膳服务。在每天规定的时段内,客人可根据客房内的菜单点取食物,享受房内用膳服务。

⑤ 夜床服务。每天为客人整理客房,傍晚前为客人做好入睡前的准备,营造温馨、舒适的睡眠环境。

除此之外,还可根据客人要求提供茶水服务、婴儿托管服务、物品租借服务等。

有的商务型酒店还设置行政楼层,为优质商务客人提供更加便捷、舒适的服务。一般情况下,商务型酒店的行政楼层会设有专属总台、书吧、餐饮休息区、会议室、上网室,为客人提供方便快捷的入住、退房通道,私密的会客、休息空间,免费早餐、下午茶茶点等餐饮服务,以及小规模会议服务。因此,行政楼层服务员往往是个“多面手”,前厅、客房、餐饮服务样样都会。有些商务型酒店的行政楼层甚至设立了行政楼层管家,为客人提供一对一的贴心服务。

(4)总机服务。

总机主要承担酒店内外线的电话转接工作,以及对客咨询服务。同时,总机也是一个服务中转站,将客人的各种服务需求转达给各部门相关工作人员。

(5)大堂经理服务。

大堂经理是商务型酒店的重要岗位(通常设于前厅部),其主要职责是及时处理酒店内的突发情况,征询客人的意见及建议,处理客人的投诉,检查一线服务岗位的服务质量。同时,大堂经理还要承担重要客人的接待工作。大堂经理日志记载着相对重要的酒店服务情况和客人对酒店服务的反馈。

2. 餐饮服务

商务型酒店的餐饮服务最为典型的特征表现为餐饮品种、规格齐全,服务时段合理。既包括中餐厅、西餐厅及一些特色餐厅,供应不同的菜系;又有规格、档次的差异,如从简餐到高档包间不等;还有规模大小的区别,可以是一两个人零点,也可以是数十人、数百人甚至数千人的宴会。

商务型酒店一般设有中餐和西餐,以满足客人的不同需求。在中餐方面,商务型酒店一般设有专门的中餐零点厅与各种宴会厅,有的商务型酒店为了满足不同消费水平的客人的需求,还会设置不同档次的中餐厅以及风味餐厅,而各个中餐厅一般会侧重于供应某个菜系或几个不同的菜系,如粤菜、淮扬菜等。商务型酒店的西餐一般有

不同档次的简餐与正餐。简餐分布在酒店的咖啡厅、大堂吧或酒吧;正餐通常设在西餐厅,尤其是高档商务型酒店,有的会提供如法餐、意大利餐等不同风格的外国美食。当然,不同档次的商务型酒店所提供的餐饮档次也有区别,有的商务型酒店为客人提供西式商务简餐,有的则会由米其林名厨提供盛宴,来招徕客人。

除此之外,对于时下流行的餐食,如日餐、韩餐、泰餐等,商务型酒店会根据不同客源及自身条件设置一类特色餐厅。

商务型酒店的餐饮服务时间一般较长,五星级商务型酒店甚至提供24小时餐饮服务。餐饮服务时间因品种、规格、档次、规模而有所不同。中餐厅一般提供午餐和晚宴,有的商务型酒店的中餐厅也提供早餐。西餐正餐只在中午和晚间提供,西式简餐或茶点则由酒店的咖啡厅提供。有的商务型酒店的咖啡厅还可以提供中西结合的自助式早餐,有的还提供自助式午餐、晚餐。在正餐以外的时间,咖啡厅也会随时恭候客人的光临,为客人提供零点服务。当然,如果客人深夜需要一碗面条,只要打电话要求"房内用膳"(Room Service),就会有服务人员及时为其送上热腾腾的面条。

(四)具有品牌效应

商务客人选择入住哪个品牌的商务型酒店,通常取决于以下几方面的因素。

1. 公司定点

很多公司在有业务来往需求的城市会设有定点的商务型酒店,这样既可以享受酒店给予的折扣,也可以为出差的员工提供便利的住宿和办公场所。因此,公司定点的商务型酒店一般是商务客人的首选。

2. 形象要求

商务型酒店常常是商务客人的临时会客场所,因此,商务客人入住的酒店通常代表了其形象。所以,商务型酒店不仅要为客人提供舒适的环境,还要取得客人对于酒店品牌价值观的认同。而每个品牌的商务型酒店都有自己的历史和文化,商务客人往往会根据公司的定位和业务需要来选择自己所喜爱的品牌。

3. 习惯偏好

商务客人群体整体而言文化程度高、品位也较高,并且由于公务活动的需要,商务客人一般会根据自己的偏好,选择品牌知名度较高的商务型酒店入住。

4. 降低寻找成本

对于商务客人而言,出差往往是家常便饭,商务型酒店便是他们常常居住的地方。由于工作的需要,商务客人会经常到同一个城市出差,为了降低寻找成本,他们常常会选择自己比较喜欢的商务型酒店作为出差时定点下榻的地方。即使到其他城市出差,他们也会偏向于入住自己比较熟悉的品牌的商务型酒店。

(五)具有营销特色

许多商务型酒店的营销分析表明,很多商务客人对商务型酒店的价格并不是很敏

感，这一现象事实上与商务型酒店的营销策略有关。

对于商务型酒店的常住单位，商务型酒店会与该公司结成会员单位，并根据该公司工作人员入住酒店的频率，给予公司不同的会员等级和优惠。而拥有了会员等级身份的公司的工作人员再次入住该商务型酒店时，酒店一般都会给予相应的折扣价，并且给予优于普通客人的服务。有的商务型酒店甚至允许会员单位的客人签单、挂单，然后通过与公司结账的形式来简化离店手续。

总而言之，如果客人选择了商务型酒店，就等同于选择了最为标准化的服务与完备的设施。或许，在客人离开商务型酒店以后，没有一些具有特色的小细节让客人再去慢慢回味，但是当客人身处于商务型酒店时，酒店的服务和设施便会让客人感觉到舒适和方便：当客人需要会客时，酒店会为其提供舒适的会客场所；当客人需要举行会议时，酒店会为其提供会议室；当客人在繁忙的商务活动之后需要休息时，酒店会为其提供全方位的康乐服务供其放松身心；当客人需要点餐时，酒店为其提供24小时的点餐服务，等等。或许不够特别，但是很全面、完整，这便是商务型酒店，这是商务型酒店在主流酒店类型中成为主体的理由，也是主流酒店普遍存在的价值所在。

三、典型代表

（一）半岛酒店集团

1. 酒店集团历史

半岛酒店集团于1928年在中国香港成立，由其母公司香港上海大酒店有限公司管控。香港上海大酒店有限公司（以下简称香港上海大酒店）于1866年注册成立，并于香港联合交易所上市。香港上海大酒店是一家集团控股公司，集团拥有位于亚洲、美国和欧洲的豪华酒店、商用及住宅物业，并提供运输、会所管理及其他服务。旗下酒店包括位于香港、马尼拉、纽约、芝加哥、比弗利山、曼谷、北京、东京、上海、巴黎的半岛酒店，还有建设中的伦敦、仰光、伊斯坦布尔的半岛酒店。物业则有香港的浅水湾综合项目、山顶凌霄阁等。

2. 酒店品牌特色

(1)注重区位战略。

区位战略是一种古老的酒店经营战略。当时的交通不是很发达，因此酒店为了吸引客人，非常强调酒店的地理位置。随着交通技术的发展、通信手段的先进化，区位战略作为必要条件的意义开始淡化。但尽管如此，半岛酒店集团的经营者没有随意抛弃这个传统的经营理念，认为即使在交通便利的今天，地理位置仍是影响酒店经营的一大要素。所以半岛酒店集团在兴建酒店的时候，仍然重视选址的优越性。

例如，香港半岛酒店位于九龙尖沙咀梳士巴利道22号，交通便利，步行至尖沙咀地铁站仅需3分钟，周围有许多著名的景点，如维多利亚港、油麻地的庙街、香港文化中心、香港艺术馆及香港太空馆等。又如，上海半岛酒店坐落于上海中心区域，位于著名的黄浦江畔外滩，可尽览外滩、黄浦江、浦东及前英国驻上海领事馆花园胜景。再如，

纽约半岛酒店位于曼哈顿中心，在纽约的中心地带，靠近索尼奇迹技术实验室、蒂芙尼公司和洛克菲勒广场，百老汇街和现代艺术博物馆也在该酒店附近。

(2)雍容典雅的品牌气质。

半岛酒店集团旗下酒店品牌多种多样，品牌气质以雍容典雅为主。半岛酒店集团的一切深深地打上了出生地和创建者的烙印。作为金融之都、时尚之城的中国香港和上海为半岛酒店注入了雍容典雅的品牌气质。

香港半岛酒店始建于1928年，作为香港历史最为悠久的酒店，自它诞生的第一天起就唤醒了沉寂的香港九龙半岛，成为城中名流风云际会之所。香港半岛酒店向来把自己的服务对象定位于社会名流和高级商务客人及旅行者。这样的专注战略为它带来巨大收益，赢得了王室、贵族、富翁和明星的青睐。凯瑟琳·德纳芙、克拉克·盖博都曾是香港半岛酒店的常客。正因如此，香港半岛酒店那种与生俱来的雍容典雅气质而后在上海滩十里洋场得到了同样的体现。

香港半岛酒店不仅用华美的立柱、古典的雕饰撑起洁白精美的宫殿般的大堂，让人不自觉怀旧，而其玩起新潮来也一时"无店能及"。1例如，停机坪，高层天空酒吧，还有由著名设计大师菲利普·斯塔克设计的、国际级时尚餐厅Felix，当时的那份新潮、那份前卫，直至今天依然毫不逊色。

香港半岛酒店的一大特色便是其供应的下午茶。高大的空间、低回的乐音、古典而时尚的装饰，在恰到好处的温润里，弥漫着西点烘焙时溢出的甜蜜气息。其间穿梭身着经年不变的白色制服的服务生，建筑的西方风情与细节中所呈现的东方神韵融为一体，将高贵和优雅凝聚成一种从容不迫的非凡气质。在香港，流传着这样一句话：住不起香港半岛酒店，就到酒店去喝下午茶。从20世纪中叶起，香港半岛酒店的下午茶便成了很多香港人的一种追求。到了80年代，周润发、张国荣、张曼玉等常客的光顾，使香港半岛酒店享有"影人茶座"之美誉。香港半岛酒店还有一条规定：除了下榻"半岛"的客人，大堂下午茶不接受任何外来预约，每天营业4个小时。因此，在周末客人多时，享用下午茶还需要排队等候。

传统下午茶是全球各家半岛酒店大堂茶座的极受欢迎的特色美食：迷你三明治、司康烘饼、奶油及果酱、糕饼、酥皮点心用三层银盘盛装，辅以各式"半岛"精选名茶；在酒店现场妙曼旋律的陪伴下，客人可以享受人间的美好时光，静静地体会历史悠久的下午茶意蕴。

半岛酒店集团的另一特色就是云集了众多奢侈品专卖店的精品廊。精品廊不仅有香奈儿这样令人耳熟能详的品牌，还有格拉夫这样的顶级珠宝品牌。

(3)豪车接送的标志性服务。

半岛酒店集团的标志性服务是用劳斯莱斯汽车接送客人。从很早开始，香港半岛酒店就开始经营自己的车队。并且从豪华程度上讲，半岛酒店的车队远胜于其他酒店。

香港半岛酒店于1970年首次向劳斯莱斯订购了7辆幻影系列汽车。至今，劳斯莱斯和半岛酒店的合作已达50余年之久，是和半岛酒店合作年期最久的伙伴之一。如今，香港半岛酒店的车队由14辆劳斯莱斯幻影系列汽车组成，是专门为入住的客人准

备的，客人可以根据需要随意使用。客人在车上既可以选择自己喜欢的音乐，也可以用车载电话与外界联系。车上还备有酒店菜单，客人可以在去酒店的途中点单，抵达酒店后便可以在大堂或房间享用美食，减少了许多等待的时间。

半岛酒店专有一名由劳斯莱斯公司培训过的技师担任交通经理，负责这支车队的维修保养。有十多名司机轮班驾车往返于机场与酒店接送客人，或者载客人去兜风、购物。

(4)独特自重的扩展观。

半岛酒店集团在经历了百余年的发展后愈发意识到自身的品牌价值。现在的“半岛”更注重回归到最基本的业务，并固守自己的核心业务，那就是“半岛酒店”品牌。品牌是根本，他们并不急着迅速扩张，而是保持和加强品牌建设。

时下，世界上为数不少的酒店集团使用针对细分市场推出相应品牌的战略，通过加盟、特许经营、合同管理等方式，以惊人的速度进行扩张。半岛酒店集团却并未追随此潮流，不进行简单的扩张，不愿轻易稀释品牌含金量，也未延伸为多品牌，而是提出“纯粹而简单”的扩展观。半岛酒店集团拥珍持贵，专注如一，格外爱惜品牌声誉。其近百年的历史，不仅在亚洲有口皆碑，在欧美也是尊为上上品；但其总数与大型及超大型的酒店集团相较，实在是太少太少。截至2024年2月，半岛酒店集团拥有的12家酒店分别位于亚洲的香港、上海、北京、东京、曼谷、马尼拉，欧洲的巴黎、伊斯坦布尔、伦敦，以及美洲的纽约、芝加哥、比华利山，如此持重，亦令人尊敬。

《福布斯旅游指南》(*Forbes Travel Guide*)的五星级评定，旨在褒扬业内服务水平卓尔不凡的一流酒店。2019年公布的《福布斯旅游指南》年度五星评级名单，半岛酒店集团旗下12家酒店均获此荣，这是《福布斯旅游指南》61年评级历史上的首例。因此，半岛酒店的确有资格傲视群雄。

（二）香格里拉酒店集团

1. 酒店集团历史

从1971年新加坡第一家香格里拉酒店开始，香格里拉酒店集团便不断向国际迈进；以中国香港为大本营，今日的香格里拉酒店集团已是亚洲最大的豪华酒店集团，且被视为世界最佳的酒店管理集团之一，在多次公众和业内的投选中，均获得美誉。

2. 酒店品牌特色

“卓越的酒店源自卓越的员工，而非绚丽的水晶吊灯或昂贵的地毯。”香格里拉酒店集团始终秉承这一理念，并将之诠释为对员工发展所做出的坚实承诺。这首先体现在对员工的选聘上，“聘用工作态度好的员工，并通过培训使他们技巧娴熟”，为员工认同香格里拉酒店集团的发展理念提供了坚实的基础。香格里拉酒店集团还投入大量资金用于培训，资金量可能超过其他任何酒店集团，旨在对旗下酒店所有员工进行持续、完善的培训指导。香格里拉酒店集团通过创造良好的工作氛围，使员工能够达成他们的个人目标和职业目标，从而留住人才，也正是如此，香格里拉酒店集团在业内一直保持着相对低的员工流失率。

香格里拉酒店集团的主要特色是为客人提供优质、温馨的服务，践行“热情好客香格里拉情”的服务宗旨，所有的员工在入职半年内都要接受以“香格里拉热情好客”为主题的培训计划。该培训计划旨在以香格里拉酒店的特色服务，让客人获得尊贵的住店体验，进而建立客人对酒店品牌的忠诚度。尊重备至、温良谦恭、彬彬有礼、乐于助人和真诚质朴是该培训计划的价值核心。这个主题为“香格里拉热情好客”的培训计划分为四个单元，具体包括：①热情好客香格里拉情；②令客人喜出望外；③积极补救，赢得客人对酒店品牌的忠诚度；④发扬主人翁精神。

“香格里拉热情好客”培训计划的四个单元突出体现了香格里拉酒店集团的使命：“每一次都要令我们的客人喜出望外”，这也是该集团的指导原则之一。“香格里拉热情好客”培训计划是该集团奉行的企业文化，得到了高层管理人员的大力支持，并在整个集团内持续贯彻落实。香格里拉酒店集团要求旗下所有酒店拨出用于培训和发展的专项预算，并由总经理亲自负责管理，确保酒店每年所拨出的专项培训资金均能得到充分利用。

任务五　经济型酒店

任务引入

宜必思酒店的产生

1974年，全球闻名的法国雅高酒店集团的创始人——保罗·杜布吕和杰拉德·贝里松创立了第一家快捷并拥有现代舒适环境的宜必思酒店(Ibis Hotels)。“Ibis”，意为加拿大野生大雁，代表着旅行和迁徙，象征着远方和诗意。

宜必思酒店在全世界范围内不断发展和完善，凭借标准的服务、极具竞争力的价格闻名于世，成为全球经济型酒店的著名品牌，截至2024年4月，“宜必思”在全球五大洲已经拥有超2000家门店。

1997年，“宜必思”成为第一个获得ISO 9001质量管理体系认证的经济型酒店连锁品牌。

1. 宜必思酒店的标准

(1)8小时不间歇早餐。

①04:00—06:30，为繁忙的商务客人或早起者准备早餐。

②06:30—10:00，提供营养均衡、种类丰富的早餐，满足不同口味。

③10:00—12:00，贴心照顾晚起客人的早餐需求。

(2)全天候简餐及酒吧服务。

(3)15分钟满意保证。

宜必思酒店的核心优势是质量，来自优秀的员工及其专业的技能与知识。宜必思酒店为此建立了一个保持这一核心优势的挑战机制："15分钟满意合同"，如果客人在入住酒店期间遇到任何属于酒店责任的问题，酒店承诺将在15分钟内提出解决方案，给客人满意答案。

(4)快速办理登记手续。

入住宜必思酒店将享受最快捷的入住登记手续。

(5)可预测的透明账单。

宜必思酒店为客人提供一目了然的账单，将所有的消费明细清楚地呈现在客人面前。

2.宜必思酒店的口号

(1)客人无论是在白天还是在夜晚入住，都能感受到宾至如归。

(2)妥善管理预订。

(3)打造热情专业的团队。

(4)房间干净、宁静、舒适，室内温度适合。

(5)浴室一尘不染。

(6)全天候不间断地提供美食。

(7)从凌晨4点到中午12点均可享用早餐。

(8)保证安全。

3.宜必思酒店为实现质量目标所采取的措施

(1)招聘并培训所有员工，首要目标是实现质量目标，并鼓励员工培养其技能。

(2)设置年度目标，坚持不懈地切实提高质量。

(3)在各个机构进行严格的常规检查，保证满足"宜必思"的承诺。

(4)建立组织架构，在各个层级形成永久问责机制。

(5)将分包商和供应商融入酒店的质量管理体系。

(6)实施并更新质量管理体系。

任务剖析

3-5

一、经济型酒店的概念

经济型酒店发展到今天，已经远远超出了最初"为客人提供廉价住宿的汽车旅馆"的设定，成为酒店市场中不可或缺的组成部分。那么，我们该如何定义现在的经济型酒店呢？

经济型酒店(Economy Hotel)是相对于既成的全服务酒店(Full Service Hotel)而存在的一种酒店业态。《WTO现代酒店及餐饮业管理百科全书》中，对经济型酒店的描述如下：经济型酒店通常只经营客房，酒店本身没有餐饮管理设施或仅有十分有限的餐饮服务，价格低廉。经济型酒店一般定位于普通消费大众，价格适中，把客房作为经营的重点，基本设施齐全，干净、方便、舒适。

经济型酒店目前泛指Economy Hotel,这里的“Economy”是“经济”“节约”的意思,但绝不是简单意义上的“便宜”,也不是单纯地减少功能、降低服务,而是要符合性价比,提供服务并满足客人的基本需求,是有选择的服务,更强调服务的实用性,这是经济型酒店区别于全服务酒店的标志性特征。

根据硬件设施和服务水平的不同,可将经济型酒店进一步细分为“有限服务”和“廉价”两种类型。对于经济型酒店中的有限服务酒店(Limited Service Hotel)和廉价酒店(Budget Hotel)的区分,国内外没有统一的标准。可以这样理解,与全服务酒店相比,有限服务酒店具有设施简化、产品以客房为主、服务模式为有限服务加自助服务、价格较低、多为连锁经营等差异。而与有限服务酒店相比,廉价酒店的设施更加简单,只经营客房。除了简单早餐,大多数廉价酒店不提供餐饮及其他设施,价格更加低廉,客人自助服务更多。通常,可用设施的简单性、服务的自助性、价格的低廉性来识别廉价类型的经济型酒店。

二、经济型酒店的特点

(一)功能简化

经济型酒店是相对于全服务酒店而存在的一种酒店业态。全服务酒店意味着具有全系统功能(或者说至少具有准系统的功能)。经济型酒店把具有全系统功能的全服务酒店的一些功能加以简化,并保留其核心功能部分。具体说来,就是经济型酒店把服务功能集中在住宿上,在住宿设施、用品与服务方面,追求实用、舒适。在投资上,有的经济型酒店采取全额投资的方式,有的采用租赁的方式,还有的经济型酒店是由旧房屋或老旅馆改建而成的。经济型酒店一般规模较小、建筑物楼层不高,大大降低了建店成本;还有的会选择加盟的方式,对现有酒店建筑进行利用。在设施上,舍弃了利用率低的那部分设施和一些配套设施,实行“有限硬件配置”,如简化停车场、弱化餐饮设施、不设豪华大厅、没有娱乐设施等。

经济型酒店也有档次的区别,其中档次稍高的会多提供一些设施和服务,如提供小餐厅、小健身房等;而档次较低的则只提供住宿。

(二)服务有限

经济型酒店提供的服务是有限的。这个“有限”并不意味着经济型酒店在满足客人基本需求方面会大大降低水准。例如,在高星级酒店中,客人总会通过大堂经理来解决问题;而在经济型酒店中,客人则是找总台解决诉求。高级酒店以高档材料来装饰酒店,经济型酒店则通过色调(如淡蓝、米黄、浅绿等)、布草等形成家居风格,为住客提供舒适的体验。有限服务酒店和廉价酒店在酒店提供的服务方面有较大的区别,简而言之,就是后者的客人自助更多。最为简易的廉价酒店的大堂可能比住宿房间还小,客人在总台拿取房卡后,基本上就是自己为自己服务,除非遇到了问题。对于不需要帮助也不希望被打扰的住客来说,这种住宿选择也还算不错。

（三）价格适中

与全服务酒店相比，经济型酒店硬件设施不那么高档、豪华，服务种类与项目也不那么齐全。而在经营模式上，经济型酒店利用连锁优势，降低了采购、培训、宣传等运营成本。许多经济型酒店会进行业务外包，这也是节约成本的一种方式，例如，有些经济型酒店会将布草清洗和清洁保养两项内容承包给其他酒店或者服务公司，既减少了酒店的人员编制，也减少了酒店固定资产配置，这些都大大压缩了成本空间，因而经济型酒店的定价通常在中低价位。其中，有限服务酒店与廉价酒店的价格差距较为明显。

对于大众百姓而言，他们在寻常的差旅、出行时，更愿意选择经济型酒店。国内经济型酒店既能满足住客在外出差和旅行的基本需要，也能使住客得到旅居的基本条件与保障。并且，经济型酒店有着较高的性价比，称得上物有所值。

（四）面向大众

经济型酒店是社会发展、生活方式变革的产物。古代的驿馆、客栈面向的是信使、商人等，18世纪末出现的大饭店面向的是达官贵人，而经济型酒店则面向社会大众。世界性的交通网络和经济、科技的发展，激发了普通大众的出行需求，经济型酒店则是用以满足普通大众出行需求的产物，是酒店产品向大众化和平民化的转变与回归。

我国在经济型酒店出现之前，酒店市场供给主要是两种方式：一种是星级酒店，另一种是单位的招待所和社会旅馆。星级酒店，服务大多是全方位的，但是价格不菲；招待所往往会出现客人因为工作系统不对口而无法入住的问题；社会旅馆在环境、卫生等方面的状况则不尽如人意。普通大众希望有星级酒店的住宿条件，但又顾虑较高的花费；想少花一点钱，但又不愿意忍受陈旧的设施和不卫生的环境带来的烦恼，这常常使消费者抱怨“豪华的价格高，住不起；便宜的不实用，不愿住”。经济型酒店的出现，给普通大众的出行提供了适宜的选择。它有现代生活必需的设施设备，又考虑到了住客对价格的敏感和接受力。因此，尽管经济型酒店在我国出现较晚，但其从一开始就吸引了国内住客的目光，并且迅速形成了超大规模的核心消费群。

（五）组织架构简化

酒店的规模和接待能力是设置酒店组织架构的主要依据。酒店规模大，产品服务项目多，则部门多，并且每个部门的规模也大。若酒店的规模小，则可以减少或合并不必要的或相近的部门，降低专业分工程度，从而减少部门设置和人员编制。大规模的扩张和投资要求经济型酒店缩减一切不必要的开支，减少人力成本。经济型酒店只提供基本产品，并且产品的差异性较小，产品有很强的复制性。市场供求关系和竞争程度也会在很大程度上影响酒店的组织架构，经济型酒店的营销大多采取集团化的方式。上述诸方面对经济型酒店组织架构提出了要求，也提供了组织架构简化的条件。

相较于高星级酒店，经济型酒店简化了大型会议、康体、娱乐等方面的功能，因而其组织架构相对简单，基本以店长加员工的模式进行扁平化管理。

三、典型代表

下面以华住集团为典型代表进行介绍。

(一) 酒店集团历史

截至2023年6月30日,华住集团在18个国家经营8750家酒店,拥有844417间在营客房,创造了14万余职业发展机会。华住集团旗下经营31个酒店及公寓品牌,覆盖从奢华型酒店到经济型酒店市场。在国内运营的品牌包括禧玥、花间堂、美仑国际、桔子水晶、漫心、美仑、美居、CitiGO欢阁、全季、桔子、汉庭、星程、宜必思、海友、你好、城家公寓、瑞贝庭公寓酒店,另有合作品牌如诺富特、美爵、馨乐庭公寓酒店等。

华住集团已经成为全球发展极为迅速的酒店集团。2010年,华住集团在美国纳斯达克成功上市;2020年9月,华住集团在香港联交所主板实现二次上市。根据美国《HOTELS》杂志公布的2022年度"全球酒店集团200强"(HOTELS 200)的排名,华住集团位列第六位;2020年发布的"世界50大酒店品牌"榜单中,华住集团旗下汉庭、全季、你好品牌均上榜。华住集团旗下汉庭品牌连续6年入榜"BrandZ最具价值中国品牌100强"。

2014年,华住集团与雅高酒店集团形成长期战略联盟,共同开辟在华酒店业务。目前,华住集团在经济型酒店和中档酒店领域,形成了以汉庭、全季为核心,桔子、海友、你好互为补充的主力品牌梯队;在中高档品牌发展方面,继续在桔子水晶、城际、美仑美奂、漫心、CitiGO欢阁、美仑、美居、诺富特等品牌上发力。

(二) 酒店品牌特色

"华住",取"中华住宿"之意。2022年9月19日,华住集团正式发布全新品牌形象,新Logo以"H"为核心,赋予更丰富的品牌内涵,同时将英文名称变更为"HWORLD",标志着华住集团志在成为中华住宿业的世界级酒店集团,引领中国酒店业向世界级发展,以全球化视野实现品牌价值的进一步提升和沉淀。

华住新Logo将原Logo图形的四叶草更改为不规则的水滴,形成一滴水包裹"H"的全新形象。着眼于行业,"H"代表"Hotel"。从服务体验维度来看,华住集团以"成为世界级的伟大企业"为集团发展愿景,所以也可以将"H"理解为"Hospitality"。华住集团希望通过植根于中国文化中的仁义礼智信、温良恭俭让等文化基因来重塑中国服务的核心体验。

英文名称"HWORLD"中,"H"是华住集团"求真、至善、尽美"价值观的集成,既是"华住"中"华"的汉语拼音首字母,也是"Hello""Home""Hope""Happy"等美好词汇的首字母,它们诠释着希望、幸福、美好等精神意义。"WORLD"有着"广博""共生""和谐"等多重含义,华住集团希望建立一个良性循环的生态圈,这个圈层里的每一个单元都能快乐、健康、幸福、美好,充满正能量;并且通过持续性的努力改善生态圈生活,让世界更加美好,成就一项伟大事业。

任务六 民宿酒店

任务引入

莫干山民宿美如画，一幢幢村宅经过修葺、翻新，变身成一间间民宿，结合村庄里的美景、美食，吸引着五湖四海的旅行者，主打“民宿＋旅游”，探索了一条独具特色的乡村振兴之路。

如果你希望有一座山可以满足你的许多需求：既有历史的渊源，又具今日的时尚；可以让你在陌生的旅途中收获久违的感动，一边徘徊于多姿多彩的景象，一边萌生以此为归宿的心愿……那么，就来莫干山吧！

《纽约时报》曾评选它为“全球最值得去的45个旅行目的地之一”，美国有线电视新闻网（Cable News Network，CNN）也曾称它为“除了长城以外，15个你必须要去的中国特色地方之一”。那么，到底是什么催生了莫干山民宿的名气和人气？

任务剖析

3-6

一、民宿酒店的概念

民宿酒店是指利用自用住宅空闲房间，结合当地人文、自然景观、生态、环境资源及农林渔牧生产活动，为外出郊游或远行的旅游者提供个性化住宿的场所。除了常见的饭店以及旅舍，其他可以提供旅游者住宿的地方，如民宅、休闲中心、农庄、农舍、牧场等，都可以归于民宿类。

2019年7月19日发布的《旅游民宿基本要求与评价》（LB/T 065—2019）指出，旅游民宿是指利用当地民居等相关闲置资源，经营用房不超过4层、建筑面积不超过800平方米，主人参与接待，为游客提供体验当地自然、文化与生产生活方式的小型住宿设施。

民宿酒店的服务内容包含普通的住宿餐饮，但强调如同在家中的自主性服务，服务人员多为经营者的家庭成员，具有浓厚的人情味和温馨的氛围。民宿酒店在装饰风格上千变万化，旅游者可根据自己的喜好自行选择相应的民宿酒店入住。

二、民宿酒店的特点

（一）房源分散

非标准住宿产品一般不是封闭式经营，同一经营主体经营的房源可能分散在不同

的城市，或同一城市的不同小区，或同一小区的不同楼层。分时度假交换系统中的房源覆盖了全球的各个城市。

（二）单点房源量较少

相对于传统住宿业规模化的房源特征，非标准住宿单点房源数量较少。例如，民宿酒店单点房源数量一般在20间以下，房车营地的房车数量一般在20辆以下，蚂蚁短租、爱彼迎（Airbnb）平台中的单点房源更是以单个客房的形式存在。

（三）产品个性化

消费者选择非标准住宿除了因为部分非标准住宿产品价格较为低廉，更多是想获得与众不同的住宿体验。因此，非标准住宿的产品一般比较个性化，主要体现在以下几方面。

第一，设施个性化。非标准住宿提供的设施一般不同于普通的客房，如树屋、帐篷都是近年来非标准住宿消费者追捧的住宿产品形式。我国阿拉善盟胡杨林景区的集装箱小镇，旺季时一间大床房能卖到1500多元，离其不远的地方还有两节绿皮火车卧铺车厢，夏秋两季也是一铺难求。

第二，装修个性化。为了让非标准住宿消费者更深刻地感受当地文化或者满足其猎奇的心理，非标准住宿的装修一般都会经过精心设计，或者涵盖不同的主题，或者深度结合当地文化元素，给消费者带来难忘的住宿体验。例如，安徽的猪栏酒吧民宿，用老式的瓷缸、水壶、收音机、打字机、台灯来装点室内，勾起住客怀旧心绪。

第三，服务个性化。非标准住宿产品一般以自助服务为主，非标准住宿的经营者会提供个性化的服务，并将其作为旅游目的地的旅游产品之一。例如，很多民宿酒店会结合当地的民风民俗为住店客人提供产品制作、农场蔬菜采摘、周边旅游等服务，这也成为非标准住宿吸引客人的重要因素。

（四）经营主体多元化

不同于传统住宿业由管理公司作为运营主体的模式，非标准住宿的经营主体包含房屋业主、承租者等个人经营者以及公司化运作的主体、中介机构等。例如，在线短租产品一般由房屋业主通过线上平台经营自有房产的使用权，民宿酒店一般由房屋业主或者承租者作为经营者，途家不仅是个人出租闲置房产的平台，还采取"二房东"式的托管制，通过管理公司或自主管理，直接运营许多房源，甚至有时候，他们还会与房地产公司合作，租用没有出售的房子。

（五）经营模式依赖互联网

在互联网经济兴起之前，分布零散造成信息不对称，使得非标准住宿一直游离在主流的住宿选择之外。互联网时代下，特别是在旅游领域，互联网最大限度地减少了旅游者获取信息的成本，让主人与客人之间的联系更容易，非标准住宿在分享经济的助力下爆发式发展，尤其是Airbnb、Home Away、途家、小猪、蚂蚁短租等分享住宿的平

台被越来越多的人接受，市场上也涌现出一批提供房屋共享服务的创新公司。

三、典型代表

下面以花间堂为典型代表进行介绍。

（一）酒店集团历史

中国的民宿热潮兴起于丽江。作为精品民宿的代表，花间堂在2009年6月开始筹备第一个院子，2010年4月26日，花间堂旗下第一家店——丽江花间堂·植梦院正式对外营业。之后的两年半时间，该区域内又有9家分店相继开业，花间堂"大丽江组团"由此形成。10家店、150间房，看似规模不大，却足以在市场上制造出"风浪"。初期的花间堂伴随民宿热潮诞生于拥有独特人文气息与绝美自然风光的旅游目的地，如丽江、香格里拉等。但这类城市的优缺点十分明显，如在法定节假日或旺季时人气爆棚，到了淡季却少人问津，不平衡的人气毫无疑问会增加经营的风险及不确定性，花间堂之后的布局则可谓"顺时而为"，紧跟市场前进的步伐。以大城市周边游为代表的城市"微旅游"是近两年旅游市场的绝对热点，而江浙沪地区凭借更为发达的交通基础设施、更强的居民消费能力成为发展周边游的黄金地带，以乌镇、同里、周庄为代表的古镇，以及莫干山、安吉等地均受到旅游者热捧，花间堂这一时期的落子同样锁定在了这些地区。

（二）酒店品牌特色

花间堂创始人张蓓曾在公开场合表示，花间堂坚持直营模式，不会实行加盟制。因为实行加盟制之后，花间堂的品质就不能完全由自己把控，也不能保证加盟的业主不会因逐利而做出有损花间堂声誉的恶劣事迹。常规的连锁酒店模式通常容易产生一个问题，就是管理、服务、体验一致化。而花间堂虽采用连锁方式进行运营和管理，但是每一家花间堂都有自己独特的主题和服务。

花间堂的一大特点是脱胎于古建筑。每次改建，花间堂团队都会查阅大量历史资料，请教文物历史专家，将梁柱、砖瓦、木雕、石刻全部保留，还原老宅的精髓。同时，让老宅满足现代生活品质要求，融合中西审美。

花间堂似乎是大多人向往的"乌托邦"，住客既能体验星级酒店的私密与舒适，又能感受民宿的独特个性。花间堂既有精品酒店特有的调性，又能让住客享受度假村的休闲安然。花间堂是一个需要用心去丈量的地方，其既没有现代酒店的条条框框，又突破了传统民宿酒店的思维局限。花间堂注重每一位住客对生活质感的要求，营造了一种互动分享的氛围，让客人从遇见花间堂的那一刻起，就开启美与欢乐的体验之旅。

1. 产品定位：将高端精品酒店与特色民宿酒店"合二为一"

花间堂将自己定义为"文化精品度假酒店"，将高端精品酒店的服务理念与地方民居、民俗等人文特色高度融合。

在产品方面，相较于点状经营、各自为战的地方民宿酒店，花间堂在酒店设计、预

订系统、营销宣传、房间备品与餐饮配套等层面明显更具品质；而对比国际酒店集团管理的精品酒店，花间堂在传承与保护当地人文特色方面则更胜一筹，如苏州花间堂·探花府落址于咸丰二年（1852年）探花、晚清重臣潘祖荫的老宅之中，同里花间堂·丽则女学则是脱胎于民国初期江南古镇第一所女子学校丽则女学。每一家花间堂仿佛都在诉说着一段流光溢彩的岁月。

在规模方面，类似于精品酒店房间数量上的“少而精”，花间堂每一家分店的客房数均不超过70间。

在价格方面，花间堂的房间定价基本与当地五星级酒店持平。

在评价方面，在携程旅行网上每一家花间堂的评分均不低于4.6分（满分为5.0分），须知该平台上不少国际五星级酒店的评分都达不到这个水准。“一分钱一分货”的道理在花间堂这里全然成立。

这样来看，对于那些有着高品质旅行居住诉求，并且厌倦了人文气息相对单薄的高星级大牌酒店的旅游者来说，花间堂或许会成为他们更好的选择。

经过数年的发展，花间堂形成了以下三个产品系列，每一个产品系列又对应不同的地理区域与城市风貌：唯美人文客栈系列，以丽江、香格里拉的花间堂为代表；精品度假酒店系列，以苏州、周庄、同里、阆中的花间堂为代表；（温泉）度假村系列，以杭州西溪、无锡阳山的花间堂为代表。

2. 设计风格：无修饰的原始感与精致的现代感巧妙融合

落子于饱经历史沧桑的建筑或是绝美风景处的花间堂，在保留与传承当地历史人文风貌的同时，设计师加入的巧思让居住的舒适度“更上一层楼”。

以杭州西溪花间堂为例，设计师利用建筑的形式及外部庭院空间，设计并发展了景观庭院空间，将原始、无修饰的自然感与优雅、精致的现代感融合在一起。“原始”是通过大量密植与西溪湿地周围相似的植被来体现的，而“优雅”则是来源于建筑材料的选用，如木平台的运用就带来了一种和谐感，并成为外部空间的一部分。湿地的原始风格被引入酒店庭院设计，同时将舒适、明快的室内风格延伸到景观之中，两种形式在这里融为一体。

看似天然无修饰的自然环境与精心设计的房间形成户内户外的反差，简单、一体化的空间，没有隔墙和固定家具。朴实的房间里，简洁的大尺度窗户，连接户外，框景取色。精心制作的整洁的吊顶与质朴的墙面形成对比。室内家具具有明显的中式元素但不失现代感，贴心且好用。另外，隔层的客房被打造成有趣的空间，带给客人新奇的居住体验。

3. 功能模块：度假旅游所需的方方面面在这里都能被满足

可以看出，对于旅游者探访当地人文风情与自然美景的诉求，花间堂通过选址与设计已能够满足其一二。但若想更长时间地留住客人，使酒店本身真正成为一个小型的旅游目的地，关怀到度假旅游所需的全方位功能配置显然更为重要。

任务七 酒店经营模式

温德姆的特许经营

全球知名酒店品牌温德姆,旗下有速8酒店、旅行者酒店、栢茂酒店、迈达温德姆酒店、灏沣温德姆酒店、蔚景温德姆酒店、爵怡温德姆酒店等。为了降低商业运作风险和降低成本支出,温德姆酒店集团作为特许经营权的所有者,允许品牌所有者和独立运营的业主使用温德姆品牌。温德姆酒店集团实际并不经营一家酒店,而是以向加盟商提供集团培训和服务的方式来保证加盟商在当地提供的品牌产品质量。与此同时,加盟商从品牌名称所带来的规模经济中获益,有效建立起标准化服务流程,打开国家或地区内的直销市场,跨区域开展合作营销项目,享受批量购买折扣。集团会让旗下品牌分享市场研究成果,实行所有权保留制度,采用客房库存实时跟踪系统,这一系统技术精确度极高,可避免决策失误,监督管控质量,提升品牌知名度。值得一提的是,温德姆酒店集团从独立的特许经营业主那里收取的特许经营费用比业主们的盈利低得多。

任务剖析

3-7

一、直接经营

直接经营是酒店集团经营最原始的模式,是指酒店集团直接投资建造酒店或购买、兼并酒店,然后由酒店集团直接经营管理的模式。采用此种经营模式的酒店集团的扩张速度和规模很大程度上受到自身实力的影响,相对增长较慢,投资风险也较大。酒店集团通常在发展初期多采取此种经营模式。

二、特许经营

在美国,特许酒店形成于1907年,当时丽思发展公司在纽约专营丽思·卡尔顿品牌。霍华德·约翰逊(Howard Johnson)特许经营他的酒店是在1954年。自1972年开始,他成功地特许经营了“红屋顶”餐厅,而其假日酒店(现在是洲际酒店集团的一部分,也是全球最大的住宿企业之一)也因特许经营的战略而发展壮大。

1952年,一个叫凯蒙斯·威尔逊(Kemmons Wilson)的开发商,因为在家庭度假中要为他孩子的房间额外付费而决定建造中等价位的美式酒店——假日酒店。假日酒店每个房间的规模都很合适,有两张床,这让孩子们可以免费住在父母的房间里。在20

世纪50年代和60年代早期，随着经济的增长，假日酒店的规模和知名度越来越大。假日酒店又增加了餐厅、会议室和娱乐设施，还升级了卧室的家具和设备，几乎完全放弃了原来中等价位酒店的经营理念。

假日酒店集团成功发展的关键是对市场进行了准确分析和定位，假日酒店是市场上第一家中等价位的酒店。这些酒店或汽车旅馆，通常远离地价昂贵的市中心，靠近重要的高速公路交叉口和价格更合理的郊区。假日酒店集团成功的原因还包括其所提供的价值：用合理的价格让客人欣然接受舒适的住宿体验，避免了奢华型酒店昂贵的无用装饰所造成的费用。

与此同时，出现了一批新的廉价旅馆集团。汽车旅馆6(Motel 6，如此命名是因为房间的花费最初是每晚6美元)最初从加利福尼亚开始逐渐蔓延至全美国。在和家人度假时，戴米尔发现假日酒店价格太贵，便决定建造更便宜的酒店，为此，他创立了塞西尔酒店。为了降低成本，他购买了便宜的土地，并建造不超过两栋楼的酒店。这些酒店和旅馆主要针对商务客人和度假家庭，它们靠近主要公路并提供低消费住宿。其中一些建筑是模块化结构，整个房间都在其他地方建造，再运送到场地进行安置。

从20世纪60年代开始，希尔顿和喜来登也开始实施特许经营策略。从60年代到80年代，特许经营开始迅猛发展。然而，特许经营也面临两个主要的挑战：如何维持质量标准的稳定与如何避免特许经营的财务纠纷。因为特许经营公司很难书面陈述所有的意外情况，这就很难确保达到质量标准，特别是当涉及外部维护和客人服务方面。特许经营费用根据特许人和被特许人之间的协议而有所不同，不过一般而言，协议是基于3%或4%的房间收入。

对于特许经营商和加盟商而言，特许经营模式既有优点也有缺点，其优点主要包括：①有利于酒店建造者规划和实施酒店操作规范；②具有广告宣传的优势；③共享中央预订系统(CRS)；④采购家具、固定装置和设施设备能够享受批量折扣；⑤酒店可以列入特许经营商指导列表；⑥信用贷款公司收取的费用比例较低。其缺点主要包括：最初加入和持续加入须支付高额加盟费用；中央预订系统通常能够带来的预订量只占预订总量的17%—26%。此外，特许经营商和加盟商必须遵从与特许人(或公司)之间的协议及其制定的所有标准。

对于特许人(或公司)而言，特许经营模式的优点主要包括：①增加企业市场占有量，加深消费者对于企业的认知；②获得预先协议的加盟费用。其缺点主要包括：①选择特许经营商和加盟商时需要十分小心、谨慎；②维持和控制品牌标准十分困难。

在北美和世界其他地方，特许经营模式将继续成为全球酒店业扩张主要采用的模式，虽然也有一些业主因为没有坚持执行标准而被取缔了特许经营权，但大多企业仍愿意选择这种经营模式。

在美国，可能很多人还没有意识到特许经营模式已经无处不在了。预计在不久的未来，美国所有的零售商(包括餐馆)中将有超过50%的企业会通过特许经营集团进行商业合作。因此，特许经营模式不仅在酒店业、餐饮业、旅游业和娱乐业中被采用，而且也会拓展到其他任何消费者感兴趣的商业领域中，包括汽车轮胎和零部件、各种类

型的零售、邮寄和复印服务、简装服务以及个人代理等。

如果你在毕业之后从事与酒店业和住宿业相关的工作,你的职业发展机遇将会受特许经营模式的影响。你可能直接为特许公司(一家出售特许经营品牌给某个企业的公司)工作,也可能是与特许经营服务相关的公司的职员(例如,从事培训和特许经营咨询工作),或者在特许经营商的自有集团中做运营工作。很多特许运营商都拥有自己的企业集团,他们通过这些集团公司来预测新的潜在加盟商机。

此外,你也可能为一家加盟商工作。有些加盟商规模较小,仅拥有一家或者几家公司。还有一些加盟商是大的企业集团,拥有数百家公司,每年的销售额为数千万美元至10亿美元。国内最大的加盟商越来越倾向于经营一些较为知名的快餐品牌,如麦当劳、汉堡王、温蒂汉堡、阿贝兹、苹果蜂等。

购买特许经营权的优点包括:首先,一家新公司与某家大型企业进行合作,可以从中学习进行商业运营的经验,从而获得进入这个行业的机会。在特许人(或公司)的帮助下,一家新公司能够避免很多工作失误,特许人(或公司)也许能够为其带来现金流,也可能为其提供一些无需成本的服务支持,如市场推广和广告宣传、店址选择、建造计划、资金帮助等。所有这些促成了购买特许经营权的第二大优点,即降低新公司经营失败的风险。特许经营与新公司独自经营相比,前者可能会降低受损风险。

很多特许人(或公司)在寻找特许经营商和加盟商的时候都会考虑以下因素:其是否有强烈的追求事业成功的动力以及是否有过不错的商业成功的经验,即使从事的行业存在一定的运营困难;其是否有足够的金钱或良好的信用贷款渠道;其是否愿意接受特许人(或公司)的价值观、人生观、商业运作方式以及技术支持;当其发展事业时,其家人是否能提供百分之百的支持;其是否愿意持续消耗所有的时间致力于发展事业,等等。

特许经营存在的一些缺点已经受到很多加盟商的关注,包括以下几个方面:

首先,在加盟后,加盟商预期会实现的商业成功可能未能实现,也许事业没有加盟商预期的具有发展潜力,或者也许加盟商不愿意持续投入发展事业所需要的时间。在过去几年里,某些过分热心的或不够诚实的特许人(或公司)已经误导了许多加盟商。

其次,加盟商的自由在一定程度上是受限制的。加盟商会受到特许经营协议的约束和运营标准手册规范的限制。这也意味着,很多时候,工作可能变得单调和毫无挑战性,而且加盟商要履行因签署特许经营协议所产生的义务。一直按照特许人(或公司)的方式经营企业可能会导致加盟商自有合同的终止或从该行业中被清除出去,进而带来商业运营的失败。

最后,特许人(或公司)也有可能因不能有效运营而损害加盟商的利益。同时,他们可能会允许别的加盟商在某个加盟商附近新开一家企业,这样不利于加盟商的企业运营。

购买特许经营权可能会在很多方面获得投资回报。但是同其他商业风险一样,特许经营模式的选择需要摸索,需要同家人、朋友和商业顾问(如你的会计和律师等)充分讨论后再做决定。你应该仔细琢磨:你从心理上是否适合成为一名加盟商,也许在

公司组织中作为一名职员你能够表现得更优秀。仔细分析能够有助于你做出明智的决策。在你购买特许经营权之前,你需要回答的一个关键问题——你的企业是更适合成为一个加盟商还是一家独立运营的企业?

三、管理合同

20世纪70年代以来,管理合同在国际酒店业快速发展且在酒店管理中很受欢迎。这种经营模式很少或根本没有预先融资或股权参与,酒店管理公司经常与不具备经营资质或能力的酒店开发商形成合作关系。酒店管理公司往往以CRS的形式提供专业的技术支持。

即使酒店管理公司对一个业主投资的酒店资产进行了全面管理并参与了酒店的建设,酒店的所有权依然归属于大型的房地产公司或其他公司。在加利福尼亚的拉荷亚,万豪国际酒店集团花费约3400万美元建设酒店,然后以5200美元卖给了一家投资银行——潘恩韦伯(Paine Webber)。如此看来,它的投资回报相当可观。

管理合同通常允许酒店管理公司管理物业5年、10年或20年。为此,酒店管理公司收取总利润或净利润的2%—4.5%作为管理费,也有一些管理合同的管理费在2%以下。或者,一些管理合同规定第一年管理费为2%,第二年增加到2.5%,第三年增加到3.5%。

近年来,越来越多的酒店开发商选择管理合同的经营模式,因为与物业相比,较少的资金被用于管理。今天,许多管理合同包含销售百分比和营业利润百分比。酒店管理公司的"2%+2%"模式通常让竞争加剧,致使在过去几年中,管理合同的管理费降低。如今的管理合同要求增加酒店管理公司的一部分股权承诺。此外,业主增加了他们的业务即决策权以让他们更多地控制财产。总经理的责任是保障那些业主的预期得到满足和增加利润。

今天,酒店管理公司处在竞争非常激烈的市场环境中。它们发现,酒店的业务像大多数行业一样,已经发生改变并且日趋合理。今天的酒店业追求更理想的最终效益以及低费用、低成本,而酒店管理公司也在进行国际扩张以实现可持续发展和更大的业务份额,二者各取所需。在这样的发展趋势下,一家酒店进入市场后可能会以积极的姿态寻求当地的合作伙伴或业主。

四、租赁经营

租赁经营模式中被租赁的酒店的所有权不属于酒店集团,酒店的所有权和经营权分开,酒店的业主和经营者分别属于不同的公司。经营公司只承担经营风险,即使经营失败,也降低了原本应当承担的风险。租赁经营主要有三种形式。

(1)直接租赁形式。

直接租赁形式是指承租的公司使用酒店的建筑物、土地、设备等,每月向酒店所有者缴纳一定的租金。一家酒店要想实现经营成功,需要一段较长的时间,故在租赁经

营合同中要规定租赁的年限，以免承租的公司在其经营成功之际，酒店所有者将酒店收回。

(2)分享经营成果的租赁形式。

在酒店业中，有许多酒店集团采取分享经营成果的租赁形式。酒店所有者将酒店总收入或经营利润分成作为租金，由此来消除通货膨胀等因素的影响。

① 按总收入的百分比计算。例如，承租的公司向酒店所有者缴纳总收入的20%作为租金。

② 按经营利润的百分比计算。例如，承租的公司向酒店所有者缴纳80%的经营利润作为租金。

③ 按总收入与经营利润的混合百分比计算。例如，承租的公司向酒店所有者缴纳5%的总收入和60%的经营利润作为租金。

一般来说，酒店所有者不愿承担风险，比较喜欢根据总收入的一定百分比来计算租金。

(3)出售—回租租赁形式。

此形式是指企业在将酒店产权转让给他方后，又从他方那里将酒店租回，再继续经营。时权经营、产权式酒店是这一经营形式下的产物。

五、不动产投资信托

不动产投资信托早在20世纪60年代就已经存在了，早年，他们主要是抵押贷款的持有者。但是到了20世纪80年代，他们开始直接拥有物业，通常集中在一些特殊的行业，如饭店、写字楼、公寓、商场、养老院等。一家不动产投资信托在不动产中必须占有至少75%的资产比重。像他们这样的投资者，由于不需要支付公司营业税费，因此被要求与他们的分红股东分享至少95%的营业收入。此外，由于只是股东，与被限定关系的合作伙伴和物业直接所有者相比，进入和撤离企业更加容易，这种现象经常出现在不动产投资信托模式下。在任何投资项目中，投资者都希望从投资项目中获取合理的投资回报。任何人都可以购买不动产投资信托的股票和上市公司的股票，但在最终决定注入资金进入某家公司之前，应确保该公司运营有方。酒店业不动产投资信托领导企业如美国爱国者酒店(Hotel Patriot)、温德姆酒店集团以及喜达屋酒店信托。

六、咨询协会

咨询协会通常以较低成本向物业提供与特许经营权类似的好处。咨询协会会员中的一些酒店和汽车旅馆会共享统一的、标准的报告，共同的形象、标志或广告标语。此外，咨询协会可能会向其会员提供团购优惠、管理培训以及持续教育项目。每一家独立的酒店会向客人推荐咨询协会中的其他会员酒店，加入咨询协会只需在入会时交纳会费。与特许经营协议不同的是，咨询协会中的会员在一些酒店运营的标准上享有更多的能动性。因此，客人可以发现同一咨询协会会员的酒店产品在设施设备上比同一品牌旗下酒店产品更具多样性。

20世纪20年代,频繁旅游的人们开始习惯于奢华的旅游方式。邮轮旅游、长时间入住奢华酒店和享受豪华美食等奢华旅游方式非常盛行。立鼎世酒店集团正是在这个崇尚雅致生活的时代中诞生。1928年,38家豪华酒店组成了立鼎世酒店集团,包括伦敦的萨沃伊(Savoy)酒店、依云的皇家酒店(Royal Hotel)和尼斯的内格雷斯科酒店(Hotel Le Negresco)。创立这些酒店品牌的灵感来源于一群独具开拓精神和前瞻视野的欧洲酒店业内人员。立鼎世酒店集团的成立宗旨是迎合美国旅游业务,吸引数量日益增长的国际旅游精英阶层,对于欧洲酒店而言,这个新兴市场象征着丰厚利润。这些成员酒店将深受尊重的客人推荐给彼此,也因此意识到,他们可以分享业务增长所带来的福祉。因此,第一家立鼎世办公室于1928年在纽约成立,其目标是更加充分全面地与美国酒店和旅行社合作,并与希望前往欧洲的美国公民密切联络。

立鼎世酒店集团创立伊始,其酒店预订通过邮政和电传执行。立鼎世酒店集团纽约办公室持有各大酒店的房态表,一切都采用人工方式进行。1974年,立鼎世酒店集团成为首家采用卫星计算机预订系统的酒店企业。20世纪70年代之前,该集团的业务几乎全都来自旅行社,直到设立了免费热线(WATS热线),便开始同时服务于旅行社和消费者。1975年版的立鼎世酒店集团名录共包含116家酒店,遍布23个国家。该名录中提示酒店业内人员和旅行社:"诸如了解客人对不同颜色或不同类型的鲜花的喜好,这类看似简单的细节决定了'使客人满意'与'使客人超级满意'之间的区别。此外,应合理顺应豪华酒店的庄重氛围,必须牢记在外表、服装和行为方面理应遵守某些公认的标准。例如,尽管女士的西装裤套装在欧陆酒店中普遍被接受,但在伦敦酒店的餐厅和酒吧中不予认可。绅士们在餐厅和酒吧中始终需要穿着外套、佩戴领带,除非在某些度假酒店的白天时段。如果客人的外表和服装极其前卫,其在任何立鼎世酒店都将不受欢迎,因为财富并非唯一的接受标准。"

自创立以来,立鼎世酒店集团一直以呈现难忘、正宗的旅游体验为宗旨,要求成员酒店都必须达到在品质及独特性方面的高标准。美国的立鼎世酒店与度假村酒店联合,同连锁运营企业进行市场竞争。这种方式促进了立鼎世酒店集团旗下酒店朝个性化、高水准发展,保证了酒店的奢华度和客人的满意度。此外,立鼎世酒店集团也提供市场支持服务以及预订中心。

当连锁品牌酒店无处不在时,独立型奢华酒店的保留便成为焦点。20世纪80年代末,立鼎世酒店集团旗下的酒店数量激增到200家以上。立鼎世酒店集团现已发展为全球大规模的奢华酒店集团,截至2024年4月,其在全球80余个国家拥有400多家酒店。该集团在向前不断发展的同时,也没有忽视过去。如果不了解立鼎世酒店集团的发展历史,就不能体会其旗下成员酒店集非凡出众与独一无二于一身,如宏伟宫殿、世外桃源般的城市度假酒店、古老城堡、野生动物保护区内的豪华帐篷度假酒店、热带世外桃源、神秘的"天堂小岛"等,这些酒店均别树一帜,自信而独立,展现了当地的文化特色。

任务实施

1. 情景描述

某市拟举办一场酒店行业交流会,你将作为酒店代表出席本次大会,请准备好酒店相关资料,届时在大会上进行展示。

2. 活动要求

教师对学生进行分组,各组选定一个酒店品牌,准备好酒店品牌的相关资料,包括酒店概况、酒店特色、酒店定位等方面,并在班级内进行资料展示。

3. 活动步骤

(1) 各组选定一个酒店品牌。

(2) 各组准备好所选的酒店品牌的相关资料。

(3) 各组在班级内进行资料展示。

4. 活动评价

每组展示完后,进行学生自评、小组互评、教师点评。

项目	标准分值	学生自评	小组互评	教师点评
酒店概况方面的资料展示	20分			
酒店特色方面的资料展示	40分			
酒店定位方面的资料展示	20分			
体现团队合作	20分			

项目小结

本项目以不同的酒店业态为切入点,引入相关酒店案例,结合具有代表性的酒店来介绍不同酒店集团的企业文化、营销特色、服务理念、发展状况等。

项目训练

一、知识训练

1. 管理合同与特许经营的优势分别是什么?请简述这两者对酒店发展的影响。

2. 根据本项目所学知识,解释酒店是如何满足商务旅游者与休闲旅游者的需求的。

二、能力训练

1. 在不同类型的酒店工作,是否会对职业发展有不同的影响?若有,体现在哪些方面?

2. 假如你要在酒店住宿行业工作,你更喜欢在哪种类型的酒店工作?为什么?

项目四
酒店管理系统

项目描述

酒店管理系统具备先进的功能和技术，可以帮助酒店提高运营效率，提供优质的客户服务、实时的报表及相关分析，以支持酒店管理层的决策及其优化。本项目以国外Opera酒店管理系统和国内华住集团酒店管理系统为例，通过介绍两个代表性酒店管理系统，使学生了解国内外酒店管理系统的发展状况、功能特点和应用领域，掌握酒店管理系统的关键要素和技术优势，为未来从事酒店管理工作做好准备。

知识目标

(1)了解国外酒店管理系统——Opera系统的产生背景和发展历程。

(2)理解Opera系统的功能模块及其在酒店运营中的应用。

(3)掌握Opera系统的技术特点和优势。

(4)了解国内酒店管理系统——华住集团酒店管理系统的产生背景和发展历程。

(5)了解华住集团酒店管理系统的功能模块及其在酒店运营中的应用。

能力目标

(1)能够分析国外酒店管理系统与国内酒店管理系统的异同。

(2)能够运用所学知识，评估酒店管理系统的适用性和优劣势。

(3)能够运用所学知识，提出改进酒店管理系统的建议和创新思路。

素质目标

(1)培养研究酒店管理系统的兴趣和能力，提高自主学习能力。

(2)培养分析和解决问题的能力，加强团队合作能力和沟通能力。

(3)培养对酒店管理系统技术创新的敏感度，提高对行业发展趋势的洞察力和应变能力。

知识框架

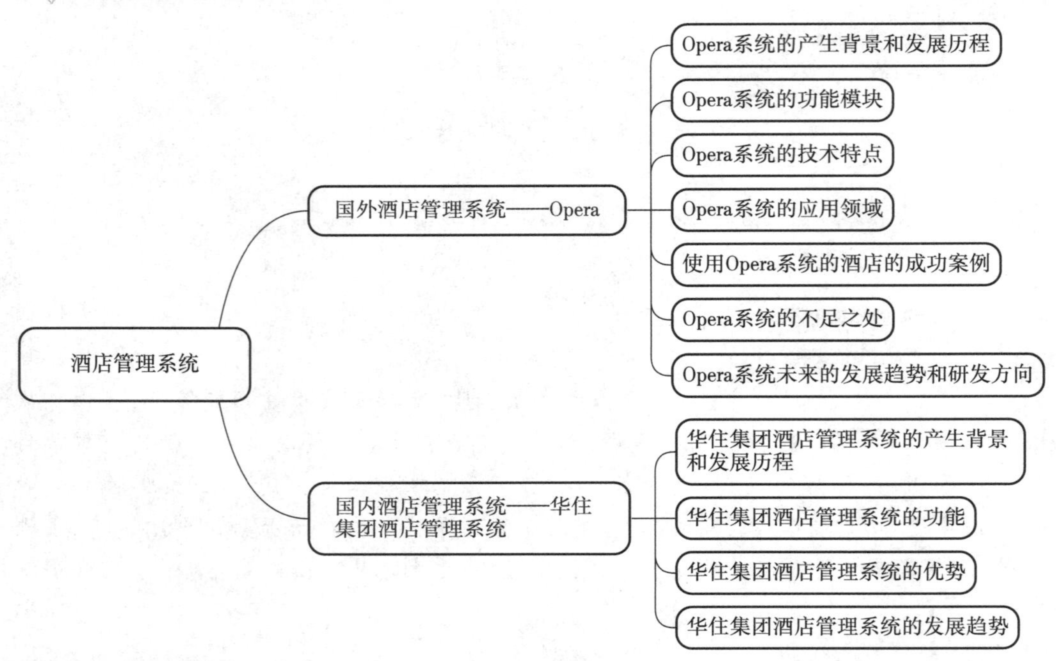

教学重点

(1)Opera系统的功能模块。
(2)Opera系统的技术特点。
(3)Opera系统的应用领域。
(4)使用Opera系统的酒店的成功案例。
(5)Opera系统的不足之处。

教学难点

(1)Opera系统的产生背景和发展历程。
(2)华住集团酒店管理系统的功能和优势。

项目导入

国外知名酒店管理系统

在国外,有许多酒店管理系统供应商为酒店运营提供了各种类型的解决方案。以下主要介绍国外知名的酒店管理系统供应商及其提供的系统。

甲骨文酒店管理系统(Oracle Hospitality Opera)是美国甲骨文公司推出的一套专业的酒店管理系统,是全球领先的酒店管理系统之一。甲骨文酒店管理系统主要面向

酒店业和餐饮业，提供前台管理、预订、客户关系管理、销售和市场营销等功能，适用于各种规模和类型的酒店。

Sabre酒店解决方案(Sabre Hospitality Solutions)是Sabre公司推出的一套全球领先的酒店管理和营销解决方案。Sabre公司是一家总部位于美国的全球性旅游和航空技术解决方案提供商。Sabre公司提供了广泛的技术解决方案，包括航空预订系统、旅游业务管理软件等。Sabre酒店解决方案是Sabre公司的一个产品线，它提供了一整套的酒店管理、预订和营销工具，帮助酒店提升客户体验、增加收入和降低成本。

阿玛迪乌斯公司是一家总部位于西班牙的全球领先的旅游和技术解决方案提供商。该公司成立于1987年，其产品涵盖了多个方面，包括酒店预订系统、航空预订系统、旅行社管理系统等。阿玛迪乌斯酒店业务(Amadeus Hospitality)是阿玛迪乌斯公司的业务范围之一，提供了一系列的酒店管理系统，包括前台管理、预订、客户关系管理、积分计划管理等。他们的系统可与其他酒店技术进行集成，以提供更全面的解决方案。

恩富公司是一家总部位于美国的全球性企业软件公司，提供各类行业的企业软件解决方案。恩富公司成立于2002年，其产品涵盖多个行业领域，包括酒店业、零售业、制造业、金融业等。恩富酒店业务(Infor Hospitality)是恩富公司针对酒店业和餐饮业的解决方案。恩富酒店业务包括预订、前台管理、客户关系管理、餐饮管理等。他们的系统以灵活性和可定制性而闻名，适用于各种规模和类型的酒店。

客捷(Guestline)是一家总部位于英国的酒店技术供应商，专注于为中小型独立酒店、餐厅和酒店集团提供技术解决方案。他们的产品和服务旨在帮助客户提高运营效率、优化客户体验并实现业务增长。其系统提供了前台管理、预订、客户关系管理、餐饮管理等功能，特点是用户友好和易于操作。

以上这些系统都具备先进的功能和技术，可以帮助酒店提高运营效率，提供优质的客户服务、实时的报表及相关分析，以支持酒店管理层的决策及其优化。

任务一 国外酒店管理系统——Opera

学习Opera系统的必要性

某酒店刚刚引入了Opera系统，并在实际工作中发生了一个引人深思的故事。让我们看看这个故事中的主要人物是如何通过学习Opera系统来改变他们的工作方式、影响酒店运营的。

Alice和Bob都是酒店的老员工，Alice是酒店的前台主管，负责处理客人预订和前台的日常工作。Bob则是酒店服务员，负责接待客人、办理入住和

退房手续，以及处理客人的需求。

近日酒店引入了Opera系统，他们对新引入的Opera系统感到好奇，但也有点紧张。他们参加了酒店组织的培训课程，学习了Opera系统的基本功能和操作方法。

随着不断学习和实践，Alice渐渐发现了Opera系统的优势。她发现通过Opera系统，她可以轻松管理客房和客人预订，快速查询客房的可用性和价格，同时还可以与其他部门实时沟通，提升了工作效率。她还了解到Opera系统可以生成各种报告，并可以对酒店的预订数据、销售数据和客户数据进行分析，帮助她更好地了解酒店的运营状况，做出更明智的决策。

而Bob则发现Opera系统有助于他提供更出色的客户服务。通过该系统，他可以快速查找客人的预订和需求，提前了解客人的特殊要求，并及时响应。他还可以使用Opera系统的客户关系管理功能来跟踪客人的历史记录和偏好，为客人提供个性化的服务，从而与客人建立更好的关系，提高客人的满意度。

任务剖析

4-1

Alice和Bob逐渐发现他们的工作效率提高了，酒店的客户满意度也呈现出明显的提升态势，他们能够更好地协作和沟通，并且加深了对工作的理解，这些都得益于他们对Opera系统的学习和应用。

一、Opera系统的产生背景和发展历程

（一）Opera系统的产生背景

Opera系统由Opera软件公司开发和推广，是全球知名的酒店管理软件解决方案。Opera软件公司成立于1984年，总部位于挪威奥斯陆。起初，Opera软件公司的主要业务是为航运和其他行业提供软件解决方案，后来逐渐专注于酒店业。

Opera系统最早于1990年开发，起初是作为客房管理系统（PMS）推出，用于酒店前台的客房预订、入住、结账等管理功能。随着时间的推移，Opera系统不断发展和完善，逐步添加了更多的模块和功能，如销售与餐饮、会议和宴会、收益管理等，形成了一个全面的酒店管理软件解决方案。

Opera系统在酒店业的应用逐渐扩展，目前已经广泛应用于全球各地的酒店和酒店集团。Opera系统以其稳定性、灵活性和丰富的功能，为酒店提供了全面的管理和运营支持，帮助酒店提高效率、降低成本、提升客户体验。

除了传统的客户端部署方式，Opera系统也在移动化和云服务方面进行了发展，推出了适配移动设备的移动客户端和基于云的解决方案，为酒店提供更便捷和灵活的管理方式。

总的来说，Opera系统经过多年的发展和演进，已经成为酒店业中备受认可的一种

Note

专业管理软件解决方案，并不断推陈出新，以适应酒店业务的变化和新的市场需求。

（二）Opera系统的发展历程

表4-1展示了Opera系统的主要发展历程，从最初的客房管理系统发展到如今的全面的酒店管理软件解决方案，该系统不断演进和完善，适应了酒店业务的变化和市场需求，成为全球酒店业中应用广泛的管理软件之一。

表4-1 Opera系统的主要发展历程

年份	Opera系统的发展情况
1990年	Opera软件公司成立，最初专注于开发软件解决方案，涉及航运和其他行业
1993年	Opera软件公司推出了Opera I，这是其首个酒店管理软件解决方案。Opera I主要用于酒店的前台管理，包括客房预订、入住、结账等功能
1995年	Opera软件公司推出了OperaⅡ，这个版本在原有功能的基础上增加了销售和客户关系管理模块，拓展了软件的应用范围
1999年	Opera软件公司发布了全新的Opera PMS（Property Management System）2.0版本，该版本引入了更多的功能，增强了稳定性，并具备跨平台的能力
2002年	Opera软件公司推出了Opera 5版本，这是一个全面的酒店管理软件解决方案，包括客房管理、餐饮管理、会议和宴会、收益管理等多个模块
2009年	Opera软件公司被Micros Systems（其后来被Oracle收购）收购，成为其酒店业务的一部分
2013年	Opera软件公司发布了全新的Opera 9版本，该版本加强了对移动设备的支持，推出了适配手机和平板电脑的移动客户端
2014年	Opera软件公司发布了基于云的Opera 9.1版本，为酒店提供了更便捷的部署和管理方式
2018年	Oracle宣布将Opera产品线更名为“Oracle Hospitality”，以进一步融入Oracle的整体酒店解决方案组合

二、Opera系统的功能模块

（一）预订管理功能模块

Opera系统的预订管理功能模块用于处理客人的预订信息，包括预订的日期、房型、客人信息等。主要功能包括：创建、修改和取消预订；预订房间和管理房型库存；处理预订的特殊要求和需求；跟踪预订状态和付款信息；生成预订报告和统计数据。

预订管理功能模块使酒店实现了集中管理所有预订信息，包括来电预订、在线预订、团队预订等，提高了预订的准确性和效率。该功能模块还可以与各种在线预订渠道集成，如酒店官网、在线旅行社、第三方平台等，实现在线预订的自动接收和处理。此外，预订管理功能模块可以提供实时房态管理功能，酒店员工可以随时了解各种房型的可用性和预订情况，进行房间分配和调度，提高入住率。

（二）客房管理功能模块

Opera系统的客房管理功能模块用于管理酒店的客房信息和状态，确保客房的整洁和供应。主要功能包括：分配客人到合适的客房；跟踪客房清洁和维护的进度；了解客房的状态和可用性；处理客人的客房服务请求；生成客房使用报告和分析数据。

Opera系统的客房管理功能模块使酒店能够完整记录客人的个人信息、偏好、历史记录等，以便提供个性化的服务和推荐，提升客人满意度和忠诚度。还能够帮助酒店监控客房的清洁和维护情况，合理安排清洁人员的工作任务，提高客房的整洁度和维护效果。此外，酒店还可以使用Opera系统对房间进行配置、维修和装修计划管理，提供良好的客房环境和设施。

（三）前台管理功能模块

Opera系统的前台管理功能模块用于处理客人在酒店前台的入住和退房手续，以及提供其他前台服务。主要功能包括：办理客人的登记和结账手续；发放客房钥匙卡；处理客人的查询和需求；管理前台资源和服务；生成前台业绩报告和统计数据。

Opera系统的前台管理功能模块使酒店员工不仅能够快速办理客人的入住和退房手续，减少客人等待时间，还可以管理房卡的发放和门禁的权限，提供安全的客房进出管理。此外，通过该功能模块，酒店员工可以轻松控制客人的额外消费，如电话、餐饮及其他服务等，加强对费用的管理和对收入的控制。

（四）财务管理功能模块

Opera系统的财务管理功能模块用于处理酒店的财务和会计事务，包括财务报表、财务管理、费用控制等。主要功能包括：管理酒店的收入和支出；生成财务报表和经营指标；处理账务和资金管理；控制费用和成本；进行预算和财务分析。

Opera系统的财务管理功能模块能够自动生成客人的账单，并支持各种支付方式，提高了结账效率和准确性。酒店还可以使用该功能模块管理客人的付款情况，进行收款和应付款的控制。该功能模块可以提供各种财务报表和分析功能，帮助酒店了解财务状况，做出决策和规划。

（五）销售与营销功能模块

Opera系统的销售与营销功能模块用于管理酒店的销售和营销活动，包括市场推广、客户关系管理、销售预测等。主要功能包括：设定销售目标和制订计划；管理销售团队及其业绩；进行市场推广和组织广告活动；跟踪客户需求和调查满意度；分析市场趋势和销售数据。

Opera系统的销售与营销功能模块可以集成各种销售渠道，如在线旅行社、会议销售、企业销售等，加强对销售渠道的管理，提升效率。也可以记录客人的历史购买记录、偏好和需求，提供个性化的服务和推荐，提升客人的满意度和忠诚度。还可以生成各种销售报表和分析数据，使酒店及时了解销售情况和市场趋势，做出决策和战略规划。

（六）餐饮管理功能模块

Opera系统的餐饮管理功能模块用于管理酒店的餐饮服务，包括餐厅预订、菜单管理、库存控制等。主要功能包括：接受餐厅预订和安排座位；管理菜单和食材库存；跟踪客人的餐厅消费；处理特殊的餐饮要求；分析销售数据和餐饮业绩。

Opera系统的餐饮管理功能模块可以帮助酒店管理客人的餐厅预订，包括预订记录、座位安排等，提高餐厅的管理效率；可以帮助酒店轻松管理客人的点单并提供服务，跟踪订单、传递餐点信息，提高餐饮服务的质量和效率；能够生成各种餐饮销售报表和分析数据，帮助酒店了解餐饮销售情况，制定销售策略和优化运营。

以上是Opera系统中的一些主要功能模块，每个功能模块都具有相应的操作界面和使用方法，通常该系统会提供直观、易操作的用户界面，通过菜单、按钮、表单等元素来实现各种操作。用户可以根据自己的需要和权限，在该系统中执行相应的功能操作，并根据该系统生成的报表和分析数据制定管理决策。

三、Opera系统的技术特点

Opera系统具备可配置性、数据集成性、可扩展性、安全性、稳定性、监控性、移动化等技术特点，能够帮助酒店提高管理效率、优化业务流程，提供更完善的服务和用户体验。

（一）可配置性

Opera系统拥有丰富的配置选项，管理员可以根据酒店的需求进行个性化设置。管理员可以自定义房型、价格策略、服务项目，以及系统的权限和工作流程等，灵活应对不同酒店的经营模式和特殊需求。例如，酒店可以选择是否启用在线预订、预订报表生成和分析等功能，并根据需要进行参数设置。

（二）数据集成性

Opera系统支持多个模块（如房间预订模块、会议和宴会模块、客户管理模块等）之间的数据集成。不同模块之间可以实现实时数据同步和共享，避免数据重复录入和数据冲突，提高操作的效率和数据的准确性。例如，将Opera系统与CRM系统进行数据集成，就可以实现与客人数据的互通和共享。值得注意的是，具体的集成能力可能受到不同版本和配置的影响。酒店可以根据自身的需求和系统配置情况，选择相应的数据集成方案，并与供应商进行具体的技术对接和定制。

（三）可扩展性

Opera系统具备良好的可扩展性，可以根据酒店的规模和需求进行灵活的部署。无论是小型独立酒店还是大型酒店集团，都可以根据需求灵活选择模块和功能，以适应不同的业务发展和管理需求。例如，Opera系统可以扩展至移动设备、电视等，提供多种渠道和方式进行操作和管理。

（四）安全性

Opera系统非常注重数据安全和用户隐私保护。该系统采用先进的加密技术，对用户的敏感数据进行加密存储和传输，确保数据的机密性和完整性。此外，该系统还提供灵活的权限管理机制，根据用户角色和权限设置不同的访问级别，确保只有经过授权的人员才能访问和处理敏感数据，保护数据的安全性。例如，Opera系统会记录和监测用户的操作行为，对关键操作和敏感数据进行审计跟踪，即使该系统正在发生安全事件，也能够追踪和追溯事件，保证安全问题的快速响应和处理。

（五）稳定性

Opera系统经过多年的实践和优化，具有很高的稳定性和可靠性。该系统采用了多种容错机制和故障恢复机制，如数据备份、冗余服务器等，确保即使在出现意外的情况下也能稳定运行。例如，Opera系统实行多台服务器和数据库的部署，确保在单点故障发生时系统可以继续正常运行。

（六）监控性

Opera系统提供丰富的监控功能，用于实时监测酒店的运营情况。例如，管理员可以通过监控面板查看重要指标、统计报告和预警信息，及时发现问题并进行相应的调整和决策。

（七）移动化

Opera系统支持移动设备的应用。例如，Opera系统提供了适配手机和平板电脑的移动客户端，用户可以通过移动设备随时随地查看和处理相关业务，不再受限于固定的工作场所和设备。

四、Opera系统的应用领域

Opera系统在酒店服务业的应用领域广泛，适用于中高端酒店、度假型酒店、连锁酒店、客栈等不同类型和规模的酒店。该系统可以根据酒店的特点和具体需求提供定制化的解决方案，帮助酒店提高管理效率、服务质量和客人满意度。

（一）在中高端酒店中的应用

Opera系统在中高端酒店中广泛应用。该系统能够通过软件提供全面的酒店管理解决方案，包含预订管理、客房管理、财务管理、销售与营销等方面的功能。通过Opera系统，中高端酒店可以更好地运营酒店，提升服务质量，提高客人满意度和品牌价值。

（二）在度假型酒店中的应用

Opera系统也适用于度假型酒店。除了基本的酒店管理功能，该系统还提供了度假活动管理、康体健身管理、娱乐设施管理等特色功能，帮助度假型酒店提供全面的度假体验和服务。

（三）在连锁酒店中的应用

Opera系统支持集中管理和分布式部署，可以统一管理多个分店的业务数据和运营情况，为连锁酒店提供全局视角的管理和控制。

（四）在客栈中的应用

Opera系统适用于中小型客栈的管理。该系统具有灵活性和可扩展性，可以根据客栈的特点和需求进行定制和配置。客栈可以通过Opera系统实现客房管理、客户服务、前台操作等功能，提升管理效率和客户体验。

五、使用Opera系统的酒店的成功案例

（一）万豪国际酒店集团

作为全球最大的酒店集团之一，万豪国际酒店集团在全球范围内广泛采用Opera系统进行酒店管理和运营。Opera系统帮助万豪国际酒店集团实现了酒店业务的集中管理、预订管理的自动化以及客户关系的维护，提高了酒店管理的效率和客户满意度。

（二）香格里拉酒店集团

香格里拉酒店集团是亚洲知名的豪华酒店集团，也是Opera系统的长期合作伙伴。通过Opera系统，香格里拉酒店集团实现了对旗下酒店的统一管理和运营，提高了预订效率，优化了入住流程，并提供了个性化的客户服务，取得了较好的业务成果。

（三）希尔顿酒店集团

“希尔顿”是全球知名的酒店品牌，希尔顿酒店集团在旗下遍布全球的酒店内广泛使用Opera系统进行酒店管理和服务。Opera系统帮助希尔顿酒店集团提高了酒店运营的效率和员工工作的协同性，提供了更好的客户体验和个性化的服务，对酒店业绩和品牌价值的提升产生了积极的影响。

（四）美居酒店

作为中国领先的在线旅游平台，美居酒店利用Opera系统进行酒店管理和预订服务。通过Opera系统，美居酒店实现了线上、线下酒店预订的无缝对接，对订单管理的自动化和客户服务等方面进行了优化，提升了酒店的服务质量和市场竞争力。

这些酒店的成功案例表明，Opera系统在实际应用中取得了显著的效果。该系统帮助酒店提升了业务流程的自动化和管理效率，优化了预订流程和入住体验，提供了个性化的客户服务，进而提升了酒店的业绩和客户满意度。通过Opera系统，酒店能够更好地进行房务管理、客户关系管理和销售运营，实现对业务的集中管理和综合控制。

六、Opera系统的不足之处

Opera系统作为一款使用广泛的酒店管理系统，尽管功能强大，但也存在一些不足

之处。

（一）高昂的成本

Opera系统高昂的成本对于中小型酒店来说可能不太可承受。Opera系统的高昂成本主要体现在以下几个方面。

1. 软件许可证费用

要想获得Opera系统的软件许可证，需要支付一定费用。Opera系统作为一款企业级酒店管理系统，其价格往往比较昂贵，尤其是对于大型酒店集团或连锁酒店来说。

2. 学习培训费用

Opera系统较为复杂，新用户在使用前需要进行系统学习和培训。酒店管理人员和员工可能需要参加官方提供的培训课程，或参与由酒店聘请的专业培训师所组织的培训。这些培训费用需要酒店额外支付，并且可能会因培训深度和培训人数的不同而有所差异。

3. 定制开发费用

在特定情况下，酒店可能需要对Opera系统进行定制开发，以满足其特定需求。定制开发可能涉及系统功能扩展、界面调整、报表定制等。这些定制开发费用需要酒店额外支付，并且可能随着需求的复杂程度的提升而增加。

4. 硬件设备投资

要部署Opera系统，通常需要进行一些硬件设备方面的投资，如服务器、工作站、网络设备等。特别是对于大型酒店来说，可能需要投入更多的硬件设备来支持该系统的稳定运行。

5. 运维和支持费用

购买Opera系统后，酒店还需要支付该系统的运维和技术支持费用。这些费用包括系统维护、版本升级、故障排除等。酒店可以选择与该系统的供应商签订维护合同或购买技术支持服务，费用根据合同约定而定。

需要注意的是，以上主要列出的是一般情况下的成本因素，根据酒店的规模、需求以及供应商的定价策略的不同，具体成本可能有所不同。

（二）复杂的学习曲线

Opera系统是一款功能强大且复杂的系统，新用户在使用时可能需要花费一定的时间并需要接受相应的培训，以熟悉该系统的不同模块和工作流程。这对于酒店员工来说，可能会增加学习和适应的难度。

1. 系统模块多样

Opera系统是一款功能丰富的酒店管理系统，包含多个模块，其主要功能模块如预订管理功能模块、客房管理功能模块、前台管理功能模块、财务管理功能模块、销售与营销管理功能模块等。该系统的每个模块都有相应的功能和工作流程，用户需要掌握

各个模块的使用方法。

2. 操作流程复杂

用户需要掌握Opera系统的各种操作流程和功能,以便更好地操作该系统。例如,酒店前台人员需要处理预订、入住、退房、结算等一系列操作,而财务人员需要处理报表、账务等相关工作。该系统操作流程和步骤繁多,需要用户进行反复学习和实践。

3. 多层次的配置选项

Opera系统提供了许多可配置的选项和设置,以满足不同酒店的特定需求。但这也意味着用户需要花费一些时间来了解并适应不同的配置选项,以确保该系统按照酒店的要求进行配置。

4. 多样的权限设置

在Opera系统中,不同用户可能有不同的权限和访问级别。例如,前台人员只能访问和操作客房管理功能模块,财务人员可以访问财务管理功能模块。这就需要用户学习并理解该系统的权限设置和访问控制机制。

5. 版本升级和功能改进

Opera系统会定期推出新的版本和功能改进。这意味着用户需要及时了解和学习新的功能,以便更好地利用该系统的最新特性。

对于新用户而言,Opera系统的学习曲线可能较陡峭,需要花费一定的时间,通过接受相应的培训来熟悉该系统的各个方面。然而,一旦用户掌握了该系统的基本操作和工作流程,熟悉了该系统的各个模块,就能更顺畅、高效地使用Opera系统。

(三)缺乏灵活性

虽然Opera系统提供了一系列功能模块来满足酒店运营的需求,但该系统的定制能力相对较弱。Opera系统在灵活性方面的局限主要体现在以下几个方面。

1. 定制开发存在难度

对Opera系统进行定制开发存在一定的难度。对于一些特定的需求和定制化功能,可能需要结合Opera系统的官方技术支持团队的帮助来进行定制化开发。这意味着对于一些酒店来说,想要针对自身特殊需求进行深度定制,就需要付出额外的时间和经费投入。

2. 界面定制的限制

Opera系统的界面定制能力有限,用户无法自行进行大规模的界面调整和风格定制。通常,用户只能对一些基本的界面元素进行调整。这意味着有些酒店可能无法在Opera系统中实现与其品牌形象高度一致的界面风格。

3. 模块集成的限制

Opera系统的模块集成能力相对较弱。虽然Opera系统提供了一些常用的酒店管理功能模块(如预订管理功能模块、客房管理功能模块等),但对于一些满足特定需求

的模块，如餐饮管理模块、会议活动管理模块等，可能需要用户另外寻找或开发第三方模块进行集成。

4. 数据导入、导出的限制

Opera系统在数据导入和导出方面的灵活性有限。用户可能需要按照该系统的特定格式进行数据导入，或者使用特定的报表格式导出数据。这可能对一些用户来说不够灵活，特别是在需要与其他系统进行数据交互的情况下。

需要注意的是，Opera系统作为一款成熟的酒店管理系统，仍然具备相对高的灵活性和可定制化程度，能够满足大部分酒店的管理需求。但鉴于不同酒店的特殊需求具有一定的差异，该系统在某些特定方面的灵活性可能会受到一些限制。对于一些有着特定需求的酒店来说，可能需要深入了解该系统的灵活性和定制开发能力，进行适当的评估和选择。

（四）技术支持问题

用户在使用Opera系统的过程中，可能会遇到技术问题或需要进行定制开发。对于一些特定的需求或问题，需要与Opera系统的开发者或官方技术支持团队进行沟通和协商。Opera系统在技术支持方面存在一些问题，主要体现在以下几个方面。

1. 响应时间较长

用户在遇到问题时，需联系Opera系统的官方技术支持团队进行咨询和解决。但有些时候，由于官方技术支持团队的工作量负荷较大或存在时差等，用户可能需要等待较长的时间才能得到回应。

2. 术语难以理解

Opera系统作为一款复杂的酒店管理系统，包含许多专业术语和操作概念。用户在与官方技术支持人员交流时，可能会遇到不明白术语或者对概念的认知不够清晰的情况，导致交流困难，从而延长解决问题所需要的时间。

3. 文档和教程不完善

Opera系统提供了一些官方文档和教程，以帮助用户理解该系统的使用方法和解决一些常见问题。然而，这些文档和教程可能不够详尽和全面，缺乏对细节的深入解释，导致用户在解决问题时无法找到准确的方法。

4. 远程支持困难

Opera系统的官方技术支持人员通常通过远程的方式为用户提供帮助。然而，对于某一些问题，如硬件故障或复杂的配置调整等，可能需要官方技术支持人员到现场进行解决。这可能会给一些处于较为偏远位置或地理位置特殊的酒店带来困难。

针对上述问题，用户可以尝试以下解决方案：

① 提前预计和规划。针对在Opera系统使用中可能出现的问题，提前预计和规划，并留出足够的时间来等待官方技术支持团队的回应。

② 尽可能详细地描述问题并提供相关信息。在与官方技术支持人员交流时，尽量提供详细的问题描述和相关信息，以便他们能够更快地理解和解决问题。

③ 自助寻找答案。在遇到问题时，可以先尝试在Opera系统的官方文档、教程或用户论坛中寻找相关问题的解答，也许能够找到解决方案。

5. 寻找当地的技术支持团队

对于一些对Opera系统依赖较高的酒店，可以考虑寻找或培养一些当地的技术支持团队，这样可以缩短响应时间并提高解决问题的效率。

需要注意的是，每个系统都存在一些技术支持方面的问题，所以，在技术支持方面存在问题并不意味着Opera系统的技术支持不够优秀。

（五）兼容性问题

Opera系统还可能在与一些系统（如预订渠道、财务系统等）的集成方面存在兼容性问题。Opera系统在兼容性方面存在的问题，主要体现在以下几个方面。

1. 硬件兼容性

Opera系统对于硬件的兼容性有一定限制。例如，某些较老的硬件设备或特殊的硬件设备可能无法与Opera系统进行有效的集成，导致无法正常使用功能或性能受到限制。

2. 操作系统兼容性

Opera系统对于不同操作系统的兼容性也有一定的限制。Opera系统目前官方提供了对Windows和部分Linux操作系统的支持，而未被列入的其他一些操作系统可能无法很好地与Opera系统兼容。用户在选择操作系统时，需要考虑该操作系统的兼容性和稳定性。

3. 第三方软件兼容性

Opera系统需要与第三方软件，如财务软件、门锁系统、点餐系统等，进行集成和数据交换。但是，不同第三方软件的架构和数据格式可能不同，因此在集成过程中可能会遇到一定的兼容性问题。这可能需要进行额外的开发工作或借助第三方集成软件来解决。

4. 数据库兼容性

Opera系统通常基于特定的数据库来运行，如Oracle、Microsoft SQL Server等。因此，如果用户选择的数据库与Opera系统的要求不一致，可能会导致兼容性问题。用户在部署Opera系统时，需要确保选择的数据库版本与该系统的要求一致。

5. 浏览器兼容性

对于Opera系统的Web客户端，一般支持主流的浏览器，如Chrome，Firefox等。但是，由于浏览器的不同版本和不同的设置，可能会导致一些兼容性问题。在使用

Web客户端时，建议使用Opera系统官方建议的浏览器版本，以获得最佳的兼容性和性能。

需要注意的是，尽管Opera系统存在一些不足之处，但它仍然是市场上的一款非常成熟和使用广泛的酒店管理系统。

七、Opera系统未来的发展趋势和研发方向

（一）智能化和自动化

随着人工智能技术的迅猛发展，Opera系统将更加注重智能化和自动化的应用。该系统将通过机器学习、自然语言处理等技术，实现更智能的预订管理、客房分配和服务管理，提高管理效率并提供更个性化的用户体验。

（二）数据分析和预测

Opera系统将进一步加强对酒店数据的分析和预测能力。通过对大数据的挖掘和分析，该系统将帮助酒店更好地了解客人需求、优化运营决策，并提供具有针对性的市场营销策略。

（三）移动端和云端应用

随着移动互联网的普及和云计算的发展，Opera系统将更加注重移动端和云端应用的改进。用户将能够通过移动设备随时随地查看和管理酒店业务，而云端技术将为用户提供更高效和可靠的系统服务。

（四）集成和合作

Opera系统将进一步加强与其他酒店管理系统和第三方服务提供商的集成和合作。通过与其他系统的无缝对接，Opera系统可以更好地实现资源共享、信息交流和业务协同，提供更全面的解决方案。

（五）用户体验优化

Opera系统将持续改进用户界面和交互体验，以提高用户的满意度和操作效率。该系统将注重设计简洁、操作简单、符合用户习惯、更直观和便捷的操作方式。

总之，Opera系统未来将借助新技术的发展，实现更智能化、个性化和用户友好的功能，并提供更好的数据分析和决策支持，不断提升酒店管理和运营的效率和品质。同时，该系统还将加强与其他系统和第三方服务提供商的集成，为酒店提供更全面的解决方案。

任务二　国内酒店管理系统——华住集团酒店管理系统

华住集团酒店管理系统的国外市场表现

华住集团酒店管理系统作为中国领先的酒店管理解决方案之一，已经开始进军国外市场，逐渐在一些国家和地区取得了一定的市场份额。

华住集团酒店管理系统目前在亚洲市场上表现出色。对于东南亚地区的一些国家，如马来西亚、印度尼西亚、泰国等，华住集团已经与一些当地酒店集团建立了合作关系，并将华住集团酒店管理系统成功运用在他们的酒店运营中。通过提供先进的管理工具和系统支持，华住集团酒店管理系统帮助这些酒店提升了运营效率和客户满意度。

华住集团酒店管理系统在欧洲市场上的发展也取得了一定的进展。例如，在英国、法国、德国等国家，一些酒店集团已经开始采用华住集团酒店管理系统实现酒店的数字化转型。通过该系统提供的智能化、个性化的服务，这些酒店改善了客户体验，并获得了更多的市场竞争优势。

非洲市场是华住集团酒店管理系统发展势头较好的、较为新兴的市场之一。该系统在埃及、南非、尼日利亚等非洲国家的一些酒店集团中得到了应用。华住集团酒店管理系统通过提供全面、先进的酒店管理解决方案，为非洲酒店业的发展提供了有力支持。

任务剖析

4-2

一、华住集团酒店管理系统的产生背景和发展历程

华住集团酒店管理系统，是华住集团为了提高酒店运营效率、优化客户服务体验以及支持业务增长而开发的一套全面的酒店管理系统。

华住集团的前身是汉庭酒店，成立于2005年，总部位于上海。汉庭酒店是中国连锁酒店品牌领导者，以中低价位的酒店为主，以提供干净、舒适的住宿环境和优质的客户服务为宗旨。发展初期，汉庭酒店的运营主要依靠传统的人工管理模式，但随着酒店数量的不断增加以及业务的扩展，相关管理者意识到一个高效、智能的酒店管理系统对于酒店的运营至关重要。

2005年，汉庭酒店开始研发自己的酒店管理系统，旨在提高酒店的运营效率、优化客户服务体验以及支持业务增长。这个酒店管理系统的首个版本实现了基本的房间预订和订单管理功能，为酒店的日常运营提供了基本的支持，并取得了一定的成功。

然而，随着汉庭酒店的快速发展和扩张，其管理者逐渐意识到需要一个更完善、更智能的酒店管理系统来支持其业务增长。于是，自2008年起，汉庭酒店集团开始加大对酒店管理系统的改进和升级力度。他们引进了先进的计算机网络、云计算和数据库管理技术，以提高该系统的性能和稳定性。

在接下来的几年中，汉庭酒店集团持续改进其酒店管理系统，增加了许多新的模块和功能。例如，会员管理模块可以帮助酒店跟踪客户的个人信息和偏好，提供个性化的服务；收银模块可以实现订单的自动化处理，确保订单信息的准确性和一致性；报表和数据分析模块可以提供实时的数据分析和报告，帮助管理者了解酒店的财务状况和经营情况。这些模块和功能的添加使得汉庭酒店集团可以更全面、更准确地了解酒店的运营状况，并且能够根据实时数据做出更具针对性的决策。

随着信息技术的快速发展，汉庭酒店集团开始探索人工智能和大数据在酒店管理中的应用。2012年，汉庭酒店集团正式更名为"华住酒店集团"。从2013年起，华住集团酒店管理系统引入了智能化的功能和工具，如自动化客服机器人、智能推荐服务、语音识别等。这些智能化的应用工具使得客户可以更便捷地完成酒店预订、入住、退房等流程，同时也帮助酒店提高服务质量和运营效率。

到了2020年，华住集团成为中国领先的酒店集团，一直致力于推动数字化运营，将数字技术和酒店管理相结合，为客户提供更便捷、个性化的服务。他们加强了与第三方平台(如携程、美团等)的对接，实现了酒店信息和订单的实时同步，大大简化了客户的预订流程。同时，他们还引入了大数据和云计算技术进行数据分析和预测，以帮助酒店做出更准确的运营决策和提供更符合客户需求的服务。

华住集团酒店管理系统的发展历程紧密跟随着华住集团的扩张和发展步调，其在不同发展时期的具体发展情况如表4-2所示。从最初的基础功能到更高级的智能化应用，华住集团通过持续的创新和改进来提升其酒店管理系统的性能和功能。这个系统为华住集团提供了一个可靠、高效且智能化的管理工具，帮助他们管理着遍布全国各地的众多酒店，提高运营效率，提供卓越的客户服务，并取得了显著的成就。

表4-2 华住集团酒店管理系统的发展历程

发展时期	华住集团酒店管理系统发展情况
初期阶段(2005—2008年)	实现了基本的房间预订和订单管理功能。这个简化的系统能够帮助酒店管理者更有效地处理酒店预订和订单，提高工作效率和准确性
功能完善阶段(2008—2013年)	对其酒店管理系统进行改进和升级。引进了先进的计算机网络、云计算和数据库管理技术，以提高该系统的性能和稳定性
	增加了许多新的模块和功能，如会员管理模块、收银模块、报表和数据分析模块等，使得华住集团可以更全面、更准确地了解酒店的运营情况，并且能够根据实时数据做出更具针对性的决策
智能化应用阶段(2013年至今)	开始探索人工智能和大数据在酒店管理中的应用。引入了智能化的功能和工具，如自动化客房分配、智能推荐服务、语音识别等。这些智能化的应用和工具使得客户能够更便捷地完成酒店预订、入住和退房等流程，同时也帮助酒店提高客户服务质量和运营效率

续表

发展时期	华住集团酒店管理系统发展情况
数字化运营阶段（2020年至今）	致力于推动数字化运营，将数字技术和酒店管理相结合，为客户提供更便捷、个性化的服务
	加强了与第三方平台（如携程、美团等）的对接，实现了酒店信息和订单的实时同步，大大简化了客户的预订流程
	引入了大数据和云计算技术进行数据分析和预测，以帮助酒店做出更准确的运营决策和提供更符合客户需求的服务

二、华住集团酒店管理系统的功能

华住集团酒店管理系统包括获客系统、运营系统和管理系统，这三个部分分别具有不同的功能和目标。

（一）获客系统

获客系统是指通过各种渠道和手段吸引客户并促使其预订酒店的系统。获客系统的目标是提高品牌知名度、吸引潜在客户并增加预订量。获客系统具体包括在线预订平台、市场推广、会员系统。

1. 在线预订平台

（1）酒店搜索和筛选。

在线预订平台提供了全国范围内的酒店搜索功能，用户可以根据目的地、日期和预算等条件来查找合适的酒店，并根据需求筛选酒店的位置、价格、评分、设施等。

（2）房型选择。

通过在线预订平台，用户可以浏览并选择适合自己的房型。该平台提供了房型详情、照片和设施介绍，帮助用户做出更明智的选择。

（3）预订管理。

用户可以在个人账户中查看和管理已经预订的酒店订单。在预订确认后，用户也可以在此处取消或修改订单。

（4）支付方式。

在线预订平台支持多种支付方式，包括微信、支付宝、银行卡等。用户可以根据自己的需求选择最方便的支付方式进行付款。

（5）优惠活动。

在线预订平台经常推出各种优惠活动，如特价房、折扣、礼品卡等，用户可以通过参加这些活动享受更优惠的价格。

（6）客户服务。

在线预订平台提供24小时在线客服支持，用户可以通过与客服进行在线聊天，或者通过拨打电话、发送电子邮件等方式与客服取得联系，以获取帮助。

通过华住集团酒店管理系统的在线预订平台，用户可以轻松、便捷地预订华住集

团旗下的各个品牌酒店，享受优质的入住体验。该平台因其广泛的酒店选择、可靠的支付系统和卓越的客户服务而受到用户的欢迎。

2. 市场推广

市场推广是指将酒店的产品和服务宣传推广给潜在客户，以提高酒店的预订量和知名度。

(1)在线预订渠道管理。

华住集团酒店管理系统通常能够集成多个在线预订渠道，如酒店自己的网站、在线旅行社网站、社交媒体平台等。酒店通过集中管理和更新房价，结合具有可用性的信息，推出促销信息，从而更好地推销客房及相关服务。

(2)促销和优惠管理。

华住集团酒店管理系统可以帮助酒店创建、管理和跟踪促销活动，如折扣码、套餐优惠、积分兑换等。

(3)数据分析和报告。

华住集团酒店管理系统可以生成各种报告，包括预订来源、预订量、客户转化率等方面的报告，帮助酒店了解哪些市场推广活动效果最好，并做出相应的调整和优化。

3. 会员系统

会员系统提供会员注册和管理功能，吸引客户加入会员计划并享受专属优惠和服务。

(1)会员注册与管理。

会员系统提供会员注册功能，用户可以在官方网站、官方App上进行注册进而成为会员，或在酒店前台登记相关信息从而成为会员。会员信息包括个人基本信息、联系方式、入住偏好等。会员系统还提供会员信息的管理功能，包括修改、更新和验证会员信息。

(2)会员级别体系与积分体系。

会员系统采用层级化的会员级别体系，会员可以通过提升自己的入住频率、消费金额等进行级别晋升，从而享受更高级别的会员待遇和福利。同时，会员系统有积分体系，会员可以通过入住、消费或参与特定活动来获得积分，积分可以兑换酒店服务、礼品，或升级会员级别。

(3)个性化服务。

会员系统通过记录会员的入住偏好、特殊需求和历史消费记录，为会员提供个性化的服务。例如，会员可以通过会员系统选择房间位置、床型、房间设施等，并享受优先入住、快速办理和免费升级等特权。

(4)会员优惠与活动。

会员系统通过电子邮件、短信等形式，向会员定期发送优惠和促销活动的信息。会员可以享受独家折扣、促销套餐、生日礼遇等福利，并优先获得限量产品或活动的参与资格。

(5)会员互动与反馈。

会员系统提供会员在线社区或论坛,允许会员之间互相交流、分享经验并提供反馈。华住集团酒店管理系统也会通过定期调查、满意度调查和问题反馈系统等,向会员征求意见和建议,以提升服务质量和客户满意度。

(6)会员数据分析。

会员系统通过统计和分析会员数据,提供数据报表和分析工具,帮助酒店管理层更好地了解会员群体、会员消费习惯和市场趋势,并制定相应的营销和推广策略。

会员系统为酒店提供了完善的会员管理、会员服务和会员营销功能,旨在通过个性化服务和独特的会员福利,增加会员的忠诚度,提高复购率,并与会员建立长期稳定的关系。

(二)运营系统

运营系统用于管理酒店的日常运营活动,确保客户服务和酒店管理的高效、顺畅。

1. 客房管理系统

华住集团酒店管理系统的运营系统中的客房管理系统是用来管理酒店客房的一套功能模块。

(1)房态管理。

房态管理可以实时跟踪和管理酒店所有客房的状态,如客房处于空房状态,或预订状态,或占用状态,或维修状态等。客房管理系统通过界面直观呈现客房的状态,帮助酒店管理人员快速了解客房的使用情况。

(2)预订管理。

预订管理包括接受预订、查询预订信息、修改预订和取消预订等。酒店前台可以根据客人的需求,进行预订房间的安排,并保持实时更新预订信息。

(3)入住管理。

入住管理可以帮助酒店前台完成入住登记、办理入住手续、分配房间等操作。通过客房管理系统,酒店前台可以快速准确地查找客人的预订信息,并为其分配合适的客房。

(4)维修管理。

客房管理系统可以记录客房的维修情况,并生成维修工单。酒店维修人员可以及时接收维修工单,并快速响应和处理客房的问题,以保证客人的入住体验质量。

(5)房价管理。

客房管理系统允许酒店管理人员灵活设定房间的价格,根据不同的日期、房型和客人的需求进行定价。该系统可以帮助酒店实时掌握市场行情,并自动调整房价以提高入住率和收益。

(6)结算管理。

客房管理系统可以帮助酒店进行客房的结算管理。酒店前台可以根据客人的入住情况,自动生成账单,并提供多种支付方式以方便客人结算。

(7)报表统计。

客房管理系统可以生成各种报表,如入住率报表、房间收入报表、房费分析报表等,帮助酒店管理人员了解酒店的运营情况并进行分析。

客房管理系统通过集中管理客房的预订、入住、维修等操作,提升了酒店的运营效率和客人的入住体验。

2. 餐饮管理系统

餐饮管理系统是一个用来管理酒店餐饮业务的功能模块,涵盖了餐厅桌台管理、菜单管理、点餐服务、订单管理等功能。

(1)餐厅桌台管理。

餐饮管理系统可以实时跟踪和管理餐厅内所有桌台的使用情况。通过餐饮管理系统界面,餐厅管理人员可以管理桌台的预订、占用、清理等状态,以便合理安排客人就餐。

(2)菜单管理。

餐饮管理系统提供了菜单管理功能,餐厅管理人员可以轻松编辑、更新和维护菜单。该系统可以支持多种菜式的分类、描述和价格设置,以及定期进行菜单更新,以满足客人多样化的需求。

(3)点餐服务。

餐饮管理系统可以提供在线点餐服务。客人可以通过手机下载酒店的App或者扫描桌上的二维码,直接浏览菜单并下单。该系统可以实时向厨房推送订单,并支持菜品的增减修改,以满足客人个性化的订餐需求。

(4)订单管理。

餐饮管理系统可以帮助酒店管理人员实时跟踪和管理客人的点餐订单。在客人下单后,该系统将自动生成订单,并显示订单详情、支付状态等。酒店前台可以根据订单信息,合理安排餐厅的座位和服务,以保证客人的用餐体验。

(5)结账管理。

餐饮管理系统支持酒店进行客人用餐的结账管理。系统可以根据客人的点餐信息,自动生成账单,并提供多种支付方式,如现金、信用卡等,以便客人结账。

(6)报表统计。

餐饮管理系统可以生成各种报表,如营业额报表、菜品销售报表、服务员业绩报表等。这些报表帮助酒店管理人员了解餐厅的运营情况,进行数据分析和决策。

餐饮管理系统可以使酒店实现餐厅业务的规范化、高效化,提供个性化服务,提升客人的用餐体验和满意度。

3. 前台管理系统

前台管理系统是用来管理酒店前台业务的功能模块,处理客户入住、离店、支付等前台服务事务,主要涵盖了客户服务、订单管理、入住管理、结账管理以及报表统计等功能。

(1)客户服务。

前台管理系统可以帮助酒店前台人员提供高效的客户服务,包括客户咨询、预订处理、入住登记、房间分配等。该系统可以记录客户信息,包括个人资料、联系方式、入住偏好等,以便提供个性化的服务。

(2)订单管理。

前台管理系统可以实时跟踪和管理客户的订单信息,包括接受预订、查询订单、修改订单、取消订单等操作。该系统可以自动生成订单,并与其他模块,如客房管理系统、餐饮管理系统等,进行数据同步,以保持订单信息的一致性。

(3)入住管理。

前台管理系统可以帮助酒店前台完成客人的入住登记和手续办理,包括验证身份、核实预订信息、分配房间等操作。该系统可以提供实时的房间状态信息,以便快速响应客人需求,保证顺畅的入住体验。

(4)结账管理。

前台管理系统可以帮助酒店前台进行客人的结账管理,包括生成账单、计算房费、管理押金、处理付款等操作。该系统可以支持不同支付方式,如现金、信用卡、支付宝等,以满足不同客人的支付需求。

(5)报表统计。

前台管理系统可以生成各种报表,如入住报表、收款报表、退房报表等。这些报表提供了对酒店前台业务的统计分析,以及对酒店运营情况的监控和评估。

通过前台管理系统,酒店前台人员可以提供高效、便捷的服务,确保客人的预订和入住过程顺利进行。并且可以帮助酒店实现对前台业务的有效管理和监控,提升酒店运营的效率和服务质量。

4. 调度和分配系统

调度和分配系统是用来管理酒店资源调度和任务分配的功能模块。该系统能够帮助酒店实现对人力、物力、财力等资源的合理调度和分配,确保各个部门和岗位之间的协同运作,以提高工作效率和资源利用率。

(1)人员调度。

调度和分配系统可以帮助酒店管理人员合理安排员工的工作时间,进行任务分配。通过该系统,酒店管理人员可以查看员工的工作时间表,了解员工的可用性和工作能力,将任务分配给最合适的人员,提高工作效率和质量。

(2)设备资源调度。

调度和分配系统可以帮助酒店管理人员合理安排设备的使用和调度。通过该系统,酒店管理人员可以实时了解设备的可用性和使用情况,根据需求进行调度。该系统可以帮助酒店管理人员预约和分配设备使用时间,避免资源的浪费和使用冲突。

(3)房间分配。

调度和分配系统可以帮助酒店前台人员合理分配客房。通过该系统,酒店前台人员可以查看房间的可用性和预订情况,根据客人的需求和偏好进行房间分配。该系统

可以根据客人的要求和预订信息，推荐最适合的房间，提升客人满意度。

(4)物料分配。

调度和分配系统可以帮助酒店管理人员合理分配和使用物料。通过该系统，酒店管理人员可以查看物料的库存情况和需求，根据需求进行分配。该系统可以自动跟踪物料的使用和补充情况，提高物料的利用效率，减少浪费。

(5)财务资源分配。

调度和分配系统可以帮助酒店管理人员合理分配财务资源。通过该系统，酒店管理人员可以进行预算管理和成本控制，根据业务需求进行财务资源的分配，确保酒店运营的经济效益和盈利能力。

通过调度和分配系统，酒店能够更好地管理和调度人力、物力、财力等资源，提高资源的利用效率和工作效率，以满足客人需求并保持良好的运营状态。

（三）管理系统

管理系统更多关注酒店集团的总部或总部团队的管理需求，包括数据分析和报表系统、绩效管理系统、成本控制系统以及营销策略和品牌管理系统。

1. 数据分析和报表系统

数据分析和报表系统是为酒店提供数据分析和报表生成的功能模块。该系统通过对酒店的各项业务数据进行分析和汇总，帮助酒店管理人员全面了解酒店运营情况，为决策提供有效的依据。

(1)数据收集。

数据分析和报表系统可以自动收集和汇总酒店各项业务数据，如客房预订数据、入住登记数据、订单数据、财务数据等，通过与其他模块的数据交互，实现数据的实时更新和同步。

(2)数据分析。

数据分析和报表系统能够进行多维度的数据分析，帮助酒店管理人员深入了解酒店运营的各个方面。该系统可以根据需求分析客房入住率、平均房价、收益情况等，识别业务发展的优势和劣势，为酒店制定策略和优化运营提供参考。

(3)报表生成。

数据分析和报表系统可以根据酒店管理人员的需求，自动生成各类报表，包括入住报表、收入报表、财务报表、客户反馈报表等。可以根据时间周期、业务类型等对报表进行筛选和分类，方便酒店管理人员进行详细的数据分析和对比。

(4)数据可视化。

数据分析和报表系统可以通过图表、表格等方式对数据进行可视化展示。通过图表和图形，酒店管理人员可以更直观地了解和分析数据趋势、变化等。该系统有助于酒店管理人员更快速地找到问题和机会，以便及时做出决策。

(5)预测分析。

数据分析和报表系统可以利用历史数据和趋势，进行预测和分析。该系统通过建立模型和算法，预测未来客房入住率、销售额等指标，为酒店管理人员提供决策参考，

有助于制定合适的销售策略和进行价格调整。

通过管理系统的数据分析和报表系统，酒店管理人员可以全面了解酒店运营情况，深入分析和预测关键业务指标，提高运营的效益和质量。同时，通过数据的可视化展示和报表的生成，酒店能更便捷地进行数据的沟通和分享，促进团队协作和决策的制定。

2. 绩效管理系统

绩效管理系统是帮助酒店管理人员评估和管理员工绩效的功能模块，跟踪和管理员工的绩效，包括与员工相关的工作目标设定、考核、奖励等。通过该系统，酒店管理人员可以对员工的表现进行跟踪、评估和反馈，以提高员工的工作效率和质量。

(1)目标设定。

绩效管理系统可以帮助酒店管理人员设定员工的工作目标和绩效指标，根据酒店的业务需求和个人职责，制定明确的工作任务和绩效要求。目标设定可以包括工作量、质量、服务水平、销售目标等方面。

(2)绩效评估。

绩效管理系统可以根据设定的绩效指标，对员工的工作表现进行评估。酒店可以通过该系统的评估模块，记录和评估员工的工作成果、工作能力、工作态度等方面的表现。评估结果可以是定性的描述，也可以是定量的得分。

(3)绩效反馈。

绩效管理系统可以帮助酒店管理人员及时给予员工针对性的绩效反馈，并在评估完毕后，生成员工的绩效报告，提供评价和建议。酒店管理人员可以利用报告中的数据和信息，与员工进行绩效沟通和反馈，指导员工改进工作表现。

(4)奖惩管理。

绩效管理系统可以辅助酒店管理人员进行奖惩管理。结合员工的绩效评估结果，根据设定的规则和标准，该系统可以自动生成奖励或惩罚措施。例如，对于员工的奖金、晋升机会、培训机会等，可以根据员工的绩效成绩来决策。

(5)绩效分析。

绩效管理系统可以对员工绩效数据进行统计、分析，提供汇总和分析报告。通过统计、分析绩效数据，酒店管理人员可以了解员工整体的绩效状况，识别绩效优秀的员工群体和需要改进的员工群体，为绩效管理提供定性和定量的依据。

通过绩效管理系统，酒店可以有效监控、管理、优化员工绩效，增强员工的工作动力，激励员工发展，并通过奖惩机制激发员工的积极性。同时，通过绩效分析，酒店管理人员可以及时发现问题，并有针对性地进行培训、调整和改进，提高酒店整体运营的绩效和效益。

3. 成本控制系统

成本控制系统是帮助酒店管理、控制、优化成本的功能模块。酒店管理人员可以通过该系统，监控和管理酒店的各项成本，降低费用，提高盈利能力。

(1)成本预算。

成本控制系统可以帮助酒店进行成本预算。该系统可以结合酒店的经营情况、预期收入和费用,帮助酒店制定合理的成本预算,并根据不同部门、项目和时间段进行分配和管理。

(2)成本核算。

成本控制系统可以对酒店的各项费用进行核算。通过与其他系统模块进行数据交互,该系统可以自动汇总和计算各项成本数据,如人工成本、采购成本、维护保养成本等。同时,该系统也可以辅助酒店管理人员手工录入和调整费用数据。

(3)成本分析。

成本控制系统可以对酒店的成本数据进行分析。通过成本分析功能,该系统可以分析不同部门、不同项目和不同时间段的成本状况。酒店管理人员可以了解各项成本的分布情况,找出成本过高或超出预算的问题所在,并对成本进行优化和管理。

(4)成本比较。

成本控制系统可以进行酒店成本的比较分析。通过与行业平均水平或其他酒店的成本数据进行对比,酒店管理人员可以了解自家酒店在成本方面的优劣势,找出可以改进的空间。同时,酒店管理人员还可以对比不同供应商、不同产品或不同方案的成本,以选择更经济和合理的方式。

(5)成本节约。

成本控制系统可以帮助酒店实施成本节约措施。根据成本分析的结果,酒店管理人员可以确定成本高昂的部门或项目,并制定相应的降低成本的方案。该系统还可以提供有关成本节约的建议和措施,方便酒店管理人员参考和执行。

通过成本控制系统,酒店可以实时监控和管理成本,及时发现和解决成本过高的问题,提高酒店的效益和竞争力。同时,该系统的数据分析和比较功能,还可以帮助酒店在采购、供应链管理等方面找到更优的成本控制方法,从而降低费用,提升酒店的盈利能力。

4. 营销策略和品牌管理系统

营销策略和品牌管理系统负责制定和实施酒店集团的营销策略、品牌定位和宣传活动。

(1)客户管理。

营销策略和品牌管理系统可以建立客户档案,记录客户的基本信息、消费习惯、偏好等,并对客户进行分类和分析。酒店管理人员可以利用该系统有针对性地向不同的客户群体开展营销活动,提升客户的满意度和忠诚度。

(2)市场研究。

营销策略和品牌管理系统可以收集、整合和分析市场相关数据,如竞争对手的动态、客户需求的变化等。酒店管理人员可以通过分析市场情况,及时调整和制定相应的营销策略,提升酒店的竞争优势。

(3)营销活动。

营销策略和品牌管理系统可以综合酒店资源、目标市场、竞争对手等因素,制订具

有针对性的营销活动计划。酒店管理人员可以通过该系统,管理和监控活动的执行情况,并对活动效果进行评估和分析。

(4)品牌管理。

营销策略和品牌管理系统可以维护和管理酒店的品牌形象、标识、口碑等。酒店管理人员可以通过该系统追踪和管理酒店在不同渠道和平台上的品牌表现,从而提高品牌的一致性和市场认可度。

(5)市场推广。

营销策略和品牌管理系统可以辅助酒店管理人员进行市场推广。酒店管理人员可以通过该系统制定营销策略,管理营销渠道,如利用在线预订平台、社交媒体进行推广等。酒店管理人员还可以通过该系统分析推广效果,调整和优化营销策略,提升市场覆盖率和销售效果。

通过营销策略和品牌管理系统,酒店管理人员可以更好地制定和实施营销策略,提高市场竞争力;也可以管理和维护酒店品牌形象,塑造良好的品牌口碑,提升品牌认知度。营销策略和品牌管理系统的数据分析和管理功能,可以为酒店管理人员提供科学的决策依据和参考,提升酒店的营销效果和品牌价值。

三、华住集团酒店管理系统的优势

(一)全面集成

华住集团酒店管理系统可以集成酒店的各个业务模块,如预订管理模块、前台接待模块、客户关系管理模块、财务管理模块等。这样,酒店管理人员可以在一个系统中完成多个任务,提高工作效率。

(二)实时数据

华住集团酒店管理系统可以提供酒店的实时数据,包括客房入住情况、预订状况、营业收入等。这样,酒店管理人员可以及时了解酒店的经营状况,做出相应的决策。

(三)灵活定制

华住集团酒店管理系统可以根据酒店的特殊需求进行定制。无论是房间类型、价格策略,还是特殊服务,都可以在该系统中进行设定和调整。

(四)多渠道管理

华住集团酒店管理系统支持多渠道的销售和管理。酒店可以通过不同的渠道进行销售,如在线预订平台、分销渠道等。该系统可以集中管理这些渠道的预订和销售情况,提升销售效果。

(五)数据分析

华住集团酒店管理系统具备强大的数据分析功能。该系统可以对酒店的经营数据进行分析,进而发现业务瓶颈、市场机会、客户需求等,帮助酒店管理人员优化经营

策略和提升盈利能力。

（六）灵活生成报表

华住集团酒店管理系统可以根据酒店的需求生成各种报表。无论是财务报表、业务指标报表，还是市场分析报告，都可以通过该系统自动生成，便于酒店管理人员进行分析和决策。

通过这些优势，华住集团酒店管理系统可以帮助酒店提高工作效率、优化经营管理、提升客户满意度和盈利能力。同时，该系统具有定制性和灵活性，因此也能满足不同规模的酒店以及其他有着特殊需求的酒店的管理要求。

四、华住集团酒店管理系统的发展趋势

（一）优化用户体验

目前的华住集团酒店管理系统在操作界面、交互设计等方面还有改进空间。一些功能的操作可能不够直观和简洁，使用起来存在一定的学习成本。在用户体验方面进行改进，可以帮助酒店管理人员更加高效地使用该系统。

（二）提升功能定制的灵活性

尽管华住集团酒店管理系统可以进行定制，但可能还存在一些在特定场景下无法满足的需求及某些功能设置不够灵活的问题。一些酒店可能对特定的业务需求有更高的定制要求，可能需要进行定制化开发，或者与其他系统进行集成。

（三）保障数据安全

酒店管理系统的数据安全性非常重要。华住集团酒店管理系统需要确保数据的安全性、完整性和隐私保护，对于可能产生的数据泄露和数据恢复问题进行充分的考虑和预防。

（四）完善技术支持和提升故障解决能力

系统的稳定性和故障处理，以及技术支持的及时响应和问题解决能力，这些也是华住集团酒店管理系统需要关注的问题。若系统发生故障，会对酒店运营产生较大的影响，因此，应不断完善技术支持，提升故障解决能力。

（五）提升适应性和拓展性

酒店业处在不断发展变化中，新的业务模式和业务需求会不断出现。因此，华住集团酒店管理系统应不断适应新的业务模式和业务需求，并根据酒店的扩张和发展进行拓展，以提供更多的功能和服务。

华住集团酒店管理系统在用户体验、功能定制的灵活性、数据的安全保障、故障解决和技术支持、适应性和拓展性等方面仍存在一定的不足。不过，随着技术的不断发

展和用户需求的不断变化，华住集团酒店管理系统也会不停地进行完善，相信这些问题会逐渐得到解决，该系统会为酒店提供更好的管理支持。

项目小结

本项目介绍了酒店服务业与旅游娱乐服务业的重要内容，并着重讨论酒店业的分类、酒店产品的构成及特性、现代酒店集团、旅游需求与行为、旅游供给与产品、旅游市场与营销等内容。主要目的是让大家对接待服务业有一个整体的认识和了解。

项目训练

一、知识训练

1. Opera系统有哪些功能模块？

2. 简述Opera系统的技术特点。

3. 简述Opera系统的应用领域。

4. 华住集团酒店管理系统分为哪几个部分，每个部分包括哪些功能模块？

二、能力训练

1. 以小组的形式进行调研：选取所在城市的某一类酒店，调查这类酒店所采用的酒店管理系统的品牌，通过设计并分发调查问卷来了解酒店对于酒店管理系统的使用感受，并形成小组报告。

2. 请独立思考酒店管理系统未来的发展趋势，并列出这些发展趋势对酒店管理的影响。

项目五
传统旅游接待业

项目描述

传统的旅游接待业是由长期以来各个通过提供核心旅游产品来满足旅游者旅游需求的旅游企业所构成的集合。因此,传统旅游业态主要被认定为为旅游者提供直接服务的企业或其他组织,包括旅游景区、主题公园、旅行社等。随着“休闲时代”的到来,在闲暇时间,追求愉悦过程的休闲及旅游活动和以获得心理愉悦为目的的休闲及旅游活动的需求量在不断增多,旅游者对休闲及旅游活动中接待服务质量的要求也越来越高。

项目目标

知识目标

(1)了解闲暇活动的中外发展历程,熟悉闲暇活动的概念。

(2)熟悉传统旅游接待业的范畴,了解传统旅游接待业的标杆。

(3)熟悉旅游景区的概念及类型,掌握旅游景区接待服务的主要内容。

(4)熟悉主题公园的概念及类型,掌握主题公园接待服务的主要内容。

(5)熟悉旅行社的概念及构成,掌握旅行社接待服务的主要职能,以及旅行社接待服务与管理的主要内容。

能力目标

(1)能够根据不同类型的传统旅游接待业提供对应的接待服务。

(2)能够熟练运用接待服务的知识解决接待服务中的实际问题。

素质目标

(1)培养积极的人生观和价值追求。

(2)树立正确的职业道德观念。

知识框架

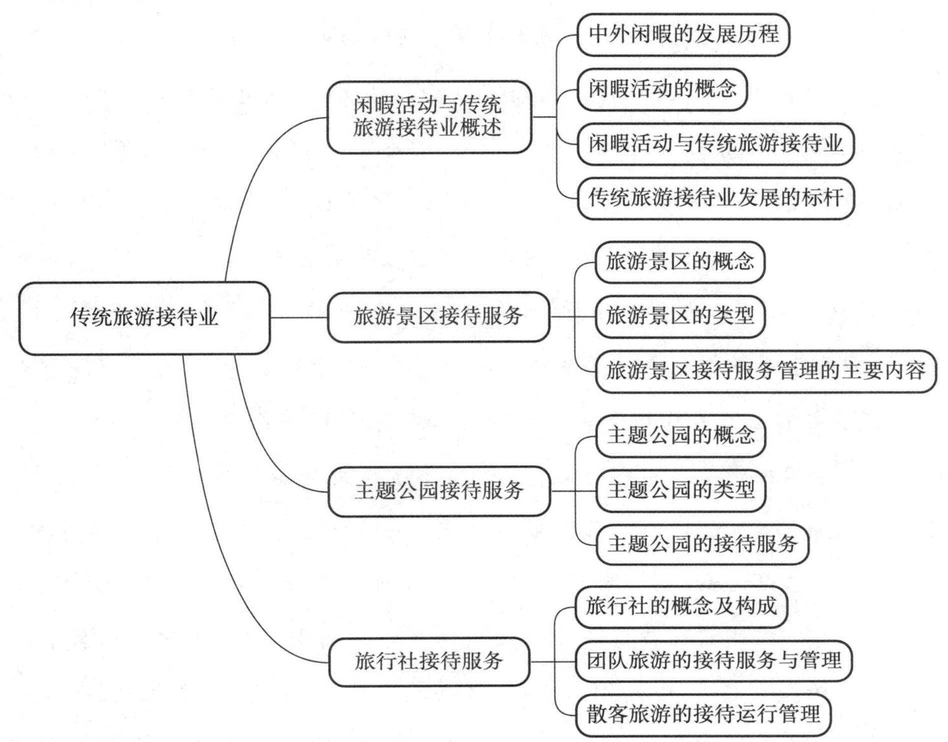

教学重点

(1)旅游景区的概念及其接待服务。

(2)主题公园的概念及其接待服务。

(3)旅行社的构成及其接待服务。

教学难点

(1)旅游景区的接待服务。

(2)主题公园的接待服务。

(3)旅行社的接待服务。

项目引入

国家级旅游休闲街区:大唐不夜城步行街

早在1999年,西方学者通过研究进行了预测:在2015年左右,世界发达国家将进入“休闲时代”,休闲产业将成为发达国家的主导产业。随着我国虚

拟经济和实体经济的快速发展,"休闲时代"也无疑成为我国社会发展的新趋势、新动向、新焦点。中国即将步入大众的"休闲时代",休闲消费占国民消费的比例也将不断上升,旅游休闲也将成为国民生活的新亮点。

大唐不夜城步行街被评定为国家级旅游休闲街区,总占地面积为65万平方米,全长2100米,街区整体以唐文化为主线,构建了"一轴、两市、三核、四区、五内街"的总体布局。东西云集文化艺术展区,设置唐食坊、大唐游艺区、文创店铺以及购物广场等,为旅游者提供文旅消费体验。

该街区从2010年开始建设,开元广场以及"万国来朝"等主题雕塑逐步落位,中央景观雕塑大道贯通全线。2018年底,气势恢宏的"盛唐天街"——大唐不夜城街区正式惊艳亮相。2019年春节期间,随着短视频平台上的相关宣传,大唐不夜城街区享誉全国乃至世界。无数外地游客前来打卡留念,街区上人流如织,街区被网友形容为"一眼千年,梦回大唐""流光溢彩,香车宝辇"。除了唐风唐韵,拥有自己的IP形象,大唐不夜城街区还开发了极具特色的文创产品,用文化内涵赋予产品新的生命,"遇见长安"系列定制盲盒、"不倒翁小姐姐"定制手办等深受旅游者喜爱。与此同时,该街区创新性地打造了"大唐制造"街面商业体系,涵盖了唐食荟萃、百艺文创、沉浸式演艺、综合商业等多种休闲业态,引进潮牌餐饮、智能商店、造物市集、主题文创等品牌。大悦城等大型商业综合体汇聚于此,威斯汀酒店、温德姆酒店等高品质酒店相继进驻,入选国家级非物质文化遗产保护单位的同盛祥饭庄及德发长、春发生、西安饭庄等老字号餐饮扎堆,还有以陕西大剧院、西安音乐厅、西安美术馆、新华书店为代表的文化场馆,以及西安曲江艺术博物馆、中国西安皮影博物馆等10余家博物馆坐落于街区,常年开展艺术展览、剧目表演、新书发布、文化体验等丰富的休闲娱乐活动,营造了浓郁的文艺氛围。2023年6月以来,大唐不夜城步行街的日均客流量为30万人次,春节期间高达50万人次,助推了西安文旅业的发展,使大唐不夜城步行街成为全国各地争相模仿的休闲街区。

(资料来源:《获评国家级旅游休闲街区:大唐不夜城步行街区究竟魅力何在》,http://qjxq.xa.gov.cn/zwgk/jcxxgk/gqxx/6401a48ef8fd1c4c2145c538.html,2023年3月3日。)

任务一 闲暇活动与传统旅游接待业概述

任务引入

闲暇活动与幸福快乐

随着后工业化社会的不断发展，人们的生活变得更具压力，而个人发展的整体性需要也变得日益重要。人们的生活水平在不断提高，同时，学习和工作的压力也在不断增加。闲暇活动可以促进一种有利的生活环境的创立，这种生活环境有利于人们养成积极、乐观的性格。闲暇娱乐使人们获得生活乐趣，形成基于共同欢乐体验的长久关系，这一闲暇娱乐活动过程被称为生活的纽带，也促进了个人的成长。

可以将闲暇活动的内涵理解为积极的生活态度和生活方式，一般来说，我们在参与闲暇活动后，会感受到幸福。同时我们也要认识到：快乐不能作为个人的最终目标，对于一个人来说，如果只是“我想要快乐，因此我去参加闲暇活动”，显然是不够的。林语堂在《生活的艺术》中提出：要享受悠闲的生活只要一种艺术家的性情，在一种全然悠闲的情绪中，去消遣一个闲暇无事的下午。纳撒尼尔·霍桑(Nathaniel Hawthorne)曾写道：在这个世界上，幸福总是不期而遇的。倘若你把幸福当作目标来追求，那将是一场白费心思的追逐，永远不会成功。而当你在追求别的目标时，很有可能抓住连做梦也没有想到的幸福。

任务剖析

5-1

一、中外闲暇的发展历程

（一）国外闲暇的发展历程

国外对闲暇的研究最早可追溯到古希腊。随着时间的流逝和社会的发展，时至今日，闲暇及闲暇活动的内容虽然发生了很大的变化，但其在人类生命历程中的重要作用和意义却没有发生较大的改变。在古希腊，闲暇被视为一种高贵的生活方式，是追求智慧、美德和幸福的重要途径。随着社会生产力水平的不断提高，社会劳动分工越来越细，公共娱乐活动、竞技活动的数量不断增加，相应出现了“闲暇道德体系”——聪明地利用自由时间就是生活的目的。亚里士多德在自己的著作中系统地论述了什么是快乐、幸福、闲暇和安宁的生活，他认为唯独在闲暇中才有幸福可言，恰当地利用闲暇是一生做自由人的基础。亚里士多德等哲学家对闲暇进行了深入的探讨，他们认为

闲暇是人生的精华，只有在闲暇中，人们才能真正地思考、学习和创造。因此，闲暇在古希腊文化中占据了重要的地位，成为社会精英阶层的特权和标志。

中世纪时期，在基督教的引导下，社会出现了强烈的禁欲主义倾向，因此，在这段时期里"老百姓只能过着本分、简朴的生活，并试图通过劳动来摆脱'罪的蛊惑'"，而"属于上等阶层的地主、神父们却沉溺于娱乐消遣和轻浮的嬉戏之中"。但到了文艺复兴时期，与教会以前所持的态度截然相反，教皇二世和马丁·路德以及当时许多著名的思想家都认识到闲暇娱乐的好处，承认闲暇是一种精神休息，有益于获得身心的和谐。这种阶层差异使得闲暇成为一种社会不平等的象征。

18世纪至19世纪，尽管这一时期生产力水平有了很大的提升，但是由于资本家对利润的无限追求，迫使工人延长劳动时间，工人每天的劳动时间长达15—17小时，而且还没有假期，因此，这一时期的闲暇仍是少部分人的特权。但当时的许多有识之士都充分认识到闲暇对个体发展的重要意义。19世纪，斯宾塞把"享受闲暇生活"视为人的基本需要。

20世纪的机械工业社会，为人们获得更多的闲暇时间提供了物质生活保障，并且日益觉悟的劳动者经过不懈的斗争，加速了缩短工作时间的全球化进程，广大的劳动者开始拥有真正意义上的闲暇时间。

综上所述，西方国家闲暇的发展历程是一个不断丰富和发展的过程。从古希腊时期的高贵生活方式到现代社会的文化创造和精神追求，闲暇在人类生命中扮演着越来越重要的角色。

（二）中国闲暇的发展历程

中国是一个有着5000多年悠久历史文化的大国，在休闲文化方面，有着独特的理解和认知。中国古代先贤对于闲暇的意识及产生的相关思想，至今对人们的闲暇生活仍产生着一定的影响。

1. 古代闲暇思想的雏形

我国古代闲暇思想在公元前11世纪至公元前6世纪已有萌芽。"朝吟风雅颂，暮唱赋比兴，秋看鱼虫乐，春观草木情。"明朝文人如此称颂《诗经》，可见当时闲暇活动在人们的日常生活中占据了重要地位。著名的教育论文《礼记·学记》中提出了"藏""修""息""游"的教育思想，主张把敬德修业和休闲游乐结合起来，这些都说明我国的闲暇思想和闲暇活动在那个时期已初具雏形。

2. 闲暇思想的逐步成熟

魏晋南北朝时期，在"罢黜百家、独尊儒术"的政策和老庄思想的影响下，许多知识分子普遍形成了一种远离政治的心态，过起了自由闲适的田园生活，陶渊明、"竹林七贤"是这个时期极具代表性的人物。陶渊明的《桃花源记》中所描绘的"世外桃源"也成为后代文人名士所向往的理想之地。

唐宋时期，休闲的主体从社会上层阶级扩展到社会各阶层。在唐朝的闲暇时间中，闲暇的方式有射猎、舞剑、歌舞宴会、户外游赏等；而在宋朝，士大夫偏爱室内雅致

的闲暇方式，烧香、点茶、挂画、插花成为生活中的"四般闲事"。闲暇生活成为这个时期人们的一种追求。

明清时期，怡情山水、追求"山水之乐"成了士人生活不可缺少的重要组成部分。清朝张潮在《幽梦影》中有这样的描述："人莫乐于闲，非无所事事之谓也。闲则能读书，闲则能游名胜，闲则能交益友，闲则能饮酒，闲则能著书。天下之乐，孰大于是?"旅游家徐霞客甚至放弃了优越的生活和功名利禄，一生与山水相伴。

3. 近代闲暇思想

五四运动后，我国出现了一批提倡描写闲适生活的小品文的作家，林语堂就是代表作家之一。他认为人是一切事物和活动的中心，人生的目的与真谛在于享受淳朴的生活。社会的动荡并没有抑制人们享受闲暇生活的热情，当时人们对梅兰芳京剧的喜爱程度就足以说明这一点。

中华人民共和国成立初期，人们都忙于重建家园，闲暇时间很少。20世纪80年代后，随着我国改革开放政策的实施，我国的经济逐步得到恢复和发展，这为广大民众享受舒适的闲暇生活提供了良好的物质条件。加之我国从1995年5月1日起实行一周五天工作制，1999年实行春节、劳动节、国庆节"黄金周"制度，2008年实行在春节、清明、劳动节、端午节、国庆节、中秋节等方面的新的休息制度，这意味着我国民众现在的闲暇时间越来越多。

总之，闲暇不仅是个人生活中短暂的休憩时光，更是人类文明进步的一个重要标志。从古代的诗词歌赋，到现代的电影、游戏，闲暇活动的形式与内容随着时代的变迁而不断丰富和深化。而随着科技的不断进步和工作效率的提高，人们将有更多可支配的时间用于追求自己的兴趣爱好和获得精神满足。闲暇活动逐渐成为人们日常生活的重要组成部分，这不仅有助于提升个人生活质量，更对社会的和谐与进步产生着积极的影响。

二、闲暇活动的概念

闲暇活动既包括主动积极的活动，也包括一些被动或静态的活动。其中，主动积极的活动包括各种各样的运动活动形式，不论是团队的还是个人的，如棒球、垒球、足球、篮球、排球、网球、游泳、慢跑、滑雪、骑车、健美操、攀岩、露营等，全部都可以算作主动积极的闲暇活动。被动或静态的闲暇活动包括阅读、钓鱼、听音乐、栽培花木、玩电脑游戏、看电视或看电影等。闲暇活动是社会经济生活与自然资源和生态环境的结合，是我们健康生活和幸福的基础。

闲暇活动是指按照某种特定的方式，花费时间来放松和恢复个人身体及精神状态的活动。闲暇活动可以从三个层面进行解读。其一，在时间层面上，闲暇被描述为除了工作以外的自由时间，或者是个人可自由支配的时间。英国的克里斯·布尔等学者认为休闲时间指的是可以自由支配的时间，即尽完所有应尽义务之后可自由选择和随意支配的时间。其二，在活动层面上，克里斯·布尔等学者认为休闲活动是指从事与日常需求无关，处于职业、家庭和社会义务之外的纯粹出于自愿选择的活动。其三，在态

度层面上，闲暇指的是一个人以闲暇时间为基础所进行的活动，或通过闲暇活动所达到的一种存在状态。综上所述，一般意义上，闲暇活动是指人在完成社会必要劳动之后进行的自由活动，既能解除人身心上的疲劳，使人恢复生理的平衡；又能使人在精神上获得慰藉。

三、闲暇活动与传统旅游接待业

联合国旅游组织推荐的有关旅游统计的国际标准《2008年国际旅游统计建议》中对“旅游”进行了相关界定，认为“游客指出于任何主要目的（出于商务、休闲或其他个人目的，而非在被访问国家或地点受聘于某个居民实体），在持续时间不足一年的期间内，出行到其惯常环境之外某个主要目的地的旅行者。游客的这些出行符合旅游性出行标准。旅游指游客的活动”。

旅游娱乐是指旅游者以追求心理愉悦为过程和目的，在旅游目的地的经营性文化娱乐场所购买和消费旅游娱乐产品或服务的经济文化行为，涉及文学、艺术、娱乐、音乐、体育等诸多领域，能够丰富旅游者的生活，满足旅游者的精神需求。

闲暇活动与旅游娱乐追求愉悦体验、放松身心的目的是一致的，二者在行为上高度重叠。但旅游娱乐着重于活动的参与，倾向于远距离的户外活动；闲暇活动则着重于自娱自乐，倾向于近距离的活动。从范围上讲，闲暇活动的外延大于旅游娱乐的外延。旅游作为闲暇方式的一种，即旅游是闲暇的子集，这是没有什么争议的。将旅游看作休闲活动广谱上的一个区域，这在目前被学术界广泛接受。在社会高度发达的“体验经济时代”，休闲与旅游这一组关联紧密的概念之间的界限日益模糊，相互渗透之势日趋明显。

狭义的旅游业是指由各个提供核心旅游产品，以满足旅游者旅游需求的旅游企业所构成的集合，将行业范围界定于各个景区、景点。因此，传统旅游业态主要被认定为为旅游者提供直接服务的企业或其他组织，包括旅行社、旅游景区、主题公园等。对应的传统旅游产品包括：观光旅游（如自然风光观光旅游、城市风光观光旅游、名胜古迹观光旅游等）及其升级产品；文化旅游（如博物馆旅游、艺术欣赏旅游、民俗旅游、怀旧旅游、祭祖旅游、宗教旅游等）；商务旅游（如一般商务旅游、会议旅游、奖励旅游、大型商业性节事活动等）；度假旅游（如海滨旅游度假、乡村旅游、森林旅游、野营旅游等）；社会旅游等。

《国家旅游及相关产业统计分类（2018）》中，将旅游及相关产业分为9个大类、27个中类、65个小类。其中，旅游业领域的相关统计分类的具体内容如表5-1所示。本书主要阐述以旅游景区、主题公园、博物馆、旅行社为代表的传统旅游业态。

表5-1 旅游业领域的相关统计分类

代码			名称	说明	行业分类代码
大类	中类	小类			
			旅游业	本领域包括11—17大类	
11			**旅游出行**		
	111		旅游铁路运输		
		1111	铁路旅客运输		531
		1112	客运火车站		5331
	112		旅游道路运输		
		1121	城市旅游公共交通服务	仅包括为游客提供的公共电汽车客运、城市轨道交通、出租车客运、摩托车客运、三轮车、人力车客运、公共自行车等服务	541*
		1122	公路旅客运输		542
	113		旅游水上运输		
		1131	水上旅客运输		551
		1132	客运港口		5531
	114		旅游空中运输		
		1141	航空旅客运输		5611
		1142	观光游览航空服务	仅包括公共航空运输以外的空中旅游观光、游览飞行等航空服务	5622
		1143	机场		5631
		1144	空中交通管理		5632
	115		其他旅游出行服务		
		1151	旅客票务代理		5822
		1152	旅游交通设备租赁	仅包括各类轿车、旅游客车、旅行车、活动住房车等旅游用车的租赁，以及旅游船舶、飞行器的租赁	7111* 7115* 7119*
12			**旅游住宿**		
	121		一般旅游住宿服务		
		1211	旅游饭店		6110
		1212	一般旅馆		612
		1213	其他旅游住宿服务	仅包括家庭旅馆(农家旅舍)、车船住宿、露营地、房车场地、旅居全挂车营地等住宿服务	6130* 6140* 6190*
	122	1220	休养旅游住宿服务	仅包括各类休养所为游客提供的住宿服务	8511*

续表

代码			名称	说明	行业分类代码
大类	中类	小类			
13			**旅游餐饮**		
	131	1310	旅游正餐服务	仅包括在一定场所为游客提供以中餐、晚餐为主的餐饮服务	6210*
	132	1320	旅游快餐服务	仅包括在一定场所为游客提供的快捷、便利的就餐服务	6220*
	133	1330	旅游饮料服务	仅包括在一定场所为游客提供的以饮料和冷饮为主的服务，以及茶馆服务、咖啡馆服务、酒吧服务、冰激凌店、冷饮店服务等	623*
	134	1340	旅游小吃服务	仅包括为游客提供的一般饭馆、农家饭馆、流动餐饮、单一小吃、特色餐饮等服务	6291*
	135	1350	旅游餐饮配送服务	仅包括为民航、铁路及旅游机构(团)提供的餐饮配送服务	6241*
14			**旅游游览**		
	141		公园景区游览		
		1411	城市公园管理	各类主题公园、国家公园等管理服务，以及与公园相关的门票服务，文明旅游宣传引导服务，高风险旅游项目风险提示和培训管理，交通疏散体系管理，突发事件、高峰期大客流应对处置和安全预警管理服务等包含在此类	7850
		1412	游览景区管理	各类游览景区的管理服务，以及与游览景区相关的门票服务，文明旅游宣传引导服务，高风险旅游项目风险提示和培训管理，交通疏散体系管理，突发事件、高峰期大客流应对处置和安全预警管理服务等包含在此类	786
		1413	生态旅游游览	仅包括对游客开放的自然保护区，以及动物园、野生动物园、海洋馆、植物园、树木园等管理服务	771*

续表

代码			名称	说明	行业分类代码
大类	中类	小类			
		1414	游乐园		9020
	142		其他旅游游览		
		1421	文物及非物质文化遗产保护	受文物保护的古村镇，以及具有地方民族特色的传统节目展示、手工艺展示、民俗活动展示等包含在此类	8840
		1422	博物馆		8850
		1423	宗教活动场所服务	仅包括寺庙、教堂等宗教场所为游客提供的服务	9542
		1424	烈士陵园、纪念馆	烈士陵园、烈士纪念馆、爱国主义教育基地等为游客提供的服务包含在此类	8860
		1425	旅游会展服务	仅包括为旅游提供的会议、展览、博览等服务	728*
		1426	农业观光休闲旅游	仅包括以蔬果、鲜花等植物的种植和养殖为核心的农业观光休闲旅游服务	0141* 0143* 0149* 015*
15			旅游购物		0412*
	151	1510	旅游出行工具及燃料购物	仅包括为游客购买用于旅游活动的自驾车、摩托车、自驾游用燃料、零配件等提供的零售服务	526*
	152	1520	旅游商品购物	仅包括为游客购买旅游纪念品、老字号纪念品、免税店商品、旅游用品（不含出行工具、燃料等）、旅游食品等提供的零售服务	521* 522* 523* 524*
16			**旅游娱乐**		
	161		旅游文化娱乐		
		1611	文艺表演旅游服务	仅包括与旅游相关的表演艺术（旅游专场剧目表演）和艺术创造等活动	8810*
		1612	表演场所旅游服务	仅包括音乐厅、歌舞剧院、戏剧场等为游客提供的服务	8820*
		1613	旅游室内娱乐服务	仅包括为游客提供的歌舞厅、KTV 歌厅、演艺吧等娱乐服务，以及电子游艺厅娱乐活动、儿童室内游戏、手工制作等娱乐服务	9011* 9012* 9019*

续表

代码			名称	说明	行业分类代码
大类	中类	小类			
		1614	旅游摄影扩印服务	仅包括与旅游相关的摄影、扩印等服务	8060*
	162		旅游健身娱乐		
		1621	体育场馆旅游服务	仅包括可供游客观赏体育赛事的室内、室外体育场所，以及室外天然体育场地的管理服务	892*
		1622	旅游健身服务	仅包括休闲健身场所为游客提供的健身器械、保龄球、台球、棋牌等服务	8930*
	163		旅游休闲娱乐		
		1631	洗浴旅游服务	仅包括为游客提供的洗浴、温泉、桑拿、水疗等服务	8051*
		1632	保健旅游服务	仅包括为游客提供的保健按摩、足疗等服务，以及特色医疗、疗养康复、美容保健等医疗旅游服务	8052* 8053* 8412* 8413* 8414* 8415* 8416*
		1633	其他旅游休闲娱乐服务	仅包括以农林牧渔业、制造业等生产和服务领域为对象的休闲观光旅游活动及公园、海滩和旅游景点内的小型设施服务等	9030* 9090*
17			**旅游综合服务**		
	171	1710	旅行社及相关服务		7291
	172		其他旅游综合服务		
		1721	旅游活动策划服务	仅包括与旅游相关的活动策划、演出策划、体育赛事策划等服务	7297* 7298* 7299*
		1722	旅游电子平台服务	仅包括一揽子旅游电子商务平台的运营维护服务	6432* 6434* 6439* 6440* 6450*
		1723	旅游企业管理服务	仅包括旅游饭店、旅游景区、旅行社等单位的管理机构服务，以及与旅游相关的行业管理协会、联合会等行业管理服务	7215* 7219* 722* 9522*

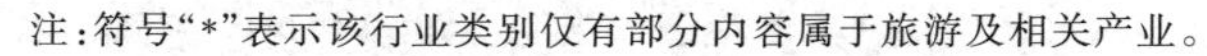
注：符号“*”表示该行业类别仅有部分内容属于旅游及相关产业。

四、传统旅游接待业发展的标杆

（一）旅游景区

玉龙雪山位于云南丽江，是国家级风景名胜区、国家5A级旅游景区、国家地质公园，由甘海子、云杉坪、蓝月谷、冰川公园、牦牛坪等主要景点组成。玉龙雪山是我国西部亚热带极具特色和代表性的高山垂直带自然景观，拥有丰富的旅游资源，是典型的山地旅游目的地。玉龙雪山景区是承载纳西族文化的重要场域。纳西族是丽江的主要少数民族，拥有本民族特有的语言文字，其诗文、乐文、绘画、雕塑等艺术名扬中外。该景区在尊重自然、保护核心区域的理念下进行开发，修建景区内外部交通体系。该景区在内部建成公路、索道缆车、生态游步道等多样、立体、环保的“快行慢游”的旅游交通体系，其中共有三条索道——云杉坪索道、冰川公园大索道、牦牛坪索道，三条索道各有所长，或能观看垂直景观，或能更近距离接触玉龙雪山，感受玉龙雪山高山草甸、雪域和森林气象风光。同时，在政府的支持下，该景区于外部建立交通体系，推进玉龙雪山景区由省级知名景区向国家级乃至世界级的游览胜地转变。该景区不仅依靠原有的风光和人文资源吸引游客，还在景区活动方面持续创新。由中国极具影响力的张艺谋导演等人执导的原生态大型实景演出《印象·丽江》，其演出剧场位于海拔3050米的世界上最高的实景演出场地——玉龙雪山景区甘海子景点，是唯一一部在白天进行的实景演出。

截至2023年11月，玉龙雪山景区旅游从业人员达2500余人，社区群众有800多人在景区就业，户均1人在景区就业，户均增加年收入约4万元。同时，玉龙雪山景区加大对社区集体经济的扶持力度，有力帮扶社区村集体经济，形成了“固定旅游业反哺农业资金收入＋社区集体经济收入分红”的“双轮驱动”模式。

（二）主题公园

迪士尼公司于1955年成立第一家主题乐园，由迪士尼公司的缔造者——华特·迪士尼亲自创办，迪士尼乐园一开园就立刻成为世界上最具知名度和人气的主题公园。华特·迪士尼逝世后，迪士尼公司陆续在奥兰多、巴黎、东京、香港、上海等地建立主题公园，包括奥兰多迪士尼乐园、巴黎迪士尼乐园、东京迪士尼乐园、香港迪士尼乐园、上海迪士尼度假区。迪士尼公司在近半个世纪内快速发展，成为世界第一主题公园集团。迪士尼乐园以IP作为核心竞争力，打造包含游乐场、主题酒店、迪士尼小镇等系列休闲娱乐设施的休闲度假区，兼具游乐、餐饮、购物、休闲度假功能。财务数据显示，“迪士尼”2023年全年收入约888.98亿美元。

2016年6月6日，占地面积1.16平方千米、总投资达340亿元的上海迪士尼度假区正式开园，开园后日均接待游客量达2.7万人次、日均营收达1500万元。到2023年，上海迪士尼度假区接待的游客量已超过1300万人次。作为中国内地首家迪士尼乐园，上海迪士尼度假区的主题品牌影响力大、区位条件优异、投资量大、利润高，是进行游乐型主题公园体验研究的典型案例。上海迪士尼度假区分为米奇大街、奇想花园、梦幻

世界、探险岛、宝藏湾、明日世界、迪士尼·皮克斯玩具总动员七大主题园区，各园区提供独特的游乐设施并开展娱乐演出。例如：宝藏湾主题园区的加勒比海盗项目构建了与杰克船长在海底世界共同历险的场景，通过急速降落搭配惊悚音效，为旅游者提供刺激体验。同时，该园区提供相应主题的娱乐演出，如“风暴来临：杰克船长之惊天特技大冒险”“海盗大人生”“海盗氛围”等。演员们扮演的海盗、水手等在舞台上激烈“厮杀”，以惊人特技上演英勇决斗，为旅游者带来身临其境的感受。除了上述活动，上海迪士尼度假区还提供夜间烟花秀、花车巡游等活动。在餐饮方面，上海迪士尼度假区开设海怪小吃、皇家宴会厅、老藤树食栈、米奇好伙伴美味集市等快餐厅，提供高品质餐饮、窗口快餐、露天餐厅等。在主题商品方面，上海迪士尼度假区开设艾尔玩具店、达布隆集市、M大街购物廊等商店，销售各种纪念品。

（三）博物馆

随着科技的进步和人们对高质量休闲旅游的需求，越来越多的人选择在闲暇时间参观博物馆。博物馆有许多类型，包含艺术类、科学技术类、自然类、历史类、军事类等。文化旅游成为民众休闲的一个重要选项，参观博物馆成为文化旅游的主要内容。2023年，中国6000多家博物馆“五一”假期共接待游客超5000万人次，达历史同期最高水平，一级馆均达到游客接待上限。下面以湖北省博物馆为例进行介绍。

湖北省博物馆始建于1953年。2023年8月，湖北省文物交流信息中心、湖北省工艺美术研究所整体并入湖北省博物馆。该馆是2018年中印元首外交的“国家文化客厅”，是荆楚文化的渊薮殿堂，是中央与地方共建的国家级重点博物馆。截至2023年2月，湖北省博物馆有藏品近40万件（套），有国家一级文物1095件（套），共有“十大镇馆之宝”，如越王勾践剑、曾侯乙编钟、郧县人头骨化石、元青花四爱图梅瓶等。此外，该馆还拥有国家级非物质文化遗产1项，省级非物质文化遗产6项，馆藏曾侯乙编钟入选第五批中国档案文献遗产名录。湖北省博物馆形成了“四馆、三中心、两基地”的布局，总建筑面积达12.5万平方米、展览面积达3.8万平方米，位居全国博物馆前列。为增强沉浸式体验，湖北省博物馆打造线上、线下一体化的数字体验馆。依托数字展的图像化、互动性、沉浸式的特点，借助GIS、VR/AR、互动体验、融合投影等技术，该馆构建了线上虚拟展示平台和线下纯数字展示馆。2023年，该馆共接待观众4672.9万人次。湖北省博物馆先后举办“曾侯乙”等数十个基本陈列，以及“意大利乌菲齐博物馆珍品展”等近200个特展。

（四）旅行社

20世纪20年代，中国的交通运输业以及新式旅馆等开始发展，为人们的出行提供了便利。经济的发展必然促进出于各种目的外出的人群的流动，客观上需要专门的旅行机构为其提供服务，我国近代旅行社行业就是在这样的背景下产生和发展起来的。

1923年8月15日，我国第一家民族旅行社——上海商业储蓄银行旅行部正式成立。1954年7月1日，该旅行社以“香港中国旅行社”为名在香港申请注册，后发展成为香港中旅（集团）有限公司。经过百余年的发展，该集团形成了由旅行服务、旅游投资

和运营、旅游零售、酒店运营、旅游金融、战略创新孵化六大业务组成的产业布局，业务网络遍布中国内地、中国港澳地区，以及海外近30个国家和地区。该集团旗下汇聚了港中旅、国旅、中旅、中免等众多知名旅游品牌，是目前中国最大的旅游央企。截至2023年底，该集团员工人数超过4.3万人，集团总资产超过2000亿元，全资或控股子企业超过600家，每年接待游客量超过8000万人次。

中国旅游集团旅行服务有限公司是该集团的六大二级公司之一，简称"中旅旅行"。旅行服务业务是香港中旅(集团)有限公司的基础业务。中国旅游集团旅行服务有限公司经营入境游、出境游、国内游、定制游、会奖业务、商旅业务、签证及证件业务等，在境内外拥有近3000家经营网点。在证件业务方面，中国旅游集团旅行服务有限公司在25个国家和地区运营中国境外签证中心，市场份额第一；受公安部委托，在中国香港地区独家办理"港澳居民来往内地通行证"和"台湾居民来往大陆通行证"。

此外，香港中旅(集团)有限公司目前正在孵化邮轮和房车等旅游新业态。该集团拥有两艘邮轮："南海之梦"号邮轮运营三亚—西沙航线，"鼓浪屿"号邮轮是国内首艘自主运营的豪华洲际邮轮。在房车业务方面，开辟了川藏线、云南—东南亚出境线等精品房车旅游线路。

任务二 旅游景区接待服务

禁止导游员讲野史，不让"歪解说"破坏文化遗产的庄严

在颐和园仁寿殿的外月台上，南侧和北侧各有一对铜龙凤，可以燃香，铜凤的基座上刻有"天地一家春"的印记。对于这五个字的来历，几乎所有导游都会详略不等地介绍一番。一些导游还会"惟妙惟肖"地讲述一段故事，为这段历史增添几分宫斗剧色彩。"这个印章是咸丰皇帝赐给慈禧的。当年咸丰皇帝趁着慈禧怀孕的时候，从江南找来了春、夏、秋、冬四位美女来陪他，慈禧当时还是贵妃，得知此事伤心不已。看到慈禧哭得梨花带雨，咸丰皇帝很心痛，就赐给慈禧一块印章，上面写着'天地一家春'，意思是不管皇帝身边有谁，慈禧在皇帝心目中永远是最重要的。因此，慈禧老佛爷非常自豪地在这个地方刻上了这个'天地一家春'的印记。"一名导游员绘声绘色地说。然而上述故事纯属虚构。颐和园专职讲解员介绍，"天地一家春"是慈禧太后在圆明园的居所的名称，她以此来纪念和咸丰皇帝的爱情往事，至于"皇帝从江南找来春、夏、秋、冬四位美女作陪"之类的传说，更是没有任何史料依据的。对于导游员或景区讲解员来说，在提供讲解服务时，不时穿插一些传闻、野史，

任务剖析

5-2

无疑可以满足旅游者的好奇心理，从而吸引大量旅游者前来参观。然而对于颐和园这样的人文景点而言，散播大量未经考证的传闻、野史，无形中会让历史应有的严肃和庄重荡然无存，呈现出轻佻的意味，使得具有历史厚重感的景点失去了镜鉴古今的意义。

一、旅游景区的概念

从广义上讲，任何一个可供公众参观、旅游、游览或者开展其他消费活动的场所，都可以称为旅游景区，如一座历史建筑、一所学校、一个自然保护区等。

从狭义上来讲，旅游景区是以旅游体验对象、旅游服务设施、管理和服务人员为主要构成，为开展参观、游览、娱乐、休闲、康体、健身、科学考察、文化教育等各种非惯常环境下的旅游体验活动提供场所和相应服务的有确定范围的独立管理区。

从现实意义上讲，旅游景区是旅游者外出旅游的吸引因素，是旅游目的地重要的具有吸引力的资源。无论旅游业发展得如何，旅游景区都是旅游业的核心要素之一，它不仅是旅游产品的主体部分，也是旅游产业链中的中心环节，还是旅游消费的吸引中心和旅游产业面的辐射中心。旅游景区接待服务体现了旅游景区的服务质量水平，接待服务质量是旅游景区旅游竞争力的重要体现。因此，重视旅游景区接待服务并对其进行有效的管理是旅游景区经营管理活动的重要内容。

二、旅游景区的类型

由于旅游景区在不断演变，旅游景区的分类标准很难统一。本书综合相关著作的分类方法，按照旅游景区资源的属性将旅游景区分为六大类，见表5-2。

表5-2　旅游景区的分类

旅游景区大类	旅游景区类型细分
自然景观	森林公园、地质公园、自然保护区、野生动物园等
人文景观	文博院、寺庙观堂、宗教圣地、古文化遗址、古生物化石、军事遗址、古建筑、名人故居、人文景观、历史村镇、民俗园等
人造景观	主题公园、游乐园、微缩景区、海洋馆、表演中心等
休闲度假区	海滨、湖滨、山地、温泉、滑雪场、高尔夫球场等
工农业旅游区	农业生态园、农家乐、工业生产线、工业生产点等
节事庆典	博览会、交易会、节事、赛事、企业超大型活动、社会活动、宗教仪式等

三、旅游景区接待服务管理的主要内容

旅游景区提供的服务产品具有无形性、复杂性、综合性等特点，其服务内容也不尽相同。不同类型的旅游风景区、旅游度假地既有共性，也有各自的特点。总体而言，旅

游景区接待服务管理的主要内容包括旅游景区咨询服务管理、旅游景区票务服务管理、旅游景区解说服务管理、旅游景区投诉服务管理等。

(一)旅游景区咨询服务管理

旅游景区咨询服务接待主要是指旅游景区服务人员向通过各种渠道了解和咨询旅游景区信息的游客提供咨询服务的全过程。旅游景区咨询服务管理主要有电话咨询服务管理、现场咨询服务管理和智慧咨询服务管理三种方式。

1. 电话咨询服务管理

电话咨询服务管理的流程包括电话接听流程和电话回复流程。

(1)电话接听流程。

在接听电话之前,服务人员需进行一系列的准备活动,如整理工作区域、备齐纸笔工具等,同时确保自己身心状态达到最佳,以更好地应对即将来临的电话咨询。一旦电话铃声响起,服务人员应尽快响应,最好在铃声响两声之后、响第三声之前接听电话。在通话过程中,服务人员应遵循电话礼仪和规定,以礼貌的态度与游客进行沟通。当收集游客信息时,服务人员需根据问题的复杂程度灵活记录,并及时给予合适的反馈。

面对游客的各类问题,服务人员应展现充分的耐心,详细解答并介绍旅游景区的相关信息,保证答复的准确性。如果碰到暂时无法解答的问题,应主动致歉,并留下游客的联系方式,承诺尽快给予回复。通话结束之际,服务人员需根据通话内容做好收尾工作,用标准的电话服务用语向游客表示感谢,并等待游客先挂断电话后再放下听筒,之后还需做好相关的咨询记录。

(2)电话回复流程。

在拨打电话之前,服务人员应当做足准备,对游客可能提出的问题进行全面梳理。若问题比较复杂,服务人员可以将相关信息整理成文档,以便在电话接通后能够迅速、准确地为游客提供反馈。同时,为了确保游客的满意度,服务人员在与游客进行电话沟通时,还需要特别注意避开游客的休息时间。

当电话成功接通时,服务人员首先要以礼貌的态度问候游客,并核实对方是否为此前咨询的人员。在确认游客身份无误之后,服务人员方可进入对话主题,开始解答游客的问题。

在通话过程中,服务人员应保持言简意赅,迅速而清晰地回答游客的咨询。而在通话结束之际,服务人员应当运用标准的电话服务用语,礼貌地结束对话。待游客挂断电话后,服务人员再放下听筒,并记录下此次咨询的相关内容,以便后续查阅和处理。

2. 现场咨询服务管理

现场咨询服务具有咨询内容广泛、游客期望值较高、服务引导性强等特点。现场咨询服务流程包括前期准备、现场咨询、事后总结等环节。

前期准备包括设定游客咨询服务点、做好相关服务人员的培训工作、全面系统地

掌握旅游景区内外部最新的信息、做好服务场所环境卫生等工作。

现场咨询包括密切关注咨询服务点周围游客的潜在需求，主动询问有需要的游客，用心倾听游客的咨询内容，积极与游客进行耐心、周到、细致及准确的沟通直至游客满意，礼貌地与游客道别等内容。

事后总结包括对游客咨询情况进行完整的记录，以及定期、不定期地分析整理游客所有的问询需求和工作建议，并积极上报领导。

3. 智慧咨询服务管理

智慧咨询服务是指旅游景区将多种先进信息技术与智慧旅游公共服务平台相结合的创新服务模式。这种服务模式旨在通过旅游景区App、微信公众号以及电子商务网站等多种线上渠道，为游客提供及时、准确且全面的旅游信息。结合传统的线下咨询服务，智慧咨询服务为游客打造了全方位的旅游体验，从出行游览线路选择、门票购买，到景点产品介绍，再到餐饮、住宿、娱乐休闲、购物等各个环节，都提供了详尽的信息支持，让游客在出行前即可轻松规划旅游行程。

此外，智慧咨询服务管理不仅能够确保咨询平台的稳定运行，还规范了后台工作人员的服务操作，提高了服务质量和效率。通过收集和分析景区咨询服务大数据，智慧咨询服务能够深入挖掘游客的旅游需求，为旅游景区的规划、产品和线路设计以及营销渠道的创新提供有力支持，推动旅游景区向更加智慧化、个性化的方向发展。

（二）旅游景区票务服务管理

旅游景区的门票是游客进入旅游景区的凭证，也是旅游景区给游客留下第一印象的重要窗口，因此，旅游景区票务服务管理至关重要。旅游景区票务服务管理主要分为订票服务管理和现场售票服务管理两个部分。

1. 订票服务管理

随着信息技术的发展，旅游景区的订票方式变得越来越多样。除了传统的旅行社、酒店或商场等代理订票和电话订票，越来越多的游客开始选择互联网订票和手机移动终端订票。通过携程、同程、去哪儿、途牛等旅游电子商务网站进行订票，或者通过手机App随时随地进行订票，这类方式越来越受到游客的欢迎。

一般来说，订票服务流程包括以下几个步骤：首先确定订票日期；然后选择订票类型和数量；接着填写订票人的信息，提交并确认订单；再选择合适的付款方式并完成支付；最后确认订票成功。一旦订票成功，游客可以在规定的时间内到指定的取票地点取票。取票时需要按照要求带上相应的身份证件以及订票凭证。

如果在订票或取票过程中遇到任何问题，游客可以拨打相应的热线电话进行咨询并寻求帮助。这种方式大大简化了订票过程，减少了不必要的麻烦，使得整个过程更加便捷和高效。

2. 现场售票服务管理

现场售票服务一般有传统的人工售票服务和自助式智能售票服务两种类型。

传统的人工售票服务要求售票员严格按照旅游景区售票员职业规范和操作规程

对游客进行售票服务，其具体的售票服务流程包括：问候、欢迎游客，询问购票类型、数量及要求，向游客介绍并解释旅游景区的票价政策和优惠办法，向游客核实购票信息，向游客确认票价和总票款，向游客询问支付方式，基于唱价、唱收、唱付进行收款并找零，售票结束时对游客表示感谢并祝其游玩愉快。

自助式智能售票服务则有自助售取票机、第三方互联网购票平台、微信小程序购票、App扫码购票等多种方式。自助售票方式减少了传统人工售票让游客排队购票的麻烦，大大地方便了游客。旅游景区售票管理者必须时刻监控和保持各种自助式智能售票渠道的畅通，如时刻检查自助售取票机是否正常、保障第三方互联网购票平台畅通运行等，从而为游客快速、顺利购票提供保障。

（三）旅游景区解说服务管理

旅游景区解说服务是旅游景区接待服务的重要组成部分，是影响旅游景区游客旅行游览体验效果的核心要素。旅游景区解说服务通过提供全面、准确的信息和导向，让游客更加深入地了解旅游景区，增强游客对当地文化的认同感和归属感，提升游客旅游体验，传播地域文化，促进旅游业发展。旅游景区解说服务一般分为导游讲解员解说服务和自助式解说服务两大类。

1. 导游讲解员解说服务流程

导游讲解员是连接游客与景区文化的桥梁，他们通过生动有趣的讲解，让游客深入了解景点的历史文化与风土人情。以下详细介绍了景点导游讲解员的现场解说服务流程。

（1）迎接游客并进行介绍。

导游讲解员的首要任务是热情地迎接游客，让他们感受到宾至如归。在迎接过程中，导游讲解员需着装得体，保持微笑，主动与游客打招呼，并进行简短的自我介绍。同时，导游讲解员还需对景点的整体情况进行概述，包括景点的历史背景、主要特色以及游览的注意事项等，让游客对即将开始的游览形成初步认知。

（2）规划讲解路线。

为了确保游客能够充分领略景点的魅力，导游讲解员需要根据景点的实际情况和游客的兴趣，合理规划讲解路线。在规划路线时，导游讲解员需充分考虑景点的空间布局、时间因素以及游客的体力状况，确保游览过程既充实又舒适。

（3）分段详细讲解。

在游览过程中，导游讲解员需要按照规划好的路线，分段对景点进行详细讲解。讲解内容包括景点的历史渊源、文化内涵、建筑风格以及相关的传说等。在讲解过程中，导游讲解员应注重语言的生动性和趣味性，运用形象的比喻、丰富的史实和有趣的故事，吸引游客的注意力，提高他们的兴趣。

（4）解答游客的疑问。

在游览过程中，游客可能会对某些细节或背景知识产生疑问。这时，导游讲解员需要耐心细致地解答游客的疑问，消除他们的疑惑。同时，导游讲解员还可以根据游客的兴趣和需求，主动提供一些额外的信息和建议，以丰富游客的游览体验。

(5) 互动与分享体验。

为了让游客更加深入地参与游览过程，导游讲解员应积极与游客进行互动，这可以通过提问、讨论、游戏等方式实现。同时，导游讲解员还可以鼓励游客分享自己的感受和体验，增加游览的趣味性和互动性。通过互动与分享，游客不仅可以更深入地了解景点，还能增进与其他游客之间的友谊和了解。

(6) 总结并结束讲解。

在游览结束前，导游讲解员需要对整个讲解过程进行总结。总结内容一般包括景点的主要特色、游览的重点以及游客的收获等。通过总结，游客可以更加清晰地回顾整个游览过程，加深对景点的印象和理解。同时，导游讲解员还需要提醒游客注意离开景点的时间和方式，确保他们能够安全有序地离开。

(7) 收集反馈并改进。

最后，导游讲解员需要积极收集游客的反馈意见。这可以通过问卷调查、面对面交流等方式实现。通过收集反馈，导游讲解员可以了解游客对讲解服务的满意度和不足之处，从而有针对性地改进自己的讲解技巧和服务水平。导游讲解员还可以将游客的建议和意见反馈给景区管理部门，为提升景区的服务质量和游客满意度贡献力量。

综上所述，景点导游讲解员的现场解说服务流程是一个系统而细致的过程。通过热情迎接、合理规划路线、分段详细讲解、解答疑问、互动分享、总结回顾以及收集反馈等环节，导游讲解员可以为游客提供一段愉快而充实的游览体验。

2. 自助式解说服务管理

自助式解说是通过书面材料、标准公共信息图形符号、语音等向游客提供静态的、被动的、非人员解说的信息服务。自助式解说形式丰富多样，包括标识牌解说、信息资料解说、视听解说、语音解说等。自助式解说服务管理的重点在于确定需要解说的对象、选择合适的解说形式、展示科学合理的解说内容等方面。随着信息技术的不断进步，语音解说越来越受到游客的欢迎，语音解说主要有录音解说、感应式电子导游、无线接收、微信语音导览等形式。

（四）旅游景区投诉服务管理

旅游景区投诉服务管理是旅游景区接待服务管理的重要内容。旅游景区每天接待的游客量大，接待服务工作又非常复杂，因此，难免会有接待服务不周的地方。投诉服务管理工作做得好或不好，直接关系到游客对旅游景区接待服务质量的总体评价，应将游客的不满和抱怨变成提高旅游景区服务质量、提升竞争力的巨大动力。旅游景区投诉服务管理主要包括重视游客投诉心理、分析游客投诉原因、掌握投诉处理技巧等方面。

1. 重视游客投诉心理

旅游景区在处理游客投诉问题时，要重视游客的投诉心理，游客普遍希望自己能够受人尊重，希望获得心理上的平衡以及与自己的损失相对应的物质补偿。因此，旅

游景区服务人员在面对游客投诉时，应充分把握游客的投诉心理，高度重视游客的投诉事件。首先，要认真倾听游客的投诉，了解事情的经过，明白游客的诉求；其次，要对游客所经历的事情表示同情和尊重，并致以歉意；最后，要对游客所提出的诉求表示理解，承诺旅游景区一定会认真调查涉事人员，妥善解决问题，从而让游客获得心理上的平衡。

2. 分析游客投诉原因

旅游景区接待服务内容广泛，游客投诉的原因可能多种多样，大致可以分为以下三大类。

第一类，针对旅游景区服务人员的服务投诉，包括服务人员的服务态度、精神面貌、服务技能操作等方面。

第二类，针对旅游景区服务产品的投诉，如旅游景区服务产品价格过高、餐饮和住宿条件较差、交通管理混乱等。

第三类，针对旅游景区环境和设施设备方面的投诉，如设施设备配备不全或损坏、旅游景区存在较大安全隐患、旅游景区环境脏乱差、公共厕所不能使用等。

了解游客投诉的原因后，旅游景区服务人员就应该本着真心实意解决游客问题的态度，与游客进行多方面的沟通和交流，充分听取游客的意见和建议，不与游客争辩或推卸责任，积极寻求既令游客满意又维护旅游景区利益的解决办法。

3. 掌握投诉处理技巧

第一，保持冷静，耐心倾听，详细了解投诉内容。面对游客的投诉，首先要保持冷静，避免情绪化反应。应耐心倾听游客的诉求和不满，不打断、不反驳，让游客感受到被尊重和重视。应认真听取游客的投诉内容，了解事情的经过、时间、地点等具体信息。同时，要询问游客的期望和需求，以便更好地解决问题。

第二，分析原因，判断责任，积极主动解决问题。根据收集到的信息，分析投诉产生的原因。判断责任方，明确是景区的管理、服务方面还是其他外部因素导致的投诉。在明确问题原因和责任后，要积极采取措施解决问题。能当场解决的尽量当场解决，不能当场解决的，要向游客说明原因，并承诺会尽快处理。

第三，沟通协商，取得共识，对反馈进行记录，后续改进服务。在处理投诉的过程中，要与游客保持良好的沟通，解释处理过程和结果。若有可能，与游客协商达成共识，避免矛盾进一步升级。将投诉内容和处理过程详细记录，作为改进服务的依据。定期分析投诉数据，针对旅游景区管理和服务中的不足，制定相应的改进措施。

第四，避免类似问题再次发生。针对投诉中暴露出来的问题，要采取切实有效的措施进行整改，防止类似问题再次发生。在为游客解决问题时，也要合理地维护旅游景区的利益，给游客提供的解决方案要力争达到双方共赢的目的。

总之，需要结合实际情况灵活运用旅游景区投诉处理技巧。应对游客投诉时，应保持冷静、认真倾听、积极沟通协商直至解决问题，并结合游客反馈改进服务，不断提升旅游景区的服务质量和游客满意度。

任务三　主题公园接待服务

任务引入

迪士尼乐园服务理念

迪士尼乐园高质量的服务水准有口皆碑，它的服务理念已成为各行各业效仿的榜样。究竟是什么塑造了迪士尼乐园的服务神话？奥秘在于“SCSE”。

迪士尼乐园的服务理念是“SCSE”，即安全（Safe）、礼貌（Civility）、表演（Show）、效率（Efficiency）。其内涵可以理解为，首先要保证客人舒适安全，其次要保证员工彬彬有礼，再次要保证演出充满神奇，最后要在做到以上三点的基础上保证工作效率。

例如，在员工行为规范方面，迪士尼乐园可谓做到了细致入微。它要求员工要热情、真诚、礼貌、周到地为客人服务。在迪士尼乐园里，员工的目光必须与客人的目光处于同一水平线上。如果客人是儿童，员工必须面带微笑地蹲下去把商品递到儿童手里。迪士尼乐园规定在客人游玩的区域是不允许送货的，货物通道全部设在地下，客人绝不会看到运货车进出迪士尼乐园。

任务剖析

5-3

正是由于迪士尼乐园长期坚持“SCSE”服务理念，并承诺在全体员工中有效落实，不断追求将服务做到精细化，才打造了迪士尼乐园优质、高效、细致的服务水准，赢得了客人良好口碑效应和较高的重游率，保障了乐园较高的收益。

一、主题公园的概念

17世纪初，欧洲兴起将绿地广场、花园与设施组合，再配以有着背景音乐、表演和展览活动的娱乐花园，这被视为游乐园的雏形。随着旅游业的发展和消费者需求的不断变化，主题公园作为一种旅游休闲娱乐的形式，越来越受到人们的欢迎，它通常围绕一个或多个主题展开，提供各种娱乐、休闲和旅游体验。作为“体验经济时代”的产物，主题公园以其独特的主题、新颖的景观、丰富的互动和亲子项目，为人们提供了一种全新的、具有情感和互动性的休闲方式。

美国国家游乐园历史协会于1999年在《主题公园、游乐园和景点新闻》（*Theme Park, Amusement Park and Attractions Industry News*）中对“主题公园”进行了定义，这是业界公认的较早的关于“主题公园”的描述。其将“主题公园”定义为游乐园，通常围

绕某个特定的主题，由观赏景点、娱乐表演类项目以及园内建筑组成。主题公园的景点项目包括喷泉、花园、游戏、音乐、舞蹈、舞台，以及一些基本的乘骑项目。本书主要参考2018年国家发改委发布的《关于规范主题公园建设发展的指导意见》中对于“主题公园”的定义，即“主题公园是指以营利为目的兴建的，占地、投资达到一定规模，实行封闭管理，具有一个或多个特定文化旅游主题，为游客有偿提供休闲体验、文化娱乐产品或服务的园区。主要包括：以大型游乐设施为主体的游乐园，大型微缩景观公园，以及提供情景模拟、环境体验为主要内容的各类影视城、动漫城等园区。政府建设的各类公益性的城镇公园、动植物园等不属于主题公园”。

现代主题公园的最大特点是赋予游乐形式某种主题，围绕既定主题来创造游乐的内容与形式。园内所有的建筑色彩、造型、植被、游乐项目等都为主题服务，共同构成游客容易识别的特质和游园的线索。主题公园属于自然资源和人文资源交叉的文化旅游业，是现代旅游业的重要组成部分，同时也是高端服务业不可缺少的一部分。

二、主题公园的类型

可以根据内容、规模、特征等，将主题公园划分为不同类型，见表5-3，其中旅游体验及功能和用途两个分类标准较为实用。

表5-3 主题公园的类型

分类标准	划分类别
旅游体验	游乐型主题公园、观光型主题公园、主题和风情体验型主题公园、情景模拟型主题公园
规模	大型主题公园、中小型主题公园
功能和用途	影视型主题公园、活动参与型主题公园、微缩景观型主题公园、民俗景观和仿古建筑型主题公园、科幻探险型主题公园

（一）游乐型主题公园

让人们最为印象深刻的是游乐型主题公园，又称游乐园，提供刺激的游乐设施和机动游戏，能让游客感到兴奋，刺激，如迪士尼乐园、蒂沃利公园、发现王国等。

（二）观光型主题公园

观光型主题公园将部分景点或特色景观浓缩起来，能让游客在短时间内欣赏到最具特色的景观，如锦绣中华等。

（三）主题和风情体验型主题公园

各种水族馆、野生动植物园都属于主题型主题公园。风情体验型主题公园主要将不同的民族习俗和民族色彩展现在游客眼前。

（四）影视型主题公园

影视型主题公园并不以影视拍摄功能为主，而是以影视拍摄场景、场地、道具、服装、片段等为资源，以影视文化为主题的娱乐公园，如好莱坞环球影城、无锡三国影视城、唐城等。

（五）活动参与型主题公园

活动参与型主题公园以丰富的互动、竞技性和娱乐性，吸引着全世界的游客，如AC米兰主题公园、苏州乐园、深圳华侨城、欢乐谷等。

（六）微缩景观型主题公园

微缩景观型主题公园展现了最早、最常见的造园手法，通过把具有异国风情的建筑、景观缩小到一定比例，让游客感受到不同的文化，如荷兰马德罗丹微缩城、深圳世界之窗等。

三、主题公园的接待服务

（一）对游客的接待服务

当游客到达主题公园的入口时，接待员便会主动上前迎接，并询问游客的需求和目的。然后，接待员会视游客的需求，向游客介绍园区的主要设施、活动以及所需购买的门票等信息。接待员还会根据游客的意愿和需求提供相关建议，进行合适的推荐，如游乐项目、餐饮场所等，并帮助游客规划游玩线路，提供地图、指示牌等导航工具。

（二）门票售卖

当游客对门票进行咨询时，接待员会向其提供详细的票价、优惠政策、购票方式等信息，并根据游客的需求推荐不同的门票种类，如全园通行票、单项门票等。如果游客需要购买门票，接待员会向其详细说明购票流程和支付方式。接着，接待员会出示收款设备，接收游客的支付款项。在确认支付完成后，接待员会将门票提供给游客，并详细说明入园时间、入园通行方式、退票和补票政策等。

（三）安全指导

接待员会向游客说明游玩过程中的安全须知和注意事项，如避免攀爬设施、穿着适宜的衣物等；会及时提供游客所需的安全设备，如头盔、手套等，并告知正确使用方法；会向游客介绍紧急情况下的逃生通道、医疗设施和救护车的位置等。

（四）设施介绍

接待员会根据游客的兴趣和需求，向其介绍园区内的各个设施和游乐项目，包括各个设施的特点、适合游玩的年龄段、安全注意事项，以及各个设施的开放时间、预约方式、排队等候时间等信息。

（五）活动引导

游客会通过园区的宣传和通知了解主题公园的活动安排，同时，还会在游园过程中随时询问接待员具体情况。根据园区内的活动安排，接待员会向游客介绍各项活动的内容和时间，并提供其他问询服务。接待员应鼓励游客参与园区的活动，并提供报名的方式及参加活动的流程和相关信息。接待员会在活动现场提供引导和协助，确保游客能顺利参与活动并享受活动的乐趣。

（六）其他服务

主题公园的服务项目较多，接待员应做到细心和专业，包括向游客介绍主题公园的各个餐饮场所和服务设施，提供餐饮菜单和设施的开放时间等信息，提供如厕、换洗、婴儿喂养、遗失物品寻找等服务指导。

通过以上主题公园园区接待服务流程，接待员可以为游客提供全方位的服务和指导，为游客创造一个舒适、安全、便捷的游玩环境，提升游客的满意度和体验感。同时，主题公园可以提高运营效率，提升服务质量和游客的重游率。

任务四 旅行社接待服务

地陪导游员小慧的出团准备

地陪导游员小慧正在进行出团前的准备。为了第二天行程能够顺利开展，她正在逐一联系团队入住的酒店、餐厅、游览用车、参观景点等。在酒店方面，通过沟通，团队的26间标间已经确认预订，但因为酒店近期入住率较高，已入住客人一般都在13点左右退房，因此酒店希望小慧做好协调，让团队在13点后入住。在餐厅方面，核实了五桌用餐预订，其中有三桌为10人一桌，两桌为11人一桌，餐食包含五荤三素一汤。预计用餐时间分别为12点30和18点。在游览用车方面，经过与旅游汽车公司联系，小慧获得了司机的电话号码并与其进行了联系，确认了汇合地点和时间以及接站时间，小慧细致地确认了旅游车的座位数、车牌号、外观特征以及车上话音设备的状况等。在参观景点方面，小慧在计划参观的景点的官方网站上查询发现，因为有关部门正在对景点的部分景观进行临时性维修，因此部分景观临时封闭，不对外开放。这样一来，小慧便需要对团队的游览线路进行局部调整。小慧还与全陪导游进行了联系，确认了团队的一些接待细节，根据时刻表查询的时间，得知团队抵达本站的时间为11点45分。

小慧在接待中遇到了哪些问题，又应该如何处理呢？

任务剖析

5-4

一、旅行社的概念及构成

（一）旅行社的概念

旅行社是典型的旅游中介服务企业，向旅游者提供旅游产品信息咨询，包括设计、组合、预订等服务。旅行社有效地组织协调了旅游客源地和旅游目的地的旅游接待服务资源，是旅游业的重要组成部分。

（二）旅行社的构成

我国传统的旅行社一般设有六个部门，分别是外联部、计调部、综合业务部、接待部（导游部）、人事部以及财务部。以下对主要部门进行了简单介绍。

1. 外联部

外联部又称市场部、销售部，主要业务是设计和销售旅行社产品。

2. 计调部

计调部全称为计划调度部，主要职责是负责接待服务的计划工作和相关调度工作。

3. 综合业务部

综合业务部是旅行社具有多功能的、带有拓展业务性质的综合部门，同时具有某些职能部门的特征。主要承担散客旅游业务和票务工作，许多旅行社的行包业务也由综合业务部负责。综合业务部是旅行社业务范围最广、服务项目最细的部门。

4. 接待部（导游部）

接待部（导游部）由掌握不同语种的导游人员组成，主要负责具体接待计划的制订与落实，为旅游者（团）提供导游和陪同服务。接待部（导游部）是旅行社的重要部门之一，是与外联部、计调部并列的旅行社三大核心部门之一，直接承担对旅游者（团）的各项具体接待服务。导游作为旅行社重要的接待人员，是影响旅行社整个管理工作成败和事业发展的关键因素。

二、团队旅游的接待服务与管理

（一）行程与需求确认

在接待流程开始之前，旅行社首先需要与团体客户进行深入沟通，明确旅游行程的具体内容，包括游览的景点、活动的安排、行程的天数等。同时，旅行社还需了解客户的特殊需求，如饮食要求、住宿标准、交通工具选择等，确保能够满足客户的个性化需求。

（二）酒店与交通预订

在确认了旅游行程和客户需求后，旅行社需要开始预订酒店和交通工具。在预订

酒店时，旅行社会根据客户的住宿标准和预算，选择合适的酒店，并预留足够的房间。在预订交通工具时，旅行社需要考虑客户的出行时间和人数，确保交通工具的安全、舒适和准时。

（三）接待准备与物资安排

在旅游团队出发前，旅行社需要做好充分的接待准备，包括准备旅游手册、地图、名片等物资，安排导游和司机，确认旅游路线的交通状况和景点的开放时间等。同时，旅行社还需要制定应急预案，以应对可能出现的突发情况。

（四）欢迎仪式与团队接机

当旅游团队抵达目的地时，旅行社的接待人员会热情欢迎旅游团队并引导他们前往指定的接机区域。在接机过程中，接待人员会核对游客的身份信息，确认人数无误后，引领游客上车前往酒店或景点。

（五）行程介绍与注意事项

在前往景点的途中，导游会向游客详细介绍旅游行程的安排、景点的历史背景和文化内涵，以及注意事项和安全提示。同时，导游还会回答游客的提问，解答他们的疑惑，确保游客对行程有充分的了解。

（六）导游服务与景点解说

在游览景点时，导游会提供专业的解说服务，向游客介绍景点的历史、文化和风景特色。导游的解说应生动有趣，能够吸引游客的注意力，让他们对景点有更深刻的认识和了解。同时，导游还需要时刻关注游客的安全，并确保他们在游览过程中的安全。

（七）餐饮与住宿安排

在旅游过程中，餐饮和住宿是游客关注的重点。旅行社需要确保游客能够享受到符合他们要求的餐饮和住宿服务。在餐饮方面，旅行社可以选择当地的特色餐厅或提供符合游客口味的餐饮安排。在住宿方面，旅行社需要确保酒店设施完善、环境舒适，满足游客的住宿需求。

（八）问题解决与离店服务

在旅游过程中，可能会出现一些突发情况。旅行社需要及时处理这些问题，提供有效的解决方案，确保游客的旅行顺利进行。在旅游团队离店时，旅行社还需要提供离店服务，包括协助游客办理退房手续、安排交通工具等，确保游客能够安全、顺利地离开目的地。

三、散客旅游的接待运行管理

散客（零散旅游者的简称）旅游的特点主要有形式灵活、选择性强、自由尺度大。散客旅游的业务主要包括单项委托业务、旅游咨询业务和选择性旅游业务。

（一）单项委托业务

单项委托服务主要指散客来本地旅游的委托、散客赴外地旅游的委托和散客在本地的单项委托三种情况。

（二）旅游咨询业务

1. 电话咨询服务

电话咨询服务是指旅行社工作人员通过电话回答游客关于旅行社产品及其他旅游服务方面的问题，并向其提供购买本旅行社有关产品的建议。

2. 人员咨询服务

人员咨询服务是指旅行社工作人员接待前来旅行社门市柜台进行咨询的游客，回答他们提出的有关旅游方面的问题，向他们介绍本企业的散客旅游产品，提供旅游建议。

（三）选择性旅游业务

选择性旅游也称小包价旅游，由非选择部分和可选择部分构成。其中，接送、住房、早餐等方面的旅游费用由游客在旅游前预付，这些内容是事先预订好的，游客不能按自己的喜好进行选择，全权由旅行社负责安排，属于选择性旅游的非选择部分。而可选择的部分则可以让游客根据自己的喜好自由选择。

1. 选择性旅游的内容

选择性旅游的内容包括导游、风味餐、节目欣赏、参观游览等。游客可根据时间、兴趣和经济情况自由选择自己喜欢的且适合自己的餐饮、节目、游览内容等。

2. 选择性旅游的销售

旅行社应充分了解散客的多样化需求，并据此推出各类定制化的旅游产品。这些产品既包括“半日游”“一日游”“数日游”等包含多项服务的套餐产品，也涵盖单一项目，如特定景点游览、地方美食品尝或文艺表演观赏等专项服务。另外，还可推出融合多种元素的“购物游”等组合型产品。在价格策略上，这类产品应采取“分项定价”方式，每个组成部分均独立计价，确保既反映产品成本，又体现旅行社的合理利润。这些旅游产品可通过旅行社门店进行展示或向合作伙伴推广，供游客自由选择。

3. 选择性旅游的接待

鉴于散客定制旅游具有服务项目多样、覆盖范围广泛、预订时间紧凑等特点，其接待工作相较团体旅游而言更为复杂与细致。因此，旅行社需构建并完善与酒店、餐厅、景点、娱乐场所、交通公司等合作伙伴的采购网络，确保游客所选服务项目能够得到及时有效的执行。同时，旅行社还需定期关注合作方的价格动态、优惠政策、预订与退订规则等信息，以便在保障服务质量的基础上，通过优化成本结构和拓宽采购渠道，实现产品价格的竞争优势，进而提升旅行社的经济收益。

1. 情景描述

王琳在某市著名的5A级旅游景区工作，接到上级任务，下周二将有约300名来自X市的初中生来本景区开展集体研学旅行活动。为了保障下周的接待任务的有效开展，王琳作为景区接待组组长开始提前部署接待工作，进行任务分工并提前做好演练工作。

2. 活动要求

将景区接待服务分为咨询服务、票务服务、解说服务、投诉服务四个部分，并将学生分为对应的四个小组，分组进行情景演练。

3. 活动步骤

(1) 各组讨论研究本组的接待内容和接待流程。

(2) 各组根据接待内容和情景描述的需求，设置接待流程，并进行接待现场的情景演练。

(3) 各组在班级内进行展示。

4. 活动评价

每组展示完后，进行学生自评、小组互评、教师点评。

项目	标准分值	学生自评	小组互评	教师点评
服务流程完整	20分			
服务内容准确	30分			
服务效果良好	30分			
体现团队合作	20分			

项目小结

本项目主要介绍了闲暇活动的中外发展历程，概述了传统旅游接待业的范畴，并针对传统旅游接待业的三个大类——旅游景区、主题公园、旅行社，从概念、类型、接待服务内容等方面进行了详细的介绍。学生通过本项目的学习，能够对传统旅游接待服务形成全面了解和深刻认识，初步具备传统旅游业接待服务能力。

项目训练

一、知识训练

1. 如何理解闲暇活动的概念？

2. 传统旅游接待业包括哪些?

3. 旅游景区的预订接待服务的内容是什么?

4. 主题公园的接待流程是什么?

5. 旅行社的接待管理的主要职能是什么?

二、能力训练

1. 旅游景区的不同岗位应该如何开展接待服务?

2. 在主题公园的各环节中,应该如何开展接待服务?

3. 针对旅行社的不同团型,应该如何开展接待服务?

项目六
新型旅游接待业

项目描述

旅游是人民群众美好生活的重要组成部分。随着旅游者消费需求的升级，在旅游形式多元化更新的推动下，区别于传统旅游接待业的新型业态不断涌现。新型旅游接待业是旅游接待业未来的发展方向。本项目将介绍以邮轮旅游、康养旅游、免税店为代表的新型旅游接待业，使学生了解相关业务知识，对新型旅游接待业形成基本认知。

项目目标

知识目标

(1)了解邮轮的发展历史与现状，熟悉邮轮的分类与基本设施，掌握邮轮旅游服务的主要内容。

(2)了解康养旅游的概念，掌握康养旅游的类型与康养旅游服务的主要内容。

(3)了解世界知名免税店，掌握免税店的类型与免税店的服务内容。

能力目标

(1)能够解读不同学者对康养旅游概念的定义，理解不同观点。

(2)能够根据具体情况分析旅游目的地的康养旅游的发展可行性。

素质目标

(1)培养终身学习的意识与创新精神，与时俱进。

(2)树立国际化视野，培养大国精神。

知识框架

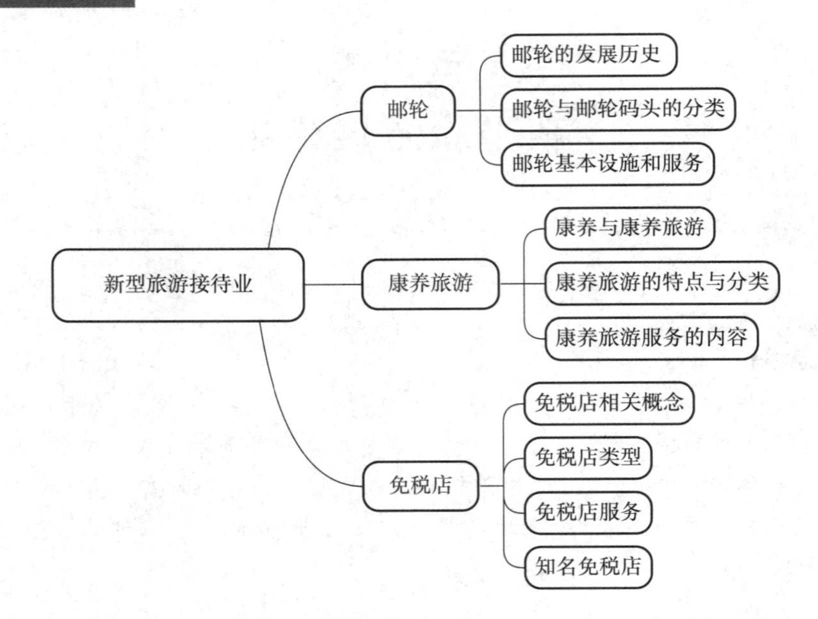

教学重点

(1)邮轮的基本设施与邮轮旅游服务的主要内容。

(2)康养旅游的类型与康养旅游服务的主要内容。

(3)免税店的类型与免税店的服务内容。

教学难点

(1)邮轮旅游服务的主要内容。

(2)康养旅游的概念。

(3)康养旅游服务的主要内容。

项目引入

国家发改委修订发布了《产业结构调整指导目录(2024年本)》,该目录于2023年12月1日第6次委务会议审议通过,在行业类目、条目设置和表述规范等方面做出新规定,自2024年2月1日起正式施行。

与《产业结构调整指导目录(2019年本)》相比,此次修订对鼓励类的文化产业和旅游产业相关内容进行了充实完善。沉浸式体验、数字音乐、可穿戴智能文化设备等文化产业新业态和冰雪旅游、城市旅游、科技旅游、自驾游等旅游产业新业态列入《产业结构调整指导目录(2024年本)》鼓励类,有利于推动新型业态加速发展和传统业态提质升级,加强和改善宏观调控,引导社会

Note

资本流向，促进文化和旅游产业结构调整和优化升级。

《产业结构调整指导目录(2024年本)》中旅游业的指导目录如下：

(1)旅游装备设备，休闲、登山、滑雪、潜水、探险等各类户外活动用品开发与营销服务。

(2)旅游新业态：文化旅游、康养旅游、乡村旅游、生态旅游、海洋旅游、森林旅游、草原旅游、湿地旅游、湖泊旅游、冰雪旅游、红色旅游、城市旅游、工业旅游、体育旅游、游乐及其他旅游资源综合开发、旅游基础设施建设和运营、旅游信息等服务，智慧旅游、科技旅游、休闲度假旅游、自驾游、低空旅游、邮轮游艇旅游及其他新兴旅游方式服务体系建设。

任务一　邮　　轮

“南海之梦”西沙群岛四天三晚行程安排

(1)第一天：参观“南海之梦”号邮轮。

登船—参观“南海之梦”号邮轮及中国(海南)南海博物馆的海上流动博物馆—逃生演练—船长晚宴—西沙知识推介会。

(2)第二天：“南海之梦”号邮轮—西沙全富岛—银屿岛。

乘坐冲锋舟艇登陆全富岛—体验祖国最南端的升国旗仪式—乘坐冲锋艇登陆银屿岛—了解渔民生活—观赏“海洋欢乐颂”歌舞演出。

(3)第三天：全富岛—银屿岛。

自由活动—西沙分享晚会。

(4)第四天：享用邮轮自助早餐，抵达三亚。

任务剖析

6-1

一、邮轮的发展历史

(一)邮轮的形成期

关于邮轮的产生时间，学术界众说纷纭，但大多倾向于认为邮轮产生于19世纪早期。1837年，英国铁行公司(P&O)创办海上客运兼邮件运输，经营载客，兼营运送国际邮件业务，标志着国际邮轮的诞生。

1839年，加拿大人塞缪尔·卡纳德(Samuel Cunard)取得了英国与北美之间运送邮件的承包权。并且于1840年创办了世界上第一家邮轮公司——英国北美皇家邮件船

务公司，并以“冠达邮轮”(Cunard Line)命名。

1844年，半岛和东方蒸汽航运公司组织了从英国到西班牙、葡萄牙、马来西亚、中国的航行，这次航行被称为人类第一次邮轮航行，也标志着邮轮从人货混运到真正意义上客运的开始。

1846年，世界上第一家旅行社的创始人——英国人托马斯·库克包租了一艘邮船，组织了由350人组成的团队到苏格兰旅游，这是世界上公认的首次商业旅游活动，也标志着邮轮作为商业旅游载体的开始。

由于经济条件的限制，这一时期的海上运输主要以交通为目的，邮轮仍属于人货混用型。邮轮的穿梭往来，不仅有力地促进了远洋各运的发展，同时也掀起了跨洋旅游的热潮。许多船运公司发现通过招揽乘客坐船可以增加利润，因而开始设计建造专门用于客运的船舶。“阿基塔尼亚”号(Aquitania)、“利维坦”号(Leviathan)、“泰坦尼克”号(Titanic)等就是这个时期的产物。

(二) 邮轮的发展期

20世纪早期，远洋客轮主要客户群体是移民。客舱一般分为两个等级或者三个等级。一等舱是富人舱；二等舱接受中等收入的客人；三等舱则是平民舱，也被称为“统舱”。一二三等级的床位设置比例大约为1:1:20。这个时期的邮轮管理等级森严，绝对不允许一等舱和三等舱的客人来往，同时接待有较大差异。以住宿和饮食为例，富人舱客人就餐时，餐厅环境幽雅，更有身穿礼服的音乐家在现场演奏，住宿环境也是最高档次；平民舱的食品大多是水煮马铃薯，更没有休闲消遣的活动，一般以自娱自乐为主，睡觉则以两三层的轻便床为主。

二十世纪二三十年代，邮轮公司为了吸引更多的中产阶级出游，开始在邮轮上提供更多的娱乐消遣服务，邮轮也越造越大。从1888年第一艘万吨邮轮“纽约城市”号(New York City)下水，到1935年8万吨级邮轮“诺曼底”号(Normandie)问世，前后还不到半个世纪的时间。20世纪30年代末期，“诺曼底”号和“玛丽女王”号等豪华邮轮开启了世界上最早的季节性远洋旅游业务。

第二次世界大战期间，由于战争的需要，大部分的邮轮被改装成军用运输船。例如，“玛丽女王”号皇家客轮在战争期间就被征用参与运输，战争结束后，被停放在美国加利福尼亚的长滩。在这个时期，邮轮的运输功能凸显，旅游功能被搁置。

20世纪60年代，航空公司开启了喷气式飞机飞越大西洋的商业性服务，使人们的出行更为方便、快捷，这样就给客运邮轮公司带来更大压力。客运邮轮公司纷纷改变经营策略，开发主要针对旅游度假游客的项目。但这个阶段，由于客源有限，邮轮业务的发展仍然处于低迷状态。

(三) 邮轮的成熟期

20世纪80年代以来，邮轮进入现代休闲度假邮轮时期，也进入到邮轮的“黄金发展期”。特别是到了21世纪，很多豪华邮轮相继出现。这个时期的邮轮，是指在海洋中航行的旅游客轮，它具备了齐全的生活、休闲、娱乐、度假等方面的设施，完全为观光游览

和休闲度假提供服务，可以说它就是一座“移动的五星级饭店”“移动的度假中心”“移动的微型城镇”。除此之外，游客还可以在邮轮上享受到海洋、海风、海浪、日光等带来的惬意，也可以在邮轮所到达的每一个国家的城市上岸观光和购物，欣赏异国风光，感受异国风情，因此，又被称为“无目的地的目的地”。

二、邮轮与邮轮码头的分类

（一）邮轮分类

邮轮的分类目前尚未有一个统一的标准，但出于现代营销的需求，细分市场后可以提供更好的服务和产品，设计出不同的产品吸引更多的客人，邮轮研究人员仍然会从不同的角度对邮轮进行分类，可以归纳为以下几种常用的分类维度。

1. 按照排水量与载客量分类

可以按照排水量与载客量对邮轮规模大小进行划分，通常使用注册总吨位数（GRT，Gross Register Tonnage）和载客人数（Pax）两个指标来衡量，见表6-1。

表6-1　排水量与载客量方面的邮轮分类

分类	注册总吨位数/吨	载客人数/人
最小型邮轮	＜10000	200
小型邮轮	10000—30000	200—500
中型邮轮	30000—60000	500—1200
大型邮轮	60000—80000	1200—2000
特大型邮轮	80000—120000	2000—2500
巨型油轮	120000—200000	2500—5000
特巨型邮轮	＞200000	＞5000

2. 按照航行的区块和水域分类

按照航行区块和水域标准，具体可以将邮轮分为以下几类，见表6-2。

表6-2　航行区块和水域方面的邮轮分类

航行区块、水域		分类
国际	环球区域	环球邮轮
	拥有特定部分区域	区域邮轮
	海岸线区域	海岸线邮轮
中国	一般航行在海上	邮轮
	一般航行在江河上	内河邮轮
	一般航行在江河上	游船（小型客轮）

3. 按照功能分类

(1)远洋奢华型邮轮。

远洋奢华型邮轮一般尺寸、吨位都比较大,船型多为流线型,抗风浪能力强,航行速度快。通常能提供管家服务、美味精致的餐食、舒适温馨的生活环境和空间,以及优质的服务水平,相当于五星级酒店的标准,但现在一般都采用"六星级"来标注,以彰显其特殊的服务质量。"海洋绿洲"号、"玛丽女王"二号(Queen Mary 2)等是这类邮轮的典型代表。

(2)现代海上度假邮轮。

现代海上度假邮轮相当于"漂浮的度假地",邮轮的规模从中等到巨型不等,均船形美、体积大、设施齐全、活动丰富、航线广、技术含量高。邮轮上配备有具有现代气息的设施设备,如溜冰场、高尔夫球场、攀岩墙等,通常能给游客留下深刻的印象。这些邮轮上的游客,尽管也有机会在自由选择的正式晚宴上盛装打扮,但总体氛围比较轻松自在。

(3)专业型邮轮。

专业型邮轮是针对邮轮的某一特定方面而开发出的独特邮轮产品,如针对目的地而开发出的近海邮轮,这些邮轮在近海绕圈行驶,起点与终点是同一港口。它们体积小,载客量不多,缺少丰富多彩的娱乐活动,经营灵活,可以自由进出浅水区。这种类型的邮轮,对于满足特定市场的需要具有极大的开发价值。

(4)经济型邮轮。

经济型邮轮通常为中等规模,是经过翻新的、较旧的邮轮,邮轮上的设施比新邮轮要少得多。这类邮轮因采用自助式餐饮等形式,因此雇佣的员工比较少。经济型邮轮因为投入成本较低,定价相较便宜,具有一定的市场吸引力。

(二)邮轮码头分类

邮轮码头一共有三种类型:邮轮母港(Home Port)、邮轮停靠港(Port of Call)和邮轮节点港。

1. 邮轮母港

邮轮母港是指邮轮出发的港口,即始发港,可以提供邮轮补给、修理维护等方面的服务和设施,满足多艘大型邮轮进出港口和靠泊需求。邮轮公司的总部或者分公司大多设置在邮轮母港。

2. 邮轮停靠港

邮轮停靠港是指邮轮航行中临时停靠的港口,停靠时间通常较长,一般停靠4—8小时,游客可以上岸观光、购物。在邮轮停靠港,邮轮可以获得日常用品、食物等方面的补给及维修保养服务。

3. 邮轮节点港

邮轮节点港是指在邮轮固定航线之间作为节点的港口,一般为定期停靠港、挂靠

港。小码头一般只会短暂停留，靠岸时间小于4小时，游客可以上岸观光，但基本上邮轮不会增加补给。

三、邮轮基本设施和服务

邮轮被称为“浮动的度假酒店”，有许多与度假型酒店相同的服务及娱乐休闲设施，如客房、餐饮、娱乐等，但邮轮上的娱乐服务项目更加丰富，种类繁多，具体类型见表6-3。

表6-3 邮轮娱乐服务项目类型

类别		种类
运动服务项目	健身器械运动	心肺功能训练项目、力量训练项目
	游泳运动	室内游泳项目、室外游泳项目
	球类运动	高尔夫、网球、台球、乒乓球、保龄球、壁球等
	冒险性运动	攀岩、滑冰、室内跳伞、模拟冲浪等
娱乐服务项目	歌舞类	歌舞厅、酒吧
	游戏类	棋牌室等
	视听阅览类	书报阅览、电影等
	表演类	歌舞表演、乐器演奏、魔术等
休闲服务项目	休闲类	茶艺、咖啡、手工制作、插花、艺术品鉴赏拍卖、购物、免税店、精品店、自助游、团队游等
保健服务项目	保健服务	按摩、桑拿、针灸、SPA、氧吧等
美容美发项目	美容美发	发型设计、美容护理等

（一）邮轮旅游产品设计业务

邮轮旅游是一种以大型豪华轮船为载体，以海上巡游为主要形式，以船上度假娱乐活动和岸上观光活动为主要内容的旅游度假方式。邮轮旅游产品是指以邮轮为载体开发的旅游产品，是一种组合型的海洋休闲旅游产品。邮轮旅游产品一般由邮轮设施、邮轮航线、邮轮服务、邮轮气氛、邮轮形象以及邮轮价格六个要素组成，这些要素相互关联，是组成邮轮旅游产品不可分割的部分。

目前，我国旅游者对邮轮旅游产品的选择主要集中在长江内河航线、东北亚航线、东南亚航线等短途航线。游客选择邮轮旅游主要还停留在体验邮轮这一形式上，同时关注沿途停留的港口城市，因此在航线设计上需要综合考虑游客的偏好、航程时间的约束、港口政策、风光、便利性等多种因素。邮轮旅游产品的定价十分关键，世界上知名邮轮公司纷纷进入中国市场，邮轮旅游产品丰富多彩，竞争较大，游客对价格敏感，因此在定价上需要根据具体的细分市场和产品内容进行合理定价，从而吸引游客。

（二）港口接待业务

国际邮轮港口一般需要具备以下功能和设施。

1. 办公功能

一般包括港务行政管理机构、邮轮公司办事处、邮轮代理商、旅行社等。

2. 游客服务功能

一般包括出入境服务设施、行李服务设施、游客大厅、酒吧咖啡厅、商城、餐馆、酒店等旅游服务设施。

3. 邮轮运营服务功能

一般包括泊位、登船设施、补给服务设施设备、垃圾收集站、安全服务设施设备等。

4. 交通服务功能

一般包括私人停车场、出租车站、巴士站、公共停车场等。

5. 岸检服务功能

主要包括"一关两检"口岸联检设施。

6. 旅游服务功能

一般包括大型旅游街区、休闲娱乐项目、旅游纪念品商店、购物中心等。

以最为常见的邮轮母港登船服务为例,其登船服务流程主要包括旅游服务、游客大厅服务、登船岸检服务等环节。在登船前,工作人员需要对游客身份信息进行核实,对游客及行李进行安全检查,发放登船牌、运送行李上船,为游客船上消费做好准备,包括办理信用卡预授权、发放消费登记卡等,并介绍邮轮基本情况和安全知识等,然后引导游客登船。

（三）船上接待业务

邮轮旅游船上接待是邮轮旅游接待业的核心环节,邮轮内提供的种类繁多的休闲娱乐设施和活动,是邮轮旅游重要的吸引物和组成部分。具体而言,邮轮旅游船上接待业务主要涵盖以下三个方面。

1. 邮轮客舱接待服务

邮轮客舱接待服务是邮轮旅游船上接待业务中较基础的部分。通常情况下,邮轮客舱分为不同的类型和等级,如内舱房、海景房、海景阳台房、海景套房等,根据客舱的类型和等级的不同,接待服务的规格和标准也有所不同。但是,邮轮客舱接待服务所包含的内容和酒店住宿服务是基本一致的,主要包括客舱布置与清扫服务、客舱洗衣服务、客舱送餐服务、客舱通信服务、物品租赁服务、贵重物品保管服务等。这些服务基本遵循相应等级的星级酒店服务流程和标准。同时,面对特殊客群还会提供针对性服务,例如:对于VIP客人,邮轮将提供贴身管家的全过程跟进式服务;对于身体不适的客人,邮轮将提供客舱医疗、陪护等服务;对于残障客人,邮轮将提供有针对性的细致周到的相关服务。

2. 邮轮餐饮接待服务

邮轮餐饮接待服务根据场景的不同,可以分为主餐厅接待服务、休闲餐厅接待服

务、特色餐厅接待服务、快餐厅接待服务、酒吧接待服务等。

其中,主餐厅是集中反映邮轮品牌的风格和主题,由邮轮顶级厨师进行烹饪,提供丰富的菜式和精致饮食,能够容纳多人同时就餐的大规模餐厅,并且供应早餐、中餐、晚餐等各个时段的餐食,主餐厅的接待服务流程和标准与高星级酒店餐厅类似。例如,皇家加勒比国际游轮有限公司的"海洋航行者"号邮轮主餐厅,上下占据三层,还设置了贵宾间。

休闲餐厅主要提供轻松自由的就餐选择,以自助餐、下午茶为主,非常方便,其餐费一般包含在船票价格中。

特色餐厅一般以某个国家或者地区的特色菜点为主,提供相应的特色美食,如"诺丹"号邮轮的特色餐厅——品尼高奥德赛高级扒房。

快餐厅包括各种咖啡厅、比萨店、甜点店、汉堡店、烧烤店等。

酒吧兼具餐饮功能和休闲功能,多在晚上营业,是重要的娱乐和社交场所,不仅有来自世界各国种类繁多的酒水,还有调酒表演和乐队表演。挪威邮轮公司"逍遥"号的真冰吧完全使用冰建造而成,非常具有特色。

3. 邮轮休闲娱乐接待服务

如果说餐饮和住宿是邮轮旅游接待业务最基本的内容,那么邮轮休闲娱乐接待服务则是邮轮旅游接待业务的核心内容。而且现代邮轮与早期邮轮最显著的区别是现代邮轮提供了让人眼花缭乱的休闲娱乐项目。

邮轮休闲娱乐接待服务具有技术要求高、安全地位突出、服务内容全面、经营管理灵活和协作性强的特点。一般而言,邮轮上涉及的休闲娱乐项目包括文化演出、运动健身、美容美体、博彩娱乐、休闲购物、艺术品鉴赏等。上述内容对邮轮休闲娱乐接待的基层服务人员的专业技术要求较高,往往需要接受专门训练才能胜任。例如,游泳、针灸等休闲娱乐项目的安全问题至关重要,不仅需要有着较高专业技术水平的服务人员,同时也需要设置相应的安全救护措施和设施。邮轮上的休闲娱乐项目包括康体类、保健类等,种类多样,并且随着社会的发展和游客需求的变化,新的康乐项目层出不穷。休闲娱乐项目需要全面满足各类客人的需求,在服务人员的安排方面,也需要根据实际情况灵活调配。

任务二　康养旅游

"农旅融合"的农业康养模式——日本阿苏农场[1]

早期的阿苏农场,以提供运动、餐饮、疗愈、住宿、体验、购物六大体验来

①http://www.xncxczxw.com/newsinfo/2706128.html。

满足客户需求。但随着农场日益发展和市场需求的不断变化，阿苏农场在原有基础之上，同日本健康促进学术机构（民间协会组织）合作，开创了“大自然阿苏健康之森计划”。农场由此转型升级为“健康之森”与“元气之森”两大区域，并从测（身体测量）、动（健康运动）、疗（健康疗愈）、供（餐饮住宿）等方面着手，形成了一套完整的康养计划，同时打造了“蔬菜栽培棚”“蘑菇栽培棚”“迷你动物园”“手工体验中心”等农旅项目，围绕康养这条主线进行了巧妙串联，不断突出农场的特色。

测：针对现代都市人的快节奏生活、亚健康等状况，对参与者进行准确测量，并提供针对性的营养分析、运动指导，实现健康导航。

动：在康养理念的构建原则下，在农场“元气之森”中设计了超过70多种户外休闲运动体验设施，适合儿童、青年、壮年，甚至老年人也能找到适宜的锻炼项目。让不同年龄、不同层次的游客都能享受到户外运动健身的快乐。

疗：在农场“健康之森”中，设置了300多个不同类型、不同主题的圆顶建筑（“馒头屋”）；10多种可精确检查身体各项机能的先进设备；13种健康热温泉、2种圆顶还原浴、3类餐厅、1个氧气圆顶等，让游客在此过程中逐渐得到疗愈。

任务剖析

6-2

除了量身定制的“健康促进菜单”，农场还建立了不同类型的主题商店，售卖健康食品、特色商品、纪念品等，实现了品牌的营销推广。

供：农场打造了一系列趣味性的“馒头屋”供游客住宿，“馒头屋”屋顶上更是贴心地添置了天窗，在屋内可以舒适地观赏夜景。同时设置了三大主题区——乡村区、皇家区、私人区，打造了有着不同主题的住宿区域。

一、康养与康养旅游

（一）康养

Wellness（一般翻译为康养）一词最早出现于1960年，属于欧美国家医疗领域的术语，由美国医师Halbert Dunn提出，是由Wellbeing（幸福）和Fitness（健康）结合而成的，是指一个人身体、心理与社会生活各个方面的平衡和健康状态。康养逐渐走进了人们的生活，成为健康和医疗领域非常重要的一个概念。

“康养”这一概念引入中国后，由于中西方文化的差异等各方面因素，各界对于“康养”一直没有统一的定论。“康养”从字面意思上来看，即“健康”“养生”，但是“康养”与一般意义的“健康”“养生”等概念相比，覆盖的范围更加广阔。对于“康养”的概念辨析，有很多学者从行为学角度、生命学角度、学术角度、产业角度这四个方面进行了探讨。

从行为学角度来讲，康养是一种长期性的行为活动，通过这些活动可以保持健康的身体状况；从生命学角度来讲，康养就是尽量提升生命的长度、丰富度和自由度；从

学术角度来讲，康养的重点在于对生命的养护；从产业角度来讲，康养产业界倾向于将“养”理解成“养老”，因此比较重视老年人的健康需求方面。每一个视角的思考都很有道理，可见“康养”所涉及的内容非常广泛，但相同点都是提供促进健康的服务，以实现健康生活、养生养老这个最终目标[①]。

康养是指通过科学合理的生活方式和方法，使人们保持身体健康、心理平衡和社交和谐，达到全面健康的一种生活方式。康养不仅针对身体疾病的治疗和康复，更是一种包含预防疾病、提高生活质量和延长寿命的健康理念。康养的核心是人的自我调节和自我保健，通过不断改变、调整生活方式和习惯，达到身体健康和心理健康的目的。

（二）康养旅游

康养旅游，即健康养生类旅游，在国际上一般称为医疗健康旅游。康养度假模式也是休闲度假旅游模式的一种。学界对“康养旅游”的概念界定较为模糊。国外研究偏向于将“康”与“养”的概念分为“Medical Tourism”与“Wellness Tourism”，认为康养旅游是指人们寻求保持与增强其个人的身心健康的旅游活动，偏广义研究。国内研究则将康养旅游作为健康旅游的一个子类，研究内容更倾向于康养旅游具有养颜健体、营养膳食、修身养性、关爱环境等作用，能使人在身体、心智和精神上达到优良状态，偏狭义研究[②]。《国家康养旅游示范基地》（LB/T 051—2016）把“康养旅游”定义为通过养颜健体、营养膳食、修身养性、关爱环境等各种手段，使人在身心、心智和精神上都达到自然和谐的优良状态的各种旅游活动的总和。

二、康养旅游的特点与分类

（一）康养旅游的特点

1. 以健康为主题

康养旅游的核心目标是追求身心健康，将健康理念融入旅游的方方面面。游客通过旅游活动，体验当地文化和环境，同时实现身体和心灵的放松与恢复。

2. 停留时间长

与传统的观光旅游相比，康养旅游的停留时间更长。

3. 服务的专业性强

康养旅游提供专业的健康管理和养生服务，包括体检、咨询、理疗等，需要专业的医疗保健团队和设施的支持，确保游客在旅途中得到全面的健康管理。

---

① 何况．度假养老型康养小镇规划研究[D]．云南：昆明理工大学，2021.

② 邱如梅，张煜，李晶晶．基于CiteSpace的康养旅游研究热点与前沿趋势分析[J]．安阳工学院学报，2024，23（1）．

4. 多为跨界融合

康养旅游的发展往往需要跨界融合，涉及医疗、健康、旅游、文化等多个领域。

（二）康养旅游的分类

1. 根据跨界融合领域划分

依据跨界融合领域的不同，康养旅游可分为生态养生型康养旅游、运动休闲型康养旅游、休闲度假型康养旅游、医疗保健型康养旅游、文化养生型康养旅游。

(1)生态养生型康养旅游。

生态养生型康养旅游主要是在旅游目的地现有的丰富资源和良好的生态环境的基础上，进一步开发养生保健设施和项目，可以达到使游客增益身心健康的目的。此类康养旅游产业的特点是以生态资源为依托，借助体验、观光、学习相关文化等手段，使游客休养身心。例如：森林康养旅游、气候康养旅游、温泉康养旅游等。

(2)运动休闲型康养旅游。

运动休闲型康养旅游主要是以旅游目的地，或其周边的运动资源，或大型的体育活动为依托开展的旅游活动。以参与运动或者观赏体育赛事为主要内容，同时以配套的休闲、养生设施和项目为辅助，以达到促进游客身体健康的目的。这类康养旅游产业以游客参与赛事或活动组织为主要特点。游客群体主要是对自身身心健康程度要求较高并对生活质量有着较高追求的人。例如：北京丰台国际足球小镇、德清莫干山“裸心”体育小镇等。

(3)休闲度假型康养旅游。

休闲度假型康养旅游主要为游客提供休闲娱乐设施以及具有高度人性化和个性化的康养旅游服务。游客通常利用闲暇时间参与该类康养旅游活动，通过体验等形式实现与自然环境的亲近，获得身体和心灵的享受与放松。此类康养旅游产业的主要特点是游客在旅游目的地逗留时间较长，以满足其休息和享受生活的需求。

(4)医疗保健型康养旅游。

医疗保健型康养旅游以实现对疾病的预防与护理，以及对身体的康养与修复为目的，其活动的开展主要依托旅游目的地的医疗保健设施和机构，利用当地的医疗保健资源吸引游客到旅游目的地进行医疗护理、医疗保健、体检、康复等活动。此类康养旅游产业对旅游目的地的医疗水平有着很高的要求。例如，迪拜健康城——世界级的健康护理中心，是世界上第一个全面的医疗保健自由区，拥有顶级医疗团队，提供包含顺势疗法、印度草医学、中医等12个中西方医学治疗方法的特色替代性医疗服务。2016年迪拜接待医疗游客约32.7万人次，医疗旅游市场总产值达3.8亿美元。

(5)文化养生型康养旅游。

文化养生型康养旅游要求旅游目的地具有浓郁的养生文化，并以旅游目的地的自然生态环境和自然资源为依托，充分整合资源与文化，实现优化和提升生活质量，达到养生的目的。例如：武当山太极湖依托武当山的道教文化和良好的生态环境发展养生养老、健康度假产业。

2. 根据自然资源划分

根据自然资源的不同，康养旅游可以划分为森林康养旅游、气候康养旅游、海洋康养旅游、温泉康养旅游、中医药康养旅游。

(1)森林康养旅游。

森林康养旅游以空气清新、环境优美的森林资源为依托，包括森林游憩、度假、疗养、运动、教育、养生、养老以及食疗(补)等多种业态。

(2)气候康养旅游。

气候康养旅游以地区或季节性宜人的自然气候(如阳光、温度等)条件为康养旅游资源，满足康养旅游消费者对特殊环境气候的需求，配套各种健康、养老、养生、度假等相关产品和服务。

(3)海洋康养旅游。

海洋康养旅游主要以海水、沙滩、海洋生物等海洋资源为依托，提供海水和沙滩理疗、海上运动、海底科普旅游、海边度假、海洋美食等产品和服务。

(4)温泉康养旅游。

大多数温泉本身具有保健和疗养功能，是传统康养旅游中重要的资源。现代温泉康养旅游已经从传统的温泉汤浴拓展到温泉度假、温泉养生，以及结合中医药、健康疗法等其他资源所形成的温泉理疗等。

(5)中医药康养旅游。

中医药康养旅游是指依托深厚的中医药文化内涵，以独特理论体系和内容为基础，以各种中医医疗保健手段、中药材资源为吸引物，为旅游者提供中医药文化体验、中医药文创衍生品制作、中医药名著品读等活动的总和。

3. 根据地形地貌划分

根据地形地貌的不同，康养旅游可以分为高原康养旅游、山地康养旅游、丘陵康养旅游、平原康养旅游。

(1)高原康养旅游。

高原康养旅游是基于空间特征的康养旅游分类中被关注较多的概念之一。由于独特的气候特征和自然风光，高原往往成为人们旅游的向往之地。高原地区的自然风貌和文化等保存相对完整，由此形成了以旅游休闲、高原食品、宗教文化以及民族医药等为主打产品的康养旅游业态。

(2)山地康养旅游。

山地康养旅游活动针对户外运动爱好者以及静心养性者呈现一动一静的形态，主要有登山、攀岩、徒步、户外生存、山地赛车，以及户外瑜伽、山地度假、禅修活动等。

(3)丘陵康养旅游。

丘陵康养旅游主要集中在丘陵规模较大和景观较好的地区，由于丘陵特殊的景观和生态环境，其康养旅游活动主要以农产品种植、药材生产、生态体验等为主。

(4)平原康养旅游。

平原康养旅游主要集中在农业发达地区，康养旅游产品以绿色果蔬、保健食品等

为主。

三、康养旅游服务的内容

康养旅游的目的是愉悦身心、缓解压力、康体健心、增强人们的幸福感和满足感，因此，康养旅游服务是指为了满足游客康养旅游需求，为其提供康养旅游的各种产品和技术支撑的服务形式的总和。康养旅游服务内容主要包括接待服务、行程服务、餐饮服务、住宿服务、特色服务等。

（一）康养旅游接待服务

康养旅游接待服务是指康养旅游的相关经营者和相关部门为了满足旅游者的康养需求，在康养旅游活动的各个环节中直接面对旅游者提供的服务，包括旅游票务服务、问询服务、接送站服务、讲解服务以及其他个性化服务等内容。

（二）康养旅游行程服务

行程即路程、旅程；旅游行程是指旅程的安排和计划。旅游服务是指在旅游业中，旅游经营者或服务人员通过一定的设施和手段，向旅游者提供的各种劳务的总和。旅游服务一般具有无形性、不可储存性等特点。行程服务是旅游服务的重要组成部分，行程服务主要涉及旅游活动中的吃、住、行、游、购、娱等相关内容。康养旅游行程服务是指康养旅游经营者或服务人员，为了满足康养旅游者的康养需求以及整个康养旅游活动过程中的一切需求，而提供的行程前、行程中、行程后的各种服务，包括康养旅游产品的线路设计与优化、康养旅游产品的销售咨询与接待、康养旅游行程的安排以及后续服务等内容。

（三）康养旅游餐饮服务

民以食为天，食也是旅游六要素之首。康养旅游的餐饮服务是指在康养旅游行程中，相关餐饮工作人员向旅游者提供的符合康养要求的菜肴饮品及一切服务形式的总和。康养旅游的餐饮服务通过各种有益身心健康的饮食调养方式，达到科学地增进机体健康、抗衰延寿的目的。康养旅游餐饮服务的内容包括康养膳食和康养饮品，其中康养膳食包括养生药膳、养生茶膳、特殊人群（如老年人、儿童以及慢性病人群等）饮食，康养饮品包括茶饮、保健酒、果汁饮品等。康养旅游餐饮服务的工作人员一般需要掌握食材选配、烹饪方式以及营养配餐的要求和原则，做到能够因人配餐、因时配餐、因地配餐，为旅游者提供既有当地特色又富含营养价值还满足康养需求的营养膳食，并且根据旅游者的实际情况和需求为其提供相应的餐饮服务。

（四）康养旅游住宿服务

康养旅游住宿是指以传统住宿业的空间、设备设施为依托，以康养旅游服务设施及项目为特色，以构建健康养生生活方式、维持和提升客人身心健康为目的，为康养旅游者提供健康、舒适、高品质、个性化的住宿服务体验的过程。

康养旅游住宿服务的核心是维持和提升客人的身心健康，根据住宿流程，按照检测—评估—干预—跟踪健康管理体系，为康养旅游者提供针对性的康养服务，入住前对客人进行身体健康测评；入住中既为客人提供康养客房设备设施介绍，也提供身体测评报告分析及专业养生建议，还提供各类康养套餐及服务项目，实行动态监测干预；离店时对客人进行健康咨询，跟踪反馈。在客人入住的全过程中满足客人的身体、心理和情感需求，将健康养生的理念融入客人住宿体验的全流程。康养旅游住宿服务的流程与内容一般包括以下几个方面。

①接待：包括入住登记，了解康养诉求，提供身体健康检测，介绍康养项目等。

②介绍客房：介绍客房特色与功能设施的使用方法，引导客人体验，并根据客人的疑问进行答疑解惑。

③提供康养服务项目：根据客人的身体健康状况以及个性化需求，提供针对性的康养服务项目，如排毒、解压、减肥、睡眠调理等。

④提供入住期间的常规客房服务：如客房清洁、开夜床服务、洗衣服务、叫早服务、管家服务等。

⑤离店服务：除了常规的退房结账、送机服务等，还包括健康咨询、跟踪反馈。

任务三 免税店

春节期间海南12家离岛免税店总销售额达31.61亿元

海南省商务厅的统计数据显示，2024年春节假期（2月10日至17日），海南12家离岛免税店总销售额达31.61亿元，日均销售额近4亿元，免税购物件数达207.39万件。

春节期间，海南各大离岛免税店纷纷推出打卡送礼品、满赠、满返等打折促销活动，积极打造多样化消费场景，满足不同人群需求，促进新春免税消费。同时，各店积极开展异业合作引流。例如：联合航空公司提供专属代金券、到店VIP礼遇等；联合航旅平台，给订票旅客发送宣传信息、发放消费券；联合酒店投放代金券包、推出惊喜房套餐产品、提供穿梭巴士以及到店VIP礼遇；联动网约车平台上线专属代金礼券，提供往返免税店低至0.01元的相关打车券包；与金融机构开展满减或满返活动；与景区合作，增加免税店新春促销宣传画面。在多重组合促销下，各免税店进店人数均创新高。

（资料来源：《春节期间海南12家离岛免税店总销售额达31.61亿元》，海南日报，2024年2月19日。）

任务剖析

6-3

一、免税店相关概念

免税是一种政治经济政策，国家为了平衡全国地区的经济，会给予一些纳税人或征税对象一些特殊照顾，从商品上减掉部分税款或者是直接免征全部税款，不同的地区不同的商品采用的减税免税措施是不一样的。我国境内的商品在进入大陆时一般需要缴纳进口关税、消费税、增值税、特许经营费、所得税等，一般而言，免税主要针对关税、消费税、增值税。

《中华人民共和国海关对免税商店及免税品监管办法》(2023年修正)将“免税商店”界定为经国务院有关部门批准设立，经海关总署批准经营，向规定的对象销售免税品的企业。具体包括：口岸免税商店、运输工具免税商店、市内免税商店、外交人员免税商店和供船免税商店等。

二、免税店类型

免税店是免税业务的载体，当前我国境内的免税店按销售对象的不同，主要分为出入境离境免税店和离岛免税店两大类。

(一)出入境离境免税店

1. 口岸免税店

口岸免税店是指在对外开放的机场、陆路和水运口岸隔离区域内设立的免税购物经营场所。这些店铺专门为入境或出境的旅客提供免税商品的销售服务。口岸免税店包括出境免税店和入境免税店，主要针对离境的本国人和外国人。口岸免税店作为出入境必经之地，能够自然聚集旅客，客流获取成本较低。

2. 市内免税店

市内免税店设于主要城市的城区内，在境内向符合海关免税验放规定的旅客提供免税商品。目前我国市内免税店主要分为离境市内免税店和归国人员市内免税店，且均在购物客群、品类、额度、次数期限等方面进行了严格限制。其中离境市内免税店主要针对离境外国人，归国人员市内免税店主要针对出境归国的本国人。相较于运输工具免税店，市内免税店设置在市区繁华地带，能有效突破空间和时间的限制，给予顾客极大的便利，购物时间更加充裕。

3. 运输工具免税店(机上免税店及其他国际运输工具免税店等)

运输工具免税店设在往来国际或地区间的运输工具上，向搭乘该运输工具的出入境旅客销售免税商品，主要针对出入境离境人群。

(二)离岛免税店

离岛免税店是指对搭乘飞机、火车、轮船离岛(不含离境)的旅客实行的一种税收优惠政策，主要针对离岛(不含离境)的消费者。例如，韩国济州岛、中国海南岛、中国香港、中国台湾、美国夏威夷等都有离岛免税店。

随着社会的发展，网上跨境免税店映入眼帘，成为一种较为便捷的购物模式，用户无须出境或是离岛就可以进行免税商品的选购。线上的免税店可以直接在网上查询相关商品及其库存，有时候还可以进行满减活动，商品可以快递到顾客家门口，更为方便简单。

三、免税店服务

（一）接机服务

接机服务在免税店中也比较常见，尤其是设于机场、港口等旅游集散地的免税店。接机服务一般包含两种形式：一种是免费提供机场或港口到免税店的接驳车；另一种是安排专门的接机人员，接待旅客并提供免费的接送服务。

（二）会员服务

免税店一般都会提供会员服务，如中免共设置五个会员等级，分别是普卡会员、银卡会员、金卡会员、铂金会员、钻石会员。会员在享受商品折扣的基础上，还可以获得一些附加的优惠。例如：中免铂金会员每年可以享受2次专车免费接送服务，钻石会员每年可以享受5次专车免费接送服务；中免会员在生日月份享受双倍积分以及会员沙龙礼遇等权益。

（三）提货服务

以离岛免税店为例，我国海南岛离岛免税店购物目前一共有五种提货方式，包括离岛自提、邮寄送达、返岛自提、担保即提和即购即提。

离岛自提是指离岛旅客在离岛的机场/火车站/港口码头指定隔离区域提货，并一次性随身携带离岛。

邮寄送达需要购买人、支付人、收件人均为购物者本人，且收件地址在海南省外。但是免税店要确认旅客实际离岛后，才一次性寄递，整体时间较长。

返岛自提指岛内居民离岛前购买免税品，可选择返岛自提，在离岛免税商店设立的返岛旅客提货点提取免税品。

担保即提指离岛旅客凭有效身份证件和离岛信息在离岛免税店（不含网上销售窗口），购买单价超过5万元（含5万元）的免税品，可选择“担保即提”方式提货，除了支付购物货款，还应按照商品的进境物品进口税预付相应的担保金后才可现场提货。旅客离岛时经海关验核实物无误，且旅客离岛后，海关监管系统凭旅客的离岛出行数据完成自动核销，予以退还担保金。

即购即提指离岛旅客凭有效身份证件和离岛信息在离岛免税店（不含网上销售窗口），购买单价不超过2万元（不含2万元）的免税品，在15个大类内可选择“即购即提”方式，支付货款后现场提货。旅客离岛后，海关监管系统凭旅客的离岛出行数据完成自动核销，离岛环节海关不验核实物。

（四）退税服务

退税服务是免税店极为常见的服务。退税是指旅客在免税店购物后，能够通过一定的程序和手续，把所交的税款全部或部分退回。一般来说，退税金额是商品金额的一定比例，能够在离境前或1个月内领回，大多数免税店都会提供相关的助理服务。

（五）售后服务

售后服务一般包括产品保修服务和更换/退换商品服务。产品保修一般适用于商品自身缺陷以及正常使用过程中出现的故障，由于使用不当造成的损坏则不在保修范围内。更换/退换商品指消费者基于一定的原因，要求将已购商品换成同款商品或者其他商品的行为。不同免税店在售后服务方面规定不一，如cdf免税店所售出的商品一律不予调换，但是DDF（Dubai Duty Free，迪拜免税店）的商品允许消费者在购买日后的6个月内进行退换货。

四、知名免税店

（一）cdf免税店

cdf免税店隶属于中国免税品（集团）有限责任公司（简称中免集团），该公司于1984年成立，是经国务院授权在全国范围内开展免税业务的国有专营公司。中免集团是全球一流的旅游零售商，旗下有累计超过1300个品牌，在我国30多个省、自治区、直辖市、特别行政区，以及柬埔寨等地设立了超过200家零售门店，包含九大类免税产品，门店设在我国主要边境口岸以及海南地区等，每年为近2亿人次的国内外游客提供免税商品服务，已发展成为世界上免税店类型最全、单一国家零售网点最多的旅游零售商。

（二）王权免税店

王权免税店隶属于泰国王权国际集团，汇聚全球众多时尚热销品牌，购物空间优雅舒适，拥有王权曼谷市中心店、王权曼谷素万那普国际机场店、王权曼谷史万利店、王权曼谷廊曼机场店、芭提雅市区店、普吉国际机场店、合艾机场店、清迈国际机场店八大分店。

（三）乐天免税店

乐天免税店为韩国具有代表性的免税店，隶属于乐天集团，拥有韩国最新的商品。乐天免税店共开设了8家实体店，除了乐天免税店总店，还有COEX店、世界大厦店、釜山店、金浦机场店、仁川机场店、济州店等分店，另设1家网上免税店。乐天网上免税店支持多种便捷的在线支付方式，包含900余种品牌。乐天集团在海外也设有多家乐天免税店分店。

（四）新罗免税店

新罗免税店是韩国具有代表性的免税店，是亚洲免税店中唯一一个在亚洲三大机场——韩国仁川国际机场、新加坡樟宜机场、中国香港国际机场都运营化妆品香水卖场的免税店，是亚洲顶级的化妆品香水机场免税店运营企业。新罗免税店包罗全世界顶级化妆品品牌，拥有超500种全球顶级美妆品牌，共计超1300个品牌。新罗免税店在韩国境内运营5家实体店，包括首尔店、济州店、仁川机场T1店和T2店、金浦机场店，还在新加坡、中国香港等设有海外免税卖场。新罗网上免税店会员畅享专属特惠，支持出行前订购，回国时于机场取货服务，并且支持多种中国快捷在线支付方式。

（五）迪斐世免税店

迪斐世(DFC)的全球业务遍布四大洲，截至2024年2月，拥有44家免税店。2021年迪斐世与深圳免税集团合作，在海南海口观澜湖开设全新市区免税店。迪斐世是国内外游客心目中的高品质奢侈品零售商，是全球顶级品牌的荟萃之地，汇集全球超过750个品牌，包含时装及配饰、美妆及香水、腕表及珠宝、葡萄酒及烈酒、美食及礼品五大类产品，全方位满足不同的生活需求，激发生活灵感，为顾客带来愉悦体验。

（六）迪拜免税店

迪拜免税店成立于1983年，已发展成为世界上最大的旅游零售运营商之一。截至2024年4月，该公司员工人数超5800名，总零售面积超过40000平方米。

任务实施

1. 情景描述

教师为了让学生更加深入地了解康养旅游的相关内容，要求学生对本市的各种资源进行梳理，并形成康养旅游发展的可行性分析报告。

2. 活动要求

以小组为单位进行任务分工，收集整理本市的各种资源，讨论并形成可行性分析报告，并制作PPT，选派小组代表进行汇报。

3. 活动步骤

(1) 各组讨论研究相关资料获取的途径。

(2) 组内分配个人任务，形成任务分工表。

(3) 小组成员根据任务要求收集资料并形成个人报告。

(4) 小组内集中交换信息，讨论得出结论。

(5) 以小组为单位，撰写本市康养旅游发展的可行性分析报告，并制作汇报PPT。

(6) 各组选派代表，在班级内进行汇报展示。

4. 活动评价

每组展示完后，进行学生自评、小组互评、教师点评。

项目	标准分值	学生自评	小组互评	教师点评
小组分工的合理性	20分			
资源梳理的完整性	20分			
信息来源的可靠性	20分			
团队合作的协调性	20分			
研究结论的科学性	20分			

项目小结

本项目主要介绍了新型旅游接待业的三种业态：邮轮旅游、康养旅游与免税店，具体介绍了邮轮旅游、康养旅游、免税店的概念与类型，并展开描述了各业态主要涉及的服务内容。学生通过本项目的学习，能对旅游新业态形成全面的认知。

项目训练

一、知识训练

1. 邮轮旅游接待业务管理的基本内容包括哪些？

2. 康养旅游服务的主要内容有哪些？

3. 什么是免税？免税店有哪些类型？

二、能力训练

1. 对比世界知名邮轮集团，探讨我国邮轮发展的机遇与挑战。

2. 请收集相关资料，归纳总结中免集团免税店数字化管理的发展情况。

3. 请收集相关资料，尝试分析家乡所在地是否适合发展康养旅游，适合发展什么类型的康养旅游？并尝试设计适合的康养旅游活动项目，形成可行性分析报告。

项目七
会　展　业

项目描述

会展业项目是指专门为展览、展示、会议、论坛、活动等各种商业或公共活动提供服务的项目，包括会展策划、场地布置、展品设计、展示器材租赁、人员安排、物流、宣传推广等环节。会展业项目需要考虑的要素包括场地选择、活动主题、参展商或嘉宾邀请、展品展示、交通运输、安保等方面，旨在提供一个完整的、高品质的服务，吸引更多的参与者和观众，为企业和社会带来更多的商业价值和社会效益。

项目目标

知识目标

(1)了解会展的含义、范畴及作用。

(2)熟悉展览的概念、类型和场地，掌握展览的接待对象、接待流程。

(3)熟悉会议的概念、类型和场地，掌握会议的接待对象、接待流程。

(4)熟悉节事活动的概念和类型，掌握节事活动的接待对象、接待流程。

能力目标

(1)能够针对不同的展览、会议、节事活动接待对象，提供不同的接待服务。

(2)能够运用展览、会议、节事活动的接待流程，熟练解决接待服务中的实际问题。

素质目标

(1)培养细致耐心、专业化的服务理念。

(2)树立国际化视野，培养大国精神。

知识框架

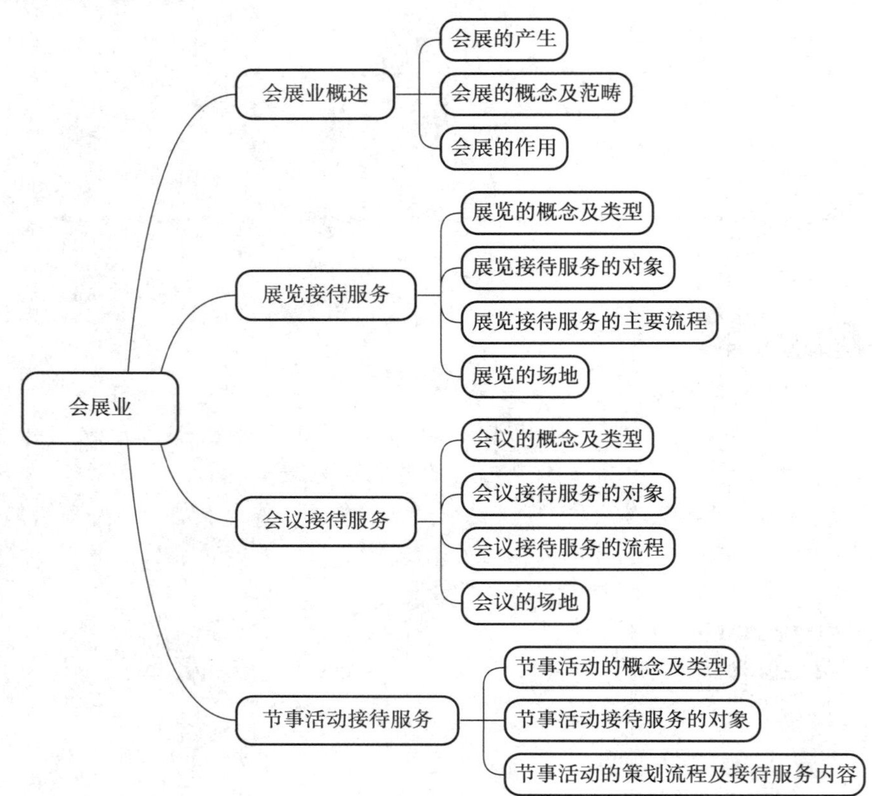

教学重点

(1)展览的接待对象、接待流程。

(2)会议的接待对象、接待流程。

(3)节事活动的接待对象、接待流程。

教学难点

(1)展览的接待流程。

(2)会议的接待流程。

(3)节事活动的接待流程。

项目引入

法兰克福:著名展览之都

法兰克福,是德国也是世界上极为重要的展览城市,举办展览会已有近千年的历史,早在中世纪就发展成为德国的"百货商场",并带动了当地一系

列相关产业的同步发展。

法兰克福展览中心占地面积46.5万平方米，室内展览面积29万平方米，室外展览面积17.5万平方米，由政府投资建设，不属于任何私人机构，投资总额中市政府的投资额占60%，黑森州政府的投资额占40%。政府投资兴建法兰克福展览中心旨在促进法兰克福社会经济的繁荣发展，每年展览会为该地区创造的购买力约30亿马克。

法兰克福展览中心由法兰克福展览集团负责经营管理。该公司在全球设有28个子公司和分支机构。场馆内设有门类齐全的配套服务公司，涉及交通运输、旅店餐饮、银行保险、广告装潢等领域，服务十分完善。

每年在法兰克福举办的展览会超过50个，包括10余个大型国际博览会。例如：每年春夏两季举行的国际消费品博览会，两年一度的国际“卫生、取暖、空调”专业博览会，国际服装纺织品专业博览会，汽车展览会，图书展览会，烹饪技术展览会，等等。2023年2月的相关统计数据显示，参展商全年达5万家，其中80%是世界知名厂商，国外参展商占60%，参观人数达200多万。博览会已成为人们了解世界及世界了解德国的重要窗口。法兰克福就是这么一个商业和文化交织的动感之都，它将传统与现代、商业与文化、动感与宁静完美地融合在其中，令人心醉。

（资料来源：国际金融报。）

任务一　会展业概述

中国国际进口博览会

中国国际进口博览会（CIIE），简称“进口博览会”“进博会”等，由中华人民共和国商务部和上海市人民政府主办，中国国际进口博览局、国家会展中心（上海）承办，是世界上第一个以进口为主题的国家级展会。自2018年11月5日，国家主席习近平在首届进博会开幕式的主旨演讲中指出，进口博览会“不仅要年年办下去，而且要办出水平、办出成效、越办越好”，至2023年，进博会已经连续举办了五届。进博会的宗旨是“新时代，共享未来”，让展品变商品、让展商变投资商，交流创意和理念，联通中国和世界，成为国际采购、投资促进、人文交流、开放合作的四大平台，成为全球共享的国际公共产品。进博会是中国着眼于推进新一轮高水平对外开放所做出的一项重大决策，是

中国主动向世界开放市场的重大举措。

上海为了保障进博会的顺利进行，在五年内不断摸索经验，建立了系统化的应急处置工作体系。针对现场安保，制定细化单馆大客流疏散预案、瞬时大客流管控等措施，确保观展人员有序疏散。针对疫情防控，聚焦“人、物、馆”，采取“关口前移”“两道过滤线”“测温验证一体化”等措施，牢守进馆安全防线，确保进博会期间疫情“零发生”。通过科技赋能，实现巡查模式由人力密集型向人机交互型转变。“一体化养护保洁”模式在西虹桥地区率先推行，采用机械和人工配合清扫作业方式，创造了“一尘不染、席地而坐”的保洁成效。最终确保进博会连续五年“安全、精彩、富有成效”。

（资料来源：中国国际进口博览会官网，2023年3月。）

任务剖析

7-1

一、会展的产生

古时候，人们出于社交、运动、政治或者是宗教的目的，会经常聚集起来会见，或组织集会、节事活动，参加会议，进行展览活动。历史上，自城邦成为城镇中心，此类活动的规模和频率便不断上升，并且各种团体、组织和协会也定期举行会议或展览。工业革命以后，会展业的发展比较迅速。英国于1851年在伦敦举办了首届世界博览会——万国工业博览会（Great Exhibition of the Works of Industry of all Nations）。这次规模宏大的博览会展出面积接近10万平方米，参展商多达1.7万家，其中一半以上来自其他国家。万国工业博览会成为会展活动由集市向国际贸易展览会发展的重要标志。自此之后，经过一百多年来的蓬勃发展，会展业的成熟度日益增加。

近年来，会议、节事活动、展览的发展均呈现了快速增长。今天的会议和展览已经发展为价值百十亿的产业，其赢利是非常可观的。在世界各国许多主要的城市，甚至部分较小的城市都已拥有附带酒店及餐厅的会议中心。

二、会展的概念及范畴

（一）会展的概念

会展是指在一定地域空间，由多人集聚在一起形成的，通过定期或不定期的产品展示、信息交换、贸易洽谈、新产品发布等方式进行的集体性、和平性的物质、文化交流活动。概括来说，会展是指现代城市以必要的会展企业和会展场馆为核心，以完善的基础设施和配套服务为支撑，通过举办各种形式的会议和展览活动，包括各种大型的国际博览会、展览会、交易会、运动会、招商会、研讨会、节事活动等，吸引大批与会人员、参展商、贸易商及一般观众前来进行洽谈、交流或旅游观光，以此带动交通、住宿、商业、餐饮、购物等相关产业发展的一种综合性活动。

（二）会展业的范畴

国际范围内，欧洲对“会展业”的理解是“Convention”（会议）和“Exposition”（展

览),可以简写为“C&E”。美国对“会展业”的理解是“Meetings”(公司业务会议)、“Incentive”(奖励旅游)、“Conference”(协会或社团组织;会议)和“Exhibition and Event”(展览与事件活动),可以简写为“MICE”。中国相关学者把会展概括为展览、会议、节事活动三种基本形态。

(三)会展业的接待服务内容

会展业主要提供以下接待服务产品:

①策划和举办各种会议、展览、节事活动。

②提供各种会议、展览、节事活动所需的各种场馆和软硬件设施。

③提供会展活动策划及展台设计、布置与搭建服务。

④提供各种会议、展览、节事活动所需的相关配套服务,如货运、仓储、报关等。

⑤安排和提供令参加各种会议、展览和节事活动的参与者满意的接待服务。

三、会展的作用

会展业是新兴的现代服务业,通过举办各种形式的会议和展览,可以吸引大量商务客人和游客,促进产品市场的开拓、技术和信息的交流、对外贸易和旅游观光,被称为“无烟工业”,由此衍生出会展服务相关产业,是都市区域服务经济的重要组成部分,具体作用体现在以下几方面。

(一)产业带动性强,有助于产业结构优化升级

会展既能为策划方、主办方和参加会展的各方带来一定的经济效益,又能获得多方面的社会收益。会展可以带动诸如建筑、交通、运输、通信、广告、旅游、宾馆、餐饮、住宿等一系列产业的发展,并孕育和发展新的产业门类。会展业一方面为产业内相关部门带来大量的客源、货源,创造大量的市场需求;另一方面,需求的增加会对产业外的第一、第二产业和相关部门不断提出新的需求、新的供给要求和新的投资要求,并提供新的供给领域和市场。

(二)展示最新成果,交流市场信息

会展业汇聚了巨大的信息流、技术流、商品流和人才流,意味着各行业处在开放浪潮中,在产品、技术、生产、营销等诸方面获取比较优势,优化配置资源,增强综合竞争力。在功能上,会展是人们进行信息交流、洽谈商业合作和进行市场营销的场所,能发挥桥梁和媒介的作用。在营销方式上,可以把会展、直接销售和电子商务并列,三者属于同一范畴。在展示新成果、新产品时,会展具有一种人性化沟通的亲和力,可以让受众近距离地观赏展品。

(三)树立地区形象,扩大城市影响力

会展业可以发展为城市名片,“博鳌效应”就是其中的一个典型范例。原本为穷乡僻壤的博鳌在建成了博鳌亚洲论坛国际会议中心后,以其良好的生态、人文、治安环

境，吸引了众多海内外会议组织者、参会者、旅游者等。作为特殊的服务行业，会展经济能服务于城市的发展，并增强城市面向周边地区的辐射力和影响力。会展活动可以向世界各地的与会人员宣传办展城市，向人们展示办展城市的精神风貌，扩大办展城市的影响力，提高办展城市在国际上的知名度和美誉度，进而吸引投资，促进旅游发展，推动城市经济的发展。

（四）综合效益高

各个产业，特别是制造业，在发展过程中要想生存和提升竞争力，需要相关服务行业的协作，加快新型工业化、加强新农村建设，其中，会展业起到了很大的助力作用。随着近年来办展活动的增多，会展业不仅能提供就业机会，而且拉动了经济的发展。

任务二　展览接待服务

任务引入

香港会展中心引入新型设备，走集约化、人性化之路

位于香港湾仔区的香港会议展览中心（简称香港会展中心），是香港海边建筑群中的代表性建筑之一。除了大型会议及展览用途，香港会展中心还有两家五星级酒店、办公大楼和豪华公寓各一幢。香港会展中心的新翼由填海扩建而成，内附大礼堂及大展厅数个，分布在三层建筑之中。香港会展中心是世界上极大的展览馆之一。

近年来，香港会展中心大力引入新型设备，体现出很强的集约化、环保、人性化理念。

(1)新型保洁车。区别于传统保洁车，该车有自备水箱、水枪等冲洗设备。改变了果皮箱人工擦拭清洗的工作模式，有效提高了工作效率，大大降低了保洁员的劳动强度。

(2)消防排烟车。可稀释有毒气体和冷却烟雾，车上所配排烟机每秒流量高达77m^3。该排烟车配有底架，可车载，在工作中底架可以根据需要升高和降低，也可倾斜、旋转。

(3)伤残人士专用设施。香港会展中心入口的斜坡以及宽敞的客用升降机，均为方便轮椅出入而设。香港会展中心在港湾道及博览道入口的问询处装置触觉平面地图及电感圈辅听系统。此外，香港会展中心内亦设有盲人导向指示、伤残人士专用洗手间和电话，停车场亦有伤残人士专用车位。

那么,香港会展中心引入和设置的这些设施设备体现了该会展中心怎样的管理理念?

任务剖析

7-2

一、展览的概念及类型

(一)展览的概念

展览是指参展商利用办展机构提供的平台,出于商贸洽谈、产品发布等目的而公开展示企业生产的实物产品及相关资料,吸引采购商洽谈贸易的行为。

展览活动的开展除了可以让大众浏览相关产品,还可以进行企业产品或服务宣传,展示企业尚未推出的新产品和服务,吸引更多的金融投资者,同时可以有效地拓宽市场,促进企业投资和发展。总之,展览是一种具有多功能的活动,能够起到宣传、产品推介、形象提升、拓宽市场等功能。

(二)展览的类型

可依据内容、规模、时间、地域、功能、方式等标准,对展览进行分类,见表7-1。

表7-1 展览的分类

分类标准	细分类别
内容	综合性展览、专业展览、消费展览
规模	国际展览、全国展览、地方展览、独家展览
时间	定期展览、不定期展览、短期展览、长期展览、常年展览
地域	国内展览、国外展览
功能	教育性展览(如观赏展览、教育展览、公益推广展览等)、中介性展览(如商业推广展览、贸易型展览、消费型展览、综合型展览等)
方式	实物展览、网上展览

二、展览接待服务的对象

展览接待服务的主要群体包括参展商、观众、相关协会及其他群体。

(一)为参展商提供的接待服务

参展商的数量和质量是评价展览质量的重要指标,是会展服务重要的服务对象,也是展览组织机构主要的经济来源。所以,展览组织机构从开始筹备展览到结束展览,一直为参展商提供服务,主要包括产品展示服务、信息发布服务、设备租赁服务、展位设备及其搭建服务、咨询服务、产品运输服务、商务考察服务、住宿及餐饮服务和展览期间的旅游服务。

（二）为观众提供的接待服务

展览服务的观众主要分为两类：一类是专业观众，另一类是普通观众。专业观众是指从事该展览所展出的商品或服务的设计、开发、生产、销售行业或者提供相关服务的专业人士或者用户。专业观众越多，参展商所获得的利益就会越大。而普通观众则是指那些所从事的工作暂时与展览涉及行业毫无关系的人士。专业观众与普通观众之间不是截然分明的，由于工作的转换，今天的普通观众，明天可能就是专业观众。所以，不论专业观众还是普通观众，都是会展接待的重要服务对象，展览组织机构应重视观众的邀请与服务工作。

（三）为相关协会及其他群体提供的接待服务

在会展活动的组织实施过程中，展览组织机构除了为上述有关服务对象提供相应的服务，还需要为相关协会及其他群体提供服务，如新闻媒体、行业主管部门、行业协会、国际组织等。在会展活动的举办过程中，许多媒体会派出记者到现场进行采访，这就需要展览组织机构为其提供便利，安排相关人员向他们介绍会展活动的相关情况与数据，并提供翔实的活动背景资料，以便宣传报道。

此外，在为行业协会提供接待服务方面，展览组织机构要注意两类行业协会：一类是会展行业协会，另一类是会展活动所涉及产业的行业协会。会展行业协会负责活动举办地会展市场的数据收集与统计、行规的制定与落实、会展产业政策的制定以及会展评估等工作。会展活动所涉及产业的行业协会在相关行业内具有较强的影响力和号召力。通过提供优质的服务，展览组织机构可以与这些行业协会建立紧密的合作关系，这对会展的长远发展起着重要的作用。

三、展览接待服务的主要流程

（一）展前服务

展前服务主要指展览的工作人员从到达目的地之后，一直到展览开幕前的所有工作，主要包括运输展品，设计展台，并进行施工、宣传、公关等工作，还包括制定参展目标、对各个项目进行定位以及设计展示剧情等具体工作。按照国际标准，展览开幕前的服务包括以下几方面。

(1) 信息咨询服务，是指主办方结合展览的特点提供信息的咨询服务。

(2) 网络资讯服务。主办方可以通过网络发布展览的相关信息。例如，发布上届展览的数据分析，以便于参展商制定合理的参展目标。此外，本届展览的日程安排和活动具体安排、展馆地理情况、酒店预订信息、观众预约信息等都可以在网上发布。主办方还可以利用网络广泛邀请参展商和专业采购商。

(3) 参展商信息收集服务。在欧洲，参展商的信息被视为最有价值的行业数据资源。主办方通过参展商参展调查表、参展发放的产品资料、参展商公司网站以及相关行业媒体的介绍和评价，可全面掌握参展商的信息。

(4) 信息预登记服务。这项服务可以委托专业公司来完成,从而让主办方从登记工作和观众管理中解脱出来。专业公司按照行业特点将参展商和展品进行分类,使参展商信息得到更加有效利用。

(5) 观众邀请服务,是指对预登记的观众邮寄邀请函和胸卡。

(6) 虚拟展览服务。随着网络的广泛应用,虚拟展览在世界各地非常流行。目前国内展览公司在内地举办展览时,会较多地运用虚拟展览。随着网络技术的普及,虚拟展览成为实物展览的良好补充。

(二) 展中服务

展中服务主要是指从展览开幕到闭幕期间的服务工作,包括展台管理、后勤服务以及突发事件处理等。在整个展览接待服务过程当中,展中服务是最为紧张的环节,需要制定有效的组织协调机制。

(1) 观众的信息管理。目前,国内的知名品牌展览大多委托专业公司负责对观众数据进行采集和分类。此外,由专业公司现场打印观众基本信息,生成个性化的参观卡,方便参展商识别。

(2) 现场监控。包括出入口管理以及进入场馆和会议室的权限控制,还可以提供展台服务系统、现场分析报告制作、电子会刊制作及市场营销方面的服务。

(三) 展后服务

展后服务主要是指从展览闭幕到参展人员离开,这一段时间内的全部工作,主要包括收尾工作以及服务评估工作。展后服务中极为重要的部分是数据分析及客户维护服务。

(1) 展览统计分析报告。根据规范化的展览数据统计,分析现场展览效果,为制定未来办展策略提供参考。可以通过专业的公司对在展览中收集到的信息进行价值评估。

(2) 展后回访,是展览接待服务的重要组成部分之一。对专业观众的回访形式包括邮寄信件、发送电子邮件、发送传真等,内容包括展览满意度调查、下届展览参观意向等。主办方通过展后回访,可以加强与观众的有效联系,进一步提高信息质量。

(3) 建立行业信息中心。应注重对参展商和观众的问卷调查,收集反馈意见,有效利用信息管理的统一平台,实现对行业卖家和买家信息库的有效使用。基于此,建立和运营行业的信息交流网站,促进参展商与观众之间的展后交流。

四、展览的场地

(一) 会展中心

会展中心是指带有展厅和会议室,但不带住宿设施的建筑物。国际上,在会展中心的设施方面,会议空间与展览空间的比例一般为25:100。我国目前建成的展览中心所附带的会议功能也逐渐强大起来。以会议、展览功能为主,再辅之以其他相关功能,

这类设施就成了“会展综合体”，如中国国际展览中心、新加坡博览中心等。

（二）各类专业场馆

（1）博物馆，是指对有关历史、自然、文化、艺术、科学、技术的实物、资料、标本进行收集、保管、研究，并陈列其中一部分供人们参观、学习的专用建筑。

（2）美术馆，是以陈列展出美术工艺品为主，主要收集有关工艺、美术藏品，进行版面陈列、工艺美术陈列等，有的会设立美术创作室。

（3）纪念馆，是为纪念具有历史意义的事迹或者人物而建造的建筑物。例如，位于北京天安门广场的毛主席纪念堂，就是典型的人物纪念馆。

任务三　会议接待服务

任务引入

国际大会及会议协会（ICCA）

国际大会及会议协会是世界上最具权威性的会议业协会组织，成立于1963年，会务业最为全球化，是会议的操作执行、运输及住宿等方面的会议专业组织。其总部设在荷兰阿姆斯特丹，会员来自全球100多个国家和地区。该协会聚集了会议旅游及目的地管理公司（旅行社）、航空公司、专业会议展览组织者、会议观光局等。

国际大会及会议协会将全球划分为9个区域，并设立了9个区域分会：非洲分会、法语分会、北美分会、亚太分会、拉美分会、斯堪的纳维亚分会、中欧分会、地中海分会、英国/爱尔兰分会。

该协会肩负以下使命：

①提高协会成员举办会议的技巧及对会议业的理解。

②为协会成员的信息交流提供便利。

③最大限度地为协会成员提供发展机会。

④根据客户的期望值逐步提高专业水准。

该协会提供的产品和服务如下：

①协会数据库说明。

②协会数据库报告书。

③协会数据库提供的按客户要求特制的表格名录。

④公司数据库说明。

⑤公司数据库提供的按客户要求特制的表格名录。

任务剖析

7-3

⑥国际大会及会议协会数据专题讨论会资料。

⑦国际会议市场统计资料。

一、会议的概念及类型

（一）会议的概念

会议是一种目的性很强的社交活动，是指在特定的时间和地点，围绕某一特定主题和议题展开讨论，最终同与会者达成共识，并遵循一定的规则而开展的活动。也有人认为，会议是人们为了解决某个共同的问题或出于不同的目的集聚在一起进行讨论、交流的活动。会议作为会展业的重要组成部分，它具有促进一定规模的人员流动和消费的特殊功能，一些大型会议特别是国际性会议在提升城市形象、促进城市基础设施建设、创造经济效益等方面具有特殊的作用。

（二）会议的类型

可以依据举办主体、会议特征、会议内容等标准对会议进行分类，见表7-2。

表7-2 会议的分类

分类标准	划分类别
举办主体	公司类会议、协会类会议、其他组织会议
会议特征	商务型会议、专业学术型会议、度假型会议、文化交流型会议、政治性会议、培训性会议等
会议内容	研讨会、论坛、年会、静修会议、专业会议、代表会议、专题讨论会、讲座等

二、会议接待服务的对象

会议接待服务的对象，除了一般的与会人员，还有会议嘉宾、特约报告人、会伴或辅助人员等。

（一）对一般与会人员的接待服务

一般与会人员是会议接待服务的主要对象。根据会议的具体接待服务要求，提供注册服务、会议现场服务、会议食宿和参观考察等系列活动。会议组织机构在为一般与会人员做好会议接待服务的同时，还可以根据一般与会人员的兴趣和爱好，为其提供个性化的会议旅游服务。

（二）对会议嘉宾的接待服务

会议嘉宾是出席会议开幕式或闭幕式的政府官员、商界名流、著名艺人、重要赞助

商等知名人士。他们具有较高的社会知名度和较大的行业影响力,他们的出席可以提升会议的社会影响。会议接待服务人员一定要注意对VIP的接待,特别重要的贵宾要指定专人接待,要制订详尽、周到的接待计划,并按照接待计划,自始至终提供一对一的接待服务。

(三)对特约报告人的接待服务

对于国外会议特约报告人,会议组织机构至少要提前6个月发出正式邀请函,以便他们提前安排行程;而对于国内会议特约报告人,会议组织机构至少要提前3个月发出正式邀请函。会议要承担特约报告人在会议举办期间的住宿、餐饮、旅游、往返机票等各项费用,还要向他们支付一定数额的劳务费。

(四)对会伴或辅助人员的接待服务

很多专家学者往往会携带自己的伴侣(会伴)出席一些大型国际会议。辅助人员包括与专家学者一起参加会议的研究生,以及需要与政府官员一同参加会议的工作人员等。为这部分人策划参观旅游活动时,需要考虑他们的消费特点,价格不要太高,还要具有针对性。

三、会议接待服务的流程

(一)会议前的接待服务

会议前的接待服务主要是指会议开始前的筹备工作。按照国际标准,会议前的接待服务包括以下几个方面。

(1) 接受任务,确认信息。由会务组确定会议时间、会议地点、与会者、会议内容。

(2) 会议相关资料准备工作。具体包括:①确定与会者资料;②准备议程,确定主办方、参会人员、陪同人员;③联系媒体人员并为媒体人员准备礼品;④落实专人负责会议用品的准备工作;⑤落实主持人,准备领导讲话稿。

(3) 会前接待服务准备工作。具体包括:①联系酒店,在安排房间时需要注意询问与会者是否有特殊要求;②根据会议议程安排午餐和晚餐的地点及规格;③根据与会者的职务安排不同的接送车辆并确定接送时间;④安排娱乐休闲、参观等活动,并提前通知陪同人员。

(二)会议中的接待服务

会议中的接待服务主要是指会议开始后的对客接待工作,主要包括以下几个方面。

(1) 迎宾、注册服务。主要包括搭建注册台、准备和发放注册材料、收集并整理会议代表的相关信息、收取注册费用等。

(2) 会议现场服务。主要包括会议现场的布置、引导、秩序维护等服务。①应根据会议的规模和目的,确定会议现场的布置、座位的排列、会场设备的调试等工作;②会议现场需要分区域安排服务人员按照会议礼仪提供服务,并安排人员做会议记录、照相等;③会议现场的秩序维护主要是指会场的安保工作,要做好相关应急预案,避免意外事件发生。

(3) 会议期间活动。主要包括会议期间的餐饮服务、参观考察服务、文娱活动的安排,需要安排接送车辆,并设置陪同人员陪同参观、就餐、娱乐。

(三) 会议后的接待服务

会议后的接待服务主要是指在会议结束后做好以下工作:进行物料收集,清点会议用品及未用完的物品;安排车辆,为与会人员送行;做好会议纪要、会议总结,审核媒体新闻稿件,做好宣传工作;收集对于本次会议的意见和建议等。

四、会议的场地

(一) 会议中心

会议中心是指为会议及学习特别设计的环境,致力于支持举办中小型会议,一般可以容纳20—50人。会议的本质是建立一种完全自由的、通过相互学习获得信息的环境。会议中心的建立就是为了鼓励在吸引人的、舒服的氛围中进行信息分享,关注会议本身及使其有效的因素。

(二) 专用会议中心

专用会议中心是指以满足特定需求为主的会议设施,是政府、企业、学校、科研机构等为满足特定需求而建设的会议设施。专用会议中心可以是办公设施的组成部分,也可以是独立的建筑。这类设施的规模一般不是很大,会在满足自身需求的情况下对外承接业务。建设在机关院落或办公设施内部的专用会议中心通常没有其他配套功能。

(三) 酒店和度假村

酒店和度假村提供了从市中心到度假地的多样化的场地选择。很多酒店都有各种规模的宴会厅和会议室。如今,酒店和度假村大多都有相关网站,并为会议策划人提供帮助,协助他们策划和组织会议。会议策划人寻找场地的消息一经发布,各家酒店之间就会展开竞争,积极争取会议业务。

(四) 邮轮

在非传统场地举办的会议能为与会者提供独特和难忘的体验。此类场地的业务竞争对于许多传统场地(如酒店、会展中心等)而言,是具有挑战性的。在某些情况下,

与传统场地相比，邮轮会议是独特的会议，它能为与会者提供很多有利的条件，如折扣、免费餐饮、娱乐等，而且在大海上会更少受外部环境的干扰，如果中途靠岸下船，还可以游览一些旅游目的地。

任务四　节事活动接待服务

感受“中国年”，特色美食进场馆

按照北京冬奥组委“两地、三赛区统一标准”的要求，冬奥会餐饮组每日不重样，八天一循环，设计了富含营养的中国特色菜单，成为冬奥餐饮标配，广受来自世界各地的冬奥会运动员的赞美。

面向工作人员的餐食：早餐包括牛奶、鸡蛋、香肠、包子、各式面包、粗粮六大类。午餐和晚餐包括四种热菜、四种主食、汤、粥、三种乳制品。除此之外，还有酱菜、小菜、水果和饮品，餐食品种比较丰富。

面向国际技术官员的餐食：遵循国际惯例，增加了西式主食、主菜和茶点，进一步满足西餐需求。

面向奥运大家庭的餐食：涉及招待国际奥委会官员和各国重要宾客，餐饮及茶点的品类更为丰富。

此外，冬奥会与“中国年”携手，“双奥之城”的餐饮保障让国际友人感受到了不一样的“中国年”。在小年、除夕、破五、立春、正月十五等传统节日，中国传统美食和特色美食纷纷“进入”场馆，“走上”餐桌。例如，五福水饺（五彩水饺）、特色鲅鱼饺子、元宝饺子、春卷、合菜、元宵、汤圆等特色菜品和主食，以及厨师自创的“冰球”“冰墩墩”“雪容融”、苹果派、菠萝派等特色甜点，寓意深刻的“定胜糕”“状元糕”，情人节的特色蛋糕，中国传统的火锅和茶艺等，各类美食和饮品做到了中西合璧，花样层出不穷。

首体场馆的五福水饺与奥运五环、“冰丝带”相呼应，寓意着对运动健儿为国添彩、冬奥会圆满成功的祝福，受到中外宾朋好评。五棵松场馆还组织了“冰墩墩、雪容融”冬奥主题面食作品展示、“除夕夜一起包饺子一起向未来”等各具特色的活动。

（资料来源：《冬奥餐饮每日不重样、8天一循环》，新京报，2022年2月18日。）

任务剖析

7-4

一、节事活动的概念及类型

（一）节事活动的概念

节事活动是指在特定时间和地点举办的重要活动。国际上，节事活动包括两大部分，即节日庆典（Festival）和大型事件（Mega-Events）。按照该定义，节事活动所涵盖的内容非常之广，如娱乐休闲活动、节日庆典、政府活动、演唱会、体育赛事、市场推广等。现代社会生活中，节事活动扮演着越来越重要的角色。节事活动的举办具有促进当地旅游业的发展，带动相关产业的发展，提升城市的品牌形象等功能。

（二）节事活动的类型

可以根据活动主题、活动属性、活动组织者等分类标准，将节事活动划分为不同类别，见表7-3。

表7-3 节事活动的分类

分类标准	细分类别
活动主题	节庆活动、商业活动、体育赛事、宗教活动、民俗风情活动等
活动属性	传统节庆活动、现代庆典活动、其他重大活动
活动组织者	政府性活动、民间性活动、企业性活动等

二、节事活动接待服务的对象

（一）为观众提供的接待服务

节事活动是一项参与性很强的活动，提高对观众的接待服务质量是节事活动组织机构扩大节事活动影响力和吸引力的重要措施。在节事活动的举办过程中，参与人员的流量具有一定的不可预知性，能否有效疏导观众不仅影响观众的安全性，而且直接影响观众对节事活动的体验感受。因此，要安排一定的引导服务人员和安保人员及时疏导观众及维持秩序，并在适当的地方向观众赠送纪念品。

（二）为媒体记者提供的接待服务

一些具有一定影响力的大型节事活动往往是媒体记者关注和争相报道的焦点。节事活动组织机构应在节事活动现场指派专门人员负责接待媒体记者，并为其提供详细的数据与资料，有针对性地提供各种服务，为他们现场采访和拍摄提供方便，促使他们加大报道的力度，提升活动的知名度和美誉度。

（三）为VIP提供的接待服务

为了提升节事活动的影响力和吸引力，节事活动组织机构在节事活动举办期间往往会邀请一些VIP出席开幕式或参加一些重要的活动。一般来说，首先要为VIP准备

休息室。其次，根据VIP的职务，安排相应职务的领导在现场负责迎接。最后，要安排好VIP的参观线路和陪同参观的人员，安排讲解人员向VIP简要介绍节事活动的概况、特点及当地的风土人情、名胜古迹等，安排适当的安保人员维持现场秩序，以保证VIP参观线路畅通。

（四）为特殊人士提供的接待服务

随着人们生活水平的不断提高，参加各类活动的残障人群也逐步增加。因此，在进行节事活动现场策划与布置时，要考虑到残障人群的特殊需要，为他们设置更加完善的专用服务设施，如设置盲道、专用洗手间、专用停车场，以及在比赛观看区域设置醒目标志等。与此同时，节事活动组织机构要配备充足的服务人员，提供手语翻译等专业服务。

三、节事活动的策划流程及接待服务内容

（一）节事活动的策划流程

节事活动的策划者负责对节事活动的全程进行策划，包括确定节事活动时间和地点、进行活动推广，以及提供或安排节事活动的其他服务。

(1)搜集资料。

策划节事活动的第一个阶段是搜集资料，解决以下问题：为什么举办该节事活动？应该由谁来举办？在哪里举办？节事活动的重点是什么？预期效果是怎么样的？

(2)设计节事活动内容。

策划节事活动的第二个阶段是根据前期的资料，围绕主题设计节事活动的内容。节事活动的管理者或策划团队可以通过头脑风暴进行创新，或者对先前的节事活动设计进行发展和改造。设计的过程追求得到新颖和独特的创意。对于参与者来说，节事活动应具有更好的时代感和体验感。

(3)制订节事活动计划。

策划节事活动的第三个阶段是根据节事活动的预算，与服务承包商签订合同，并制订节事活动计划，包括：选择活动地点、选择酒店住宿、安排交通、安排餐饮服务、安排发言者、安排娱乐活动和活动音乐、安排视听设备、制定营销计划、准备邀请函或活动礼包等。

（二）节事活动现场的接待服务

(1)节事活动现场的规划与布置。

节事活动现场的规划与布置主要包括表演区域、观众区域和服务区域的确定，这三类区域需要进行细致的划分。

①在设置表演区域时，要根据节目的演出需要和场地的大小来进行适当分隔，既要满足表演者的需要，又要方便观众观赏与参与。

②观众区域的设置可分为站立区和座席区两个类型，相较而言，座席区更便于管

理,尤其是凭票对号入座的观众区域。

③服务区域主要包括咨询服务区、停车服务区、餐饮服务区、旅游纪念品展销区、休息服务区等。

(2)节事活动现场的接待服务。

节事活动现场的接待服务能力和质量是衡量节事活动是否成功的重要标志。节事活动现场接待服务不仅要程序化、规范化,而且要尽量提供适合观众、嘉宾、媒体记者等所需要的个性化服务。

(3)节事活动现场的安保服务。

近年来,大型节事活动已经成为促进经济发展和文化交流的重要载体,这类活动具有规模大、社会关注程度高、场面热烈、公众情绪高涨、安全防范工作难度大等特点。为了维护大型节事活动现场秩序,防止意外事件的发生,节事活动组织机构应会同当地公安部门掌握节事活动的基本情况,制定安保工作方案,对节事活动参与人员进行总量控制和动态管理,确保安全。

(三)节事活动收尾时的接待服务

节事活动收尾时的接待服务主要是指在节事活动结束后做好以下工作:清理场地、疏散参与人员;审核媒体新闻稿件,做好宣传工作;收集对本次节事活动的意见和建议等。

1. 情景描述

小李在本市某五星级酒店工作,会展部接到订单,需要下周接待约120人的会议,会议历时3天。为了保障该大型会议接待任务圆满完成,小李作为会议接待组长开始提前部署接待工作,进行任务分工并提前做好演练工作。

2. 活动要求

将接待人群分为观众、媒体记者、VIP、特殊人士四类,并将学生分为对应的四个小组,各组按照会议接待的流程进行会议接待情景演练。

3. 活动步骤

(1) 各组根据对应的接待人群的接待要求,研究接待内容和接待流程。

(2) 各组根据接待内容和情景描述的需求,并进行接待现场的情景演练。

(3) 各组在班级内进行展示。

4. 活动评价

每组展示完后,进行学生自评、小组互评、教师点评。

项目	标准分值	学生自评	小组互评	教师点评
服务流程完整	20分			
服务内容准确	30分			
服务效果良好	30分			
体现团队合作	20分			

项目小结

本项目介绍了会展业的产生、概念和作用，并从接待服务对象、接待服务流程等角度，对展览接待服务、会议接待服务、节事活动接待服务进行了详细的介绍。学生通过本项目的学习，能够对会展接待服务形成全面的了解，并初步具备的会展接待服务能力。

项目训练

一、知识训练

1. 如何理解会展的定义？
2. 会展业的作用有哪些？
3. 展览接待服务的主要流程有哪些？
4. 会议接待服务的前期需要准备哪些内容？
5. 节事活动现场的接待服务应该注意哪些问题？

二、能力训练

1. 对于不同类型的服务对象，应该如何做好展览接待服务？
2. 对于不同类型的服务对象，应该如何做好会议接待服务？
3. 对于不同类型的服务对象，应该如何做好节事活动接待服务？

项目八
旅游系统

项目描述

随着互联网时代的快速发展，智能设备覆盖已经形成规模，消费者移动消费习惯已经养成，旅游业发生了前所未有的变革，全新的旅游观念和模式不仅为旅游者带来了前所未有的旅游体验，也为旅游相关部门、旅游景区及旅游企业的规划和决策提供了新的路径，旅游业的发展更显智慧和智能。例如，在线旅游(Online Travel Agency，OTA)能更好地实现线上与线下的互动，旅游大数据分析为旅游业更好的发展提供了技术支持等。

项目目标

知识目标

(1)了解在线旅游的概念内涵、发展阶段，熟悉在线旅游的特征，掌握在线旅游接待业管理。

(2)了解旅游大数据的概念、来源，熟悉大数据在旅游业中的应用。

能力目标

(1)运用在线旅游的相关理论分析实际问题。

(2)培养大数据思维，运用大数据理论分析实际问题。

素质目标

(1)培养对旅游业的兴趣和热爱，保持专业的素养和精神状态。

(2)培养自我学习和持续学习的意识，保持学习新知识和技能的动力和能力。

知识框架

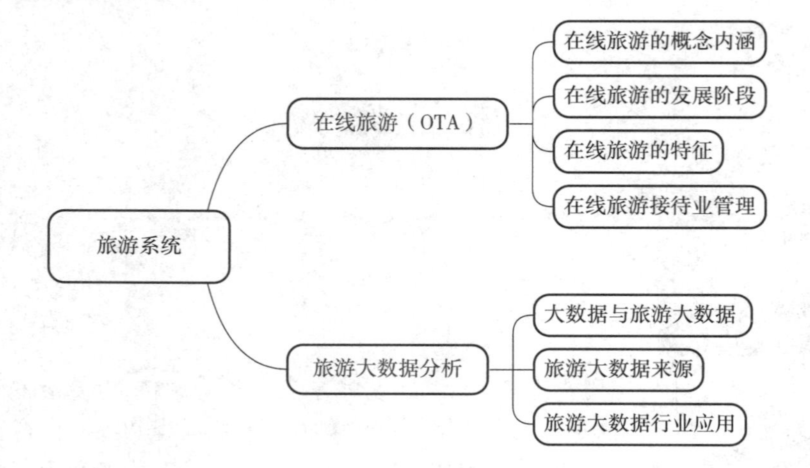

教学重点

(1)在线旅游的概念内涵、特征。

(2)旅游大数据的概念、来源。

教学难点

(1)在线旅游接待业管理。

(2)旅游大数据的行业应用。

项目引入

互联科技助力旅游大发展

2021年5月3日22时16分，丽江古城瞬时游客人数达72858人，景区立即启动三级预警，通过560个智慧应急疏导广播及27块智能引导屏进行安全提示和人流疏导，确保游客游得“舒心”。

丽江以丽江古城建设为抓手，逐步探索旅游管理数据化、旅游服务个性化、旅游景区智能化、旅游安全可视化，以科技赋能八百年历史名城的转型升级，利用高清视频监控点实时监控人流，利用酒吧噪声监控系统实现对酒吧音乐音量超标、超时播放的监管，利用5G无人清扫车、5G无人巡逻车、5G无人机为景区安全管控、环境卫生提供支持。

丽江古城通过对景区内旅游资源的数据化、数字化，形成了集指挥调度平台、综合指挥、智慧安防、智慧厨房、噪声监控、人流监控、视频监控、智慧环保等于一体的综合管理体系，全面保障了景区的安全和秩序。

Note

通过以上描述可知，丽江古城使用了基于大数据的指挥调度系统来预防突发事件的发生。旅游目的地不同时段的实时游客数据可以实时呈现在目的地管理人员眼前，具有可视化的特点，丽江古城的管理人员掌握数据后可以进行提前准备和预警，从而提高管理防范能力和应对能力，降低旅游事故发生的风险。由此可见，在互联网时代下，科技可以助力旅游的大发展。

任务一 在线旅游(OTA)

在线旅游迈入万亿时代

随着在线旅游预订市场逐渐成熟，越来越多的个人用户开始选择在线旅游预订。同时，酒店、航空公司等供应商也在推动这种转变，鼓励消费者在线预订，以削减更高昂的呼叫中心成本。而欧美旅游市场作为全球旅游市场的重要组成部分，其网络交易规模的增长能够反映出全球在线旅游预订市场的发展趋势。

我国旅游业竞争要素正在大规模解构与重构，在线旅游市场竞争活力被重新激活。2021年，我国在线旅游交易额达1.47万亿元，较上年增加0.38万亿元，同比增长34.9%，旅游预订线上化率持续增长。2021年12月在线旅游平台月活跃用户超1.2亿，其中携程旅行月活跃用户为7170万，位居榜首；中国铁路12306的月活跃用户为5738万，跃居第二；同程旅行月活跃用户为5490万，排名第三。

对于中国而言，推动在线旅游预订市场发展的因素有很多。例如：我国旅游市场持续稳定发展，我国民众旅游需求不断增加，这为在线旅游预订的放量增长营造了良好的市场消费环境；核心运营商纷纷推出了各种优惠促销活动，低价吸引越来越多的用户从传统线下预订转向线上预订。截至2021年12月，我国网民规模达10.32亿，较2020年12月增长4296万，互联网普及率达73.0%。庞大数量的网民构成了中国蓬勃发展的消费市场，这为在线旅游预订提供了庞大的用户基础。

(资料来源：https://www.sohu.com/a/719545768_121795240。)

请思考：在线旅游迈入万亿时代对旅游业未来的发展意味着什么？

任务剖析

8-1

一、在线旅游的概念内涵

在线旅游(Online Travel Agency，OTA)，是指旅游消费者通过网络向旅游服务提

供商预定旅游产品或服务，支持网上支付或者线下付费，各类旅游主体均可通过网络进行产品营销或产品销售。

在线旅游业是互联网与旅游业跨界融合所产生的新业态，在理解在线旅游业的概念内涵时要注意以下几点：

(1) 正确理解在线旅游的旅游者行为范畴和在线旅游平台概念。在线旅游并不是旅游者通过在线(网络)的方式进行旅游，与旅游者足不出户进行虚拟现实旅游活动存在本质差别。

(2) 在线旅游业归根到底仍然属于旅游服务型行业，而不是旅游活动的提供主体。在线旅游是将传统门店旅游服务和旅游咨询在线上进行整合，给旅游者提供获取信息的新途径和新的支付方式。

(3) 在线旅游业是以互联网技术为基础的电子商务行业，不能脱离互联网平台而独立存在。

二、在线旅游的发展阶段

我国在线旅游已有近30年的发展历史，大致可以分为四个阶段：起步阶段、快速成长阶段、资源整合阶段和成熟阶段。在线旅游业经历了从群雄并起到资源整合的演变，“存量时代”更注重把握精细化运营。

(一) 起步阶段(1997—2004年)

1997年，全球互联网投资兴起，互联网借助资本的力量向各个行业进行渗透，中国第一批旅游网站应运而生，华夏旅游网、中青旅在线相继成立。1999年5月，艺龙在美国成立，定位为城市生活资讯网站，同年10月，携程旅行网开通，通过电子商务与呼叫中心相结合的方式，提供机票和酒店的预订服务。早期的在线旅游企业通过收购传统分销商，来实现业务和市场的拓展。携程分别于2000年和2002年收购北京现代运通订房中心和北京海岸航空服务有限公司。艺龙并购了百德勤及其电子商务网站，向旅游服务行业进军。2003年12月携程在纳斯达克上市，次年10月艺龙上市。起步阶段的在线旅游企业通过探索和尝试，逐渐明确了发展路线，业务以标准化程度较高的住宿、交通预订为主，同时为用户提供相关旅游资讯等信息服务。

(二) 快速成长阶段(2004—2010年)

2004—2010年，众多在线旅游企业纷纷成立，在线旅游业呈现多元化、差异化发展态势，我国在线旅游进入快速发展阶段。2004年，同程成立，早期提供旅游业B2B服务。2005年，去哪儿成立，作为旅游搜索引擎，为用户提供及时的旅游产品价格查询和信息比较服务。2006年，途牛成立，从度假旅游板块切入在线旅游市场，避开与携程和艺龙在酒店、机票领域的正面竞争。同年成立的马蜂窝作为UGC旅行社交网站，为用户提供分享游记、攻略的交流平台。2008年，驴妈妈成立，以景区门票为切入点，率先在全国将二维码技术用于景区门票业务，实现电子门票预订、数字化通关。这一阶段的在线旅游企业在业务上普遍存在一定差异，倾向于填补各个细分市场的需求。得益

于行业整体的快速发展，在线旅游企业呈现出百花齐放的良好态势。

（三）资源整合阶段（2010—2016年）

2010—2016年，我国在线旅游的发展进入资源整合阶段。随着在线旅游企业越来越多，同质化竞争难以避免。在线旅游企业之间为了争夺客源、抢占市场，在酒店、门票等领域开启了多轮价格战。当一家在线旅游平台推出补贴、返现活动时，为了防止用户和市场被抢占，其他平台只能跟进，以相应或更大的优惠措施反击。愈演愈烈的价格战给在线旅游企业的业绩造成极大拖累，烧钱抢市场的模式难以维系，最终促成了全行业的资源整合，大量中小企业出清，市场集中度明显提升。

（四）成熟阶段（2016年至今）

经过上一阶段的价格战和投资并购，在线旅游业发展逐渐成熟。各家公司纷纷重新布局线下门店，推动线上平台与线下旅行社的融合。在很多低线城市，在线旅游的渗透率不高，线下门店依然是人们接触旅游信息、产品和服务的重要渠道。相比在线网站，线下门店可以与消费者面对面咨询，增强消费者对门店的信任感，通过良好的服务提高用户黏性。

三、在线旅游的特征

在线旅游是以互联网在线平台为基础而产生的行业，其主要特征是市场开放度高、服务不受时间和空间限制、业务集中性强、客户受众面广。与传统旅游相比，在线旅游在运营方式、预订系统、支付方式、信息来源和客户群体上表现出了明显的差异，见表8-1。

表8-1 在线旅游与传统旅游差异对比

项目	在线旅游	传统旅游
运营方式	网络平台运营	实体门店运营
预订系统	网站预订、电话预订	电话预订、门店预订
支付方式	线上支付	门店支付
信息来源	国内外线上线下信息综合	线下信息
客户群体	国内外所有线上旅游者	实体门店辐射范围内的线下旅游者

（一）市场开放度高

市场开放度高即进出门槛低，在线旅游业涵盖的服务面涉及旅游业的所有层面，因此，每个环节都可以成为进入或退出市场的突破口。这一特点使在线旅游业同质性平台和产品较多，在线旅游企业之间的竞争激烈程度日益增强。

（二）服务不受时间和空间限制

在线旅游平台依靠PC端和移动端进行运营和售卖，和传统门市规定的工作作息

安排相比，其在业务处理的时间和空间上不受限制。随着移动端技术越来越普及和发达，用户可以随时随地访问在线旅游平台，进行信息获取、产品预订和支付处理。

（三）业务集中性强

在线旅游平台高度整合了旅游市场供需链的所有产品，尤其是大型在线旅游供应商，一个平台即可提供旅游者需要的所有业务受理服务，与服务单一、功能有限的传统门市相比，其产品的选择范围广，受理业务效率大幅度提升。

（四）客户受众面广

在线旅游依靠互联网平台，操作简单，服务便捷。对于无法前往旅游门市咨询的国际游客而言，在线旅游平台是其了解其他国家旅游资讯的主要平台。因此，在线旅游平台提供的服务主要包括国内服务和国际服务，客户受众面除了国内旅游市场，还有国际旅游市场。

四、在线旅游接待业管理

在线旅游接待业和传统旅游接待业共同构成了旅游接待服务业的完整体系，而在线旅游接待业属于旅游跨界形成的新兴接待服务业，其服务方式主要依靠网站平台为用户提供网络服务。因此，良好的在线旅游网站建设与管理是在线旅游接待业管理的核心。

（一）在线旅游网站流程优化

优化在线旅游网站流程是为了让用户能够以最简单的方式进入网站，以最直接、便捷的方式获取信息，去掉多余的网站使用流程，为用户提供最便捷的网络接待服务。

优化在线旅游网站流程具体包括：

(1) 优化在线旅游网站使用稳定性。优化在线旅游网站，App使用过程中的卡顿、闪退等情况，给用户提供最为流畅的使用体验。

(2) 优化在线旅游网站搜索引擎。可以根据搜索引擎算法来确定在线旅游网站搜索引擎设置的合理性，通过调整关键词布局、搜索内容智能排序等，提高用户使用效率。

(3) 优化在线旅游网站页面布局。修改、删除在线旅游网站中的冗余代码，调整页面、文本设计、友情链接以及广告插入的布局，做到功能模块分区清晰、文字图片信息精简美观、链接功能实用性强。

只有去掉多余的网站使用流程，才能提升在线旅游接待业的用户自服务效率。

（二）在线旅游客服接待管理

在线旅游属于电子商务平台，客服是与用户直接联系的一线业务受理人员，他们的主要职责是业务受理（如网络订单业务，包括新增订单、退换货物、撤销订单、订单退款等）、售后服务（如投诉处理、产品售后等）、上传下达（如向上传达用户反馈与建议，

向下宣传产品性能、服务理念等)。

因此,在线旅游客服接待管理是在线旅游接待业管理的核心部分。在线旅游客服接待管理包括:

(1) 建立客服工作管理章程和奖励措施,激励在线旅游客服的工作积极性,提升其服务水平。

(2) 定期提供在线旅游售前及售后客服的专业培训,让客服能在工作中学习到在线旅游接待服务知识,提升业务能力。

(3) 建立客服工作失误处理机制,严肃处理在线旅游客服服务过程中的违规现象,如客服沟通失误导致的用户投诉问题。

(3) 建立完整业务流程查询库,为在线旅游客服提供足够的工具以支持其做好工作。

(4) 建立呼叫反馈系统,在线旅游客服对无法解决的问题可以通过及时呼叫上级人员来获取解决方案,并及时向用户反馈。

(三) 在线旅游用户研究管理

在线旅游平台用户数量庞大,用户需求是在线旅游平台运营和发展的基础。只有掌握了在线旅游平台的主要用户信息和特征,才能更好地为用户设计产品,提供接待服务。

在线旅游用户研究管理包括:

(1) 建立用户研究中心。用户研究中心有助于在线旅游平台掌握注册用户、在线用户、付费用户等的在线时长、购买频次、网站跳出率和转化率等基本信息,指导网站设计、产品设计和客服接待相关工作。

(2) 确定在线旅游平台用户消费的高峰时段。应在高峰时段安排更多客服提供接待服务,并以此为基础,对在线客服工作时间进行排班调整。

(3) 确定在线旅游平台用户群体。将用户分为核心消费群体和其他消费群体,针对不同消费群体策划针对性的产品,提供专业性服务。此外,还可以根据消费群体规模调节网站功能模块占比等。

任务二 旅游大数据分析

党中央、国务院持续重视,发挥大数据特性优势

2021年11月30日,工信部正式发布《"十四五"大数据产业发展规划》(以

下简称《规划》),提出发挥大数据特性优势。

在党中央、国务院的坚强领导下,工信部联合相关部门,共同推动我国大数据产业发展取得了显著成效,市场规模快速攀升,产业基础实力增强,产业链初步形成,生态体系持续优化,应用价值链的广度和深度不断拓展。与此同时,大数据产业仍存在数据壁垒突出、碎片化问题严重等瓶颈约束,全社会大数据思维仍未形成,大数据容量大、类型多、速度快、精度准、价值高的"5V"特性未能得到充分释放。

为更好引导、支持大数据产业发展,需要从根本上遵循大数据的自然特性和发展规律,鼓励研发释放"5V"特性的技术工具,探索符合"5V"特性的模式路径,破解制约"5V"特性发挥的堵点、难点,以产业高水平供给实现数据高价值转化。经过研究论证,推动大数据"5V"特性发挥需与产业发展的汇聚、处理、流动、治理与应用等核心环节紧密结合,多维度提升适应"5V"特性的发展水平和能力。例如:对于"大体量"数据增长速度,要适度超前部署数据采集汇聚的基础设施;对于"多样化"数据处理,需要大数据技术和应用不断创新;对于保护数据"时效性"价值,需畅通数据高速流动、实时共享的渠道;对于保障数据"高质量"可用、好用,需提升数据管理能力;对于促进数据"高价值"转化,要注重引导数据驱动的新应用、新模式发展等。

基于上述考虑,《规划》提出"发挥大数据特性优势",坚持大数据"5V"特性与产业高质量发展相统一,通过"技术应用+制度完善"双向引导,重点推进"大体量"汇聚、"多样性"处理、"时效性"流动、"高质量"治理、"高价值"转化等各环节协同发展,鼓励企业探索应用模式,推广行业通用发展路径,建立健全符合规律、激发创新、保障底线的制度体系,实现大数据产业发展和数据要素价值释放互促共进。

任务剖析

8-2

一、大数据与旅游大数据

(一)大数据

1980年,美国未来学家阿尔文·托夫勒(Alvin Toffler)在《第三次浪潮》(*The Third Wave*)中预言,大数据将成为"第三次浪潮的华彩乐章"。所谓第三次浪潮,就是在农业文明阶段、工业文明阶段之后的新文明,数字技术与生物技术是第三次浪潮的核心驱动力。

根据已经发布的《信息技术 大数据 术语》(GB/T 35295—2017),"大数据"被定义为具有体量巨大、来源多样、生成极快且多变等特征,并且难以用传统数据体系结构有效处理的包含大量数据集的数据。大数据以拍字节(Petabyte,PB)为单位进行生成和存储,这和传统的最多以太字节(Terabyte,TB)为单位进行生成、存储和分析的技术差异很大。大数据所对应的数据规模已经达到无法用传统的数据体系结构和技术来

有效处理的程度，数据科学家需要用特定的技术、工具和方法，快速采集、存储和分析海量数据，进行建模和实现预测，从而实现传统技术无法创造的竞争优势和创新能力，这些大数据技术包括Apache Hadoop、Apache Spark、Apache Kafka等。大数据技术可以帮助企业通过正确的方式，在正确的时间从可用的数据中获取正确的决策支持，并寻找新的商业机会，从而维持企业的核心竞争力和创新发展能力。

（二）旅游大数据

旅游大数据是指在旅游的吃、住、行、游、购、娱六要素领域所产生的数量巨大、传播快速、类型多样的相关且富有价值的数据集合，并且可以通过大数据技术（如云计算、分布式存储、大数据算法等）进行数据相关性分析和数据可视化，从而使旅游消费者能够快速做出有效决策，提高旅游消费者的满意度。

二、旅游大数据来源

用户、设备和运营是旅游大数据的三个主要来源。首先，Web 2.0和社交媒体的发展为用户提供广阔的平台来分享他们的旅游体验，包括在线文本数据（如产品评论、博客等）、在线照片数据等用户数据。其次，随着物联网的蓬勃发展，人们开发并使用多种传感器设备来跟踪游客的活动和监测环境的状况，提供时空大数据，如全球定位系统（GPS）数据、移动漫游数据、蓝牙数据等。最后，旅游是一个复杂的系统，它涵盖旅游市场中的交易、活动或事件等一系列操作，如网页搜索、网页访问、在线预订与购买等，从而产生相应的网页搜索数据、网页访问数据、在线预订数据等运营数据。

（一）用户数据

在数字时代，网络和社交媒体的繁荣极大地影响了出行方式，也为分享UGC（User Generated Content，用户原创内容）数据提供了广阔的平台。作为大数据的一个主要类别，UGC数据主要包括两种类型：一种是在线文本数据，如产品评论、社交媒体上发布的博客等；另一种是在照片分享网站上发布的在线照片数据。

1. 在线文本数据

随着互联网的蓬勃发展，社交媒体为游客提供了广泛的平台来传播各种旅游相关信息。例如，游客可以表达他们对旅游产品的满意或不满，产生丰富的在线评论数据。游客还可以在X（原Twitter）、新浪微博等社交平台上分享自己的旅游观点和体验。这些文本形式的在线评论数据、博客数据等相关数据构成旅游研究中的一种特殊类型的大数据，传递着游客的观点、态度和情感。反映游客对旅游产品态度的评论数据主要用于评定游客满意度。记录旅游故事和游客感受的博客数据主要用于旅游推荐和游客情绪分析。从数据来源来看，在线评论数据通常来源于多种社交平台，如TripAdvisor（猫途鹰）、Yelp、Expedia、Booking（缤客）、携程（Ctrip）、去哪儿（Qunar）、大众点评（Dianpin）等；而X和新浪微博是两个主要的博客数据来源。

2. 在线照片数据

游客也会在社交平台上发布和传播照片。这些非结构化的在线照片数据包含用户相关信息(如照片ID、用户ID等)、时间信息(如拍摄日期、上传日期等)、地理信息(如纬度、经度等)、文本信息(如标题、描述、标签等)等有用信息的元数据,为研究游客行为、旅游推荐(如旅游景点、旅游计划等)、旅游营销提供新的视角。在线照片数据主要来源于Flickr、Panoramio、Instagram等照片分享网站或平台。

(二)设备数据

随着物联网的蓬勃发展,人们开发并使用各种设备(或传感器)来跟踪游客的活动,为旅游管理提供海量的高质量数据,如全球定位系统数据、移动漫游数据、蓝牙数据等。此外,自动气象站传感器也能收集丰富的气象数据,为旅游决策提供参考。

1. 全球定位系统数据

全球定位系统(Global Positioning System,GPS)是美国国防部部署的一种卫星无线电定位、导航与报时系统。志愿者携带的全球定位系统记录仪和安装在智能手机上的全球定位系统移动应用程序是收集全球定位系统大数据的两个主要渠道。作为一种跟踪游客特殊活动的工具,全球定位系统的独特优势在于全球性和准确性。

2. 移动漫游数据

随着电信技术的快速发展,移动网络运营商提供的漫游服务已经成为一种相对较新的且也越来越受欢迎的游客行为跟踪工具。移动漫游数据是通过无线电波收集的,无线电波由移动基站发送和接收,并自动存储在移动网络运营商的内存或日志文件中。考虑到隐私问题,即游客和移动网络运营商都不希望分享自己的私人信息,移动漫游数据尚未得到广泛应用。

3. 蓝牙数据

蓝牙技术可以很好地从位置和轨迹上监测大量个体的非参与性和非公开的运动,从而为研究游客行为提供一个新的分析维度。蓝牙传感器被预先放置在目标区域和个人随身携带的设备(如手机、MP3播放器、耳机等)中,可记录游客的时空行为,跟踪和分析相关的有价值信息,包括检测的时间戳、接收的信号强度指示(Received Signal Strength Indication,RSSI)、媒体访问控制(Media Access Control,MAC)地址、被检测设备的设备类型(Class of Device,COD)代码等蓝牙数据。

4. 气象数据

气象数据也是一种典型的大数据,包括结构化、非结构化、混合型等多种类型,由气象站传感器自动采集。而对不同类别、不同格式的气象数据进行处理是具有挑战性的任务,故这些有价值的气象数据还没有得到广泛应用,目前主要集中在旅游天气效应估计和旅游推荐两方面。例如,气象数据将为各种旅游决策,如制订旅游计划、设计旅游产品等,提供有用的参考。

Note

（三）运营数据

运营数据是另一种对旅游研究有价值的大数据，记录旅游相关的操作（或旅游市场中的交易、活动和事件），如网页搜索、网页访问、在线预订和购买等。相应的运营数据已经被用于旅游发展预测、搜索引擎优化（Search Engine Optimization，SEO）、旅游行为理解和旅游营销。

1. Web搜索数据

搜索引擎是一种新兴的旅游研究大数据来源，允许并记录旅游相关内容的网络搜索操作。游客可以通过搜索引擎搜索旅游信息，在网站上留下搜索痕迹，这些痕迹被记录和处理，形成一种有价值的大数据——Web 搜索数据，直接反映公众对旅游项目的关注，从而有助于相关研究人员了解旅游市场。Web 搜索数据在捕捉游客在线行为和做出相关决策方面表现优异。此外，Web 搜索数据在搜索引擎优化或搜索引擎营销（Search Engine Marketing，SEM）中也被证明是有用的。百度指数是旅游研究中极为常用的 Web 搜索数据。

2. 其他交易数据

除了 Web 搜索数据，其他交易数据，如旅游网页访问、预订、购买等操作数据，引入旅游研究也会显现出各自的优势。然而，这些数据大多数是由旅游组织（如酒店、旅行社、旅游景区等）或其他部门控制的，由于隐私问题，通常难以获取。

三、旅游大数据行业应用

（一）旅游大数据在旅游景区中的应用

旅游景区是旅游业的核心要素，是旅游产品的主体成分，是旅游产业链的中心环节，是旅游消费的吸引中心，是旅游产业圈的辐射中心。随着信息技术的发展，旅游大数据为打造智慧景区提供了重要的技术支持，代表着旅游景区发展的新方向。旅游景区行业通常利用旅游大数据对其管理、服务与营销进行针对性的调整和优化，一般分为以下几个方面。

1. 精准营销

旅游景区可以通过旅游大数据统计分析不同游客的来源地、游览轨迹、停留时长、消费能力等，对游客进行“标签化”分类，实现智能化管理，为旅游产品精准营销提供科学依据。在此基础上，旅游景区可以依托新媒体打造新兴营销模式，实现旅游景区与用户之间的点对点精准信息推送，提高旅游景区营销活动的实际转化率。

2. 舆情监测

旅游大数据舆情监测系统不仅可以监测旅游景区的舆情传播趋势，方便旅游景区管理人员及时掌握舆情发展脉络，还能对媒体报道、网民话题与潜在游客情感倾向进行剖析，积极处理负面舆情中隐含的游客诉求，及时通过官方媒体发声以化解矛盾。例如，当“泰山酒店价高，游客挤厕所过夜”等事件在互联网端爆发，泰山景区精准把握

拓展阅读

龙门石窟智慧文旅数字孪生平台让文化遗产焕发新光彩

舆情走向，聚焦游客情感分析，推动舆论逐步向理性探讨发展。

3. 人流监测

旅游大数据监控系统利用移动通信、地理信息等方面的数据，统计并衡量旅游景区景点的人群流量变化动态图，监控人员流向、流速并及时调整车辆运营班次，制定预警等级。例如，故宫博物院利用旅游大数据平台，掌握客流、车流情况，实时分时段预约售票，让游客可选择某个具体时间段入园，从而引导游客错峰科学游玩，确保游客安全。

（二）旅游大数据在旅行社中的应用

旅游大数据在智慧旅行社行业实践中与人工智能、物联网等技术进行融合，能够显著提升用户的前端体验，促进后端系统与行业的集成。

智慧旅行社可以通过用户沉淀的大数据信息，深度了解用户的出行喜好，进行精准的用户画像和偏好预测，智能推荐产品，提高营销活动的针对性和有效性。旅游大数据和物联网技术结合后，可以极大地改变行业的生态模式，提升用户的出行体验，使得旅游与后端供应链进行更深度的集成融合。

拓展阅读

携程问道，一种旅游新范本

从产品的角度看，旅游大数据能够快速根据游客的意图，提供满足用户个性化需求的产品组合，帮助游客获得丰富、多元的旅游产品，并且是能够切实满足用户个性化需求、创造良好用户体验的旅游产品。

从服务的角度看，旅游大数据提高了用户获取信息和产品的效率，节约了用户时间，提升了用户的体验感，为旅行社节约了劳动力成本，使得旅行社从传统的劳动密集型产业向科技密集型产业进行快速转型。

（三）旅游大数据在酒店中的应用

智慧酒店是旅游大数据在酒店业中的最佳体现。在科技浪潮的推动下，智慧酒店正在成为酒店业的新焦点。它不是简单的技术应用，而是对传统酒店模式进行了深刻变革。智慧酒店的出现，预示着酒店业正迈向一个智能化、个性化、高效化的新时代。智慧酒店的核心是利用先进技术，实现设施设备智能化、服务个性化、管理精细化。通过物联网、人工智能、大数据等技术的集成应用，智慧酒店能够精准地洞察顾客需求，提供定制化的服务体验。这种服务模式不仅提升了顾客满意度，还为酒店经营者带来了更高的收益。

1. 在营销管理中的应用

随着酒店营销理念的不断更新，传统的营销模式面临严峻的挑战，这对管理者掌握市场信息、了解竞争对手的动态、制定合理的价格提出了更严的要求。市场竞争分析也由原来对客房出租率、平均房价的分析转变为对竞争对手的数据分析。通过对这些市场标杆数据进行分析，酒店管理者可以充分掌握市场供求关系变化，了解酒店潜在的市场需求，准确获得竞争对手的相关信息，最终确定酒店在市场中的定位，从而制定出正确的营销策略，打造出差异化的产品，制定出合适的价格。

2. 在收益管理中的应用

通过统计与分析数据，采取科学的预测方法建立数学模型，酒店可以掌握潜在的市场需求，以及未来一段时间每个细分市场的订房量及价格走势等，从而通过价格杠杆来调节市场的供需平衡，并针对不同的细分市场实行动态定价和差别定价。以上措施可以保证酒店在不同市场周期中的收益最大化，提高酒店管理者对市场的判断的前瞻性，并在不同的市场周期以合适的价格投放合适的产品，获得更多的潜在收益。

3. 在客评管理中的应用

市场研究公司益普索·莫里（Ipsos MORI）曾为Trip Advisor进行过一项关于在线评论的调研，其中，52%的受访者表示，在查看在线评论前，他们不会预订酒店；79%的受访者表示，他们更有可能选择入住认可率更高的酒店。因此，从某种角度来看，客评已经成为人们衡量酒店品牌价值和服务质量的重要因素。多维度地收集、统计和分析客评数据有助于酒店深入了解客人的消费行为、价值取向以及酒店服务存在的不足，对改进和创新服务，量化服务价值，制定合理的价格及提高服务质量都能起到推动作用。

拓展阅读

智慧酒店知多少

（四）旅游大数据在会展中的应用

随着信息技术的不断发展，大数据技术也正大大加快会展业的发展。借助历史数据分析，主办方可以基于过往经验和客户反馈优化展会计划；通过现场数据分析，主办方可以实时调整现场布局，提升展示效果；凭借客群画像分析，主办方可以更加精准地锁定目标客户，提升营销效果；而客群来源热力图则可以帮助主办方洞察客户需求，拓宽展会市场。因此，展会数据分析应用在提高展会展出效果、优化观众体验以及实现参展商与观众的精准对接方面具有极为显著的效果，将为会展业带来颠覆性的变革。

1. 历史数据分析

历史数据分析是展会数据分析的重要组成部分，通过对历史展会数据进行挖掘，帮助主办方更深入地了解观众日流量的变化趋势，为展会的营销策略提供有力参考。根据统计，展会观众数量环比变化的走势图表在很大程度上反映了展会的受欢迎程度和市场前景。分析历史数据可以帮助主办方发现展会的优势与不足，优化展示方案和营销策略，提升展会的品质和吸引力。

2. 现场数据分析

实时掌握现场数据对于主办方来说是非常重要的，通过现场数据分析，主办方可以随时了解场内人数、到展流动人数、意向观众以及深度洽谈人数等关键数据。这些数据能够帮助主办方判断展会的热度和参展商的活跃情况，以便主办方根据实际情况调整布局，提升现场交流和互动效果。

3. 客群画像分析

在展会中，观众是需求方的重要代表，了解观众特点和需求是提高展会吸引力的关键。客群画像分析就是针对观众信息，通过分析观众的基本属性、地理分布、App行

拓展阅读

大数据赋能精准邀约，重塑会展商业价值

为偏好、购买力等方面，对观众进行详尽的画像分析。借助客群画像分析，主办方可以更加精准地定位目标客户，提升营销效果，进行有针对性的宣传推广。

4. 客群来源热力图

客群来源热力图是指通过对比客群主要工作地热度排序，对客群进行地域分析。以会展为例，客群来源热力图可以显示出观展人员的分布情况，帮助主办方更好地了解客户来源，有针对性地开展宣传工作，扩大展会的影响力。

任务实施

1. 情景描述

本市某星级酒店利用大数据技术对携程旅行App上的客户差评进行数据抓取，通过对数据的统计分析发现，客户差评主要集中在服务不周到或不规范、设施不完善或不维护、清洁不到位或卫生不好、酒店政策不明确或不合理、宣传不当或误导五个方面。酒店管理层高度重视，立即召开部门会议，就在线旅游平台上出现的差评原因进行讨论，提出解决措施，制定改善方案。

2. 活动要求

学生以小组为单位进行情景演练，针对客户差评中反映出来的服务、设施、清洁、酒店政策、酒店宣传五个方面的问题进行讨论，提出相应的解决措施，制定改善方案。

3. 活动步骤

(1) 各组对所选择的客户差评进行讨论研究，分析客户投诉原因。

(2) 各组设计相应的投诉处理场景，就客户投诉和酒店处理进行情景演练，并设计出相应的改善方案。

(3) 各小组在班级内进行展示。

4. 活动评价

每组展示完后，进行学生自评、小组互评、教师点评。

项目	标准分值	学生自评	小组互评	教师点评
服务流程完整	20分			
服务内容准确	30分			
服务效果良好	30分			
团队总结到位	20分			

项目小结

本项目讲述了在线旅游的概念内涵、发展阶段和特点，并介绍了在线旅

游接待业的管理，以及旅游大数据的概念、来源，分情景讲述了大数据在旅游各行业中的应用。学生通过本项目的学习，能够对在线旅游和旅游大数据形成全面的认识，培养大数据思维，具备运用大数据思维分析和解决旅游接待业中的实际问题的能力。

项目训练

一、知识训练

1. 如何理解在线旅游的定义？
2. 在线旅游的特点有哪些？
3. 什么是旅游大数据？
4. 旅游大数据有哪些来源？

二、能力训练

1. 如何进行在线旅游接待的管理？
2. 旅游大数据可以在哪些场景中得到应用？

[1] 陈为新,杨荫稚,王怡雯. 接待业概论[M]. 北京:中国旅游出版社,2022.
[2] 马勇. 旅游接待业[M]. 武汉:华中科技大学出版社,2022.
[3] 吴俐霓,刘轶. 国际接待业概论[M]. 重庆:重庆大学出版社,2022.
[4] 黄昕,张峰,黄婉. 旅游与酒店业大数据应用[M]. 北京:清华大学出版社,2022.
[5] 黄其新. 旅游景区管理[M]. 武汉:华中科技大学出版社,2009.
[6] 张金祥,步会敏. 会展服务与管理[M]. 上海:上海交通大学出版社,2011.
[7] 林大飞. 会展场馆经营与管理[M]. 广州:暨南大学出版社,2007.
[8] 罗松涛. 会展管理实务[M]. 北京:对外经济贸易大学出版社,2007.
[9] 肖庆国,武少源. 会议运营管理[M]. 北京:中国商务出版社,2022.
[10] 卢晓. 节事活动策划与管理[M]. 上海:上海人民出版社,2023.
[11] 马彦纯. 现代酒店概览[M]. 北京:高等教育出版社,2012.
[12] 王国栋. 旅游大数据的分析及其应用[M]. 北京:旅游教育出版社,2022.
[13] 马勇. 饭店管理概论[M]. 北京:清华大学出版社,2006.
[14] 杨杰. 邮轮运营实务[M]. 北京:对外经济贸易大学出版社,2012.
[15] 何建民. 旅游接待业——理论、方法与实践[M]. 重庆:重庆大学出版社,2019.
[16] 戴斌,杜江,乔花芳. 旅行社管理[M]. 北京:高等教育出版社,2010.
[17] 蒋三庚. 现代服务业研究[M]. 北京:中国经济出版社,2007.
[18] 陈戎,李龙星,彭琨. 饭店管理概论[M]. 北京:清华大学出版社,2012.
[19] 张凌云. 旅游景区管理[M]. 北京:旅游教育出版社,2015.
[20] 卢晓. 旅游景区服务与管理[M]. 北京:清华大学出版社,2009.
[21] 约翰·沃克. 国际接待服务业概论[M]. 李力,李智,魏玲丽,译. 广州:广东旅游出版社,2018.
[22] 罗宾森,等. 会议与活动策划专家[M]. 沈志强,译. 北京:中国水利水

电出版社,2004.
[23] 张树民,程爵浩.我国邮轮旅游产业发展对策研究[J].旅游学刊,2012(6).
[24] 曾国军,王丹丹.全球视野下接待业研究述评——基于IJHM的量化内容分析(2006—2015)[J].旅游学刊,2018(5).
[25] 侯建娜,李仙德.在线旅游国内外研究进展与展望[J].世界地理研究,2011(1).
[26] 甘勇.移动互联网环境下我国在线旅游企业服务创新[J].决策咨询,2017(2).
[27] 罗明东,扶斌.论闲暇、闲暇素质与闲暇教育[J].学术探索,2002(6).

教学支持说明

为了改善教学效果,提高教材的使用效率,满足高校授课教师的教学需求,本套教材备有与纸质教材配套的教学课件和拓展资源(案例库、习题库等)。

为保证本教学课件及相关教学资料仅为教材使用者所得,我们将向使用本套教材的高校授课教师赠送教学课件或者相关教学资料,烦请授课教师通过加入酒店专家俱乐部QQ群或公众号等方式与我们联系,获取"电子资源申请表"文档并认真准确填写后发给我们,我们的联系方式如下:

地址:湖北省武汉市东湖新技术开发区华工科技园华工园六路

邮编:430223

酒店专家俱乐部QQ群号:710568959

群名称:酒店专家俱乐部
群　号:710568959

扫码关注
柚书公众号

电子资源申请表

填表时间：________年____月____日

1. 以下内容请教师按实际情况写，★为必填项。
2. 根据个人情况如实填写，相关内容可以酌情调整提交。

★姓名		★性别	□男 □女	出生年月		★ 职务	
						★ 职称	□教授 □副教授 □讲师 □助教
★学校				★院/系			
★教研室				★专业			
★办公电话		家庭电话				★移动电话	
★E-mail（请填写清晰）						★QQ 号/微信号	
★联系地址						★邮编	

★现在主授课程情况		学生人数	教材所属出版社	教材满意度
课程一				□满意 □一般 □不满意
课程二				□满意 □一般 □不满意
课程三				□满意 □一般 □不满意
其　他				□满意 □一般 □不满意

教 材 出 版 信 息		
方向一		□准备写 □写作中 □已成稿 □已出版待修订 □有讲义
方向二		□准备写 □写作中 □已成稿 □已出版待修订 □有讲义
方向三		□准备写 □写作中 □已成稿 □已出版待修订 □有讲义

请教师认真填写表格下列内容，提供索取课件配套教材的相关信息，我社根据每位教师填表信息的完整性、授课情况与索取课件的相关性，以及教材使用的情况赠送教材的配套课件及相关教学资源。

ISBN（书号）	书名	作者	索取课件简要说明	学生人数（如选作教材）
			□教学 □参考	
			□教学 □参考	

★您对与课件配套的纸质教材的意见和建议，希望提供哪些配套教学资源：